前　言

随着互联网、大数据、人工智能等技术的飞速发展，信息技术在教育中的应用变得更加广泛，智慧教育时代已经来临，教育技术正发生着深刻的变化。现代教育技术在教育中的应用是实现教育现代化的重要条件，它以交互、快捷、自主、开放等显著特点与教育教学有机紧密地融合在一起，对传统教学方式产生了强烈的冲击，引发了教学模式、教学理念、教学方法的全面改革。现代教育技术已经成为当代教师必须具备的基本技能之一。

"现代教育技术"是高等师范类院校重要的公共课之一，编写一本系统而又实用的"现代教育技术"教材是适应教育现代化发展的当务之急。

本书在第 1 版的基础上进行了修改和完善，增加了新技术、新理念的内容，如翻转课堂、微课、慕课、游戏化教学、移动学习、智慧教育、人工智能等内容。本书系统全面、内容新颖、突出技能、实用性强，可以使学生比较深入地了解信息时代的教育教学新理念，系统地学习现代教育技术的基础理论，熟悉现代教育技术的主要实践领域及发展动态，掌握现代教学媒体技术、信息化教学设计技术、教学传播技术、数字化教学资源的开发与利用技术，实现信息技术与学科专业的深度融合，有效地促进教学效果的提高。

本书具有以下特点。

（1）针对性强，应用广泛。本书旨在培养师范类人才的教育技术基本素养与基本技能。本书简略得当、通俗易懂，既可作为师范院校不同专业的文、理科学生"现代教育技术"公共必修课的教材，也可作为在职教师进行现代教育技术能力培训的教材。

（2）突出技能，学以致用。本书结合教育现代化发展的要求和师范学生的特点，在教学设计方面，力求通过学案设计的方法，使学生掌握教学设计的基本能力；在媒体技术方面，力求通用性、大众化和普适性，使学生学有所得、学以致用。

（3）系统全面，内容新颖。本书注重系统性、完整性、先进性和师范性的统一，博采众长，既保持了传统现代教育技术教材的理论体系，又体现了以多媒体计算机和多媒体网络技术为代表的现代教育技术对教育的影响，反映了现代教育技术的最新成果，融入了多年教学及教育技术应用的经验，形成了自身特色。

本书由马文娟负责全书的总体策划、统稿与修订工作。具体分工如下：第 1 章、第 5 章、第 7 章由肖洪云编写，第 2 章由刘冬梅编写，第 3 章、第 6 章、第 8 章由闫广军编写，第 4 章由吴珊、肖洪云编写，第 9 章由马文娟编写。

本书在编写过程中，参考和引用了一些相关的教材和资料，引文出处未能一一尽数，主要来源已在参考文献中列出，如有遗漏，恳请原谅，并对相关文献的作者表示衷心的感谢。

由于信息技术和现代教育技术的发展日新月异，与之相关的教育应用研究也在不断深入，加上编者水平有限，书中难免存在疏漏或不妥之处，敬请各位专家及广大读者批评指正。

编　者
2021 年 5 月

Modern Educational Technology
(2nd Edition)

现代教育技术 第2版
理论、方法与实践

肖洪云 闫广军 马文娟 ◉主编　吴珊 刘冬梅 ◉副主编

人民邮电出版社
北　京

图书在版编目（CIP）数据

现代教育技术：理论、方法与实践：微课版 / 肖洪云，闫广军，马文娟主编. -- 2版. -- 北京：人民邮电出版社，2021.12（2023.9重印）
高等学校信息技术人才能力培养系列教材
ISBN 978-7-115-56970-7

Ⅰ. ①现… Ⅱ. ①肖… ②闫… ③马… Ⅲ. ①教育技术学－高等学校－教材 Ⅳ. ①G40-057

中国版本图书馆CIP数据核字(2021)第141412号

内 容 提 要

本书是按照党的二十大报告中关于教育论述的精神和教育部制定的《中小学教师教育技术能力标准（试行）》《教育信息化十年发展规划》《教育信息化 2.0 行动计划》而编写。

全书共 9 章，内容包括现代教育技术概述，现代教育技术的理论基础，教学媒体与信息化教学环境，信息化教学资源的获取与处理，多媒体课件的设计、制作与评价，信息化教学设计，信息技术与课程融合，网络课程与在线教学，现代教育技术应用的新领域。书中每章均包含"学习目标""知识结构""学习建议""案例引导""微课视频""练习与实践"等模块，微课视频可通过扫描二维码观看，便于教师课堂授课和学生课前、课后学习使用。

本书系统全面、内容新颖、突出技能、实用性强，既可作为师范类院校现代教育技术相关课程的教材，也可作为大、中、小学教师和教育技术工作人员的参考书。

◆ 主　　编　肖洪云　闫广军　马文娟
　　副 主 编　吴　珊　刘冬梅
　　责任编辑　许金霞
　　责任印制　王　郁　马振武
◆ 人民邮电出版社出版发行　　北京市丰台区成寿寺路 11 号
　　邮编　100164　电子邮件　315@ptpress.com.cn
　　网址　https://www.ptpress.com.cn
　　涿州市般润文化传播有限公司印刷
◆ 开本：787×1092　1/16
　　印张：15.25　　　　　　　　　　2021 年 12 月第 2 版
　　字数：389 千字　　　　　　　　2023 年 9 月河北第 5 次印刷

定价：49.80 元

读者服务热线：(010)81055256　印装质量热线：(010)81055316
反盗版热线：(010)81055315
广告经营许可证：京东市监广登字 20170147 号

目 录

第1章
现代教育技术概述

学习目标

（1）记忆：信息技术、教育技术、现代教育技术的内涵。

（2）理解：①现代信息技术为教育带来的变革；

②现代教育技术的发展趋势；

③现代教育技术的时代意义。

（3）应用：能够区分信息技术、教育技术、现代教育技术的异同。

知识结构

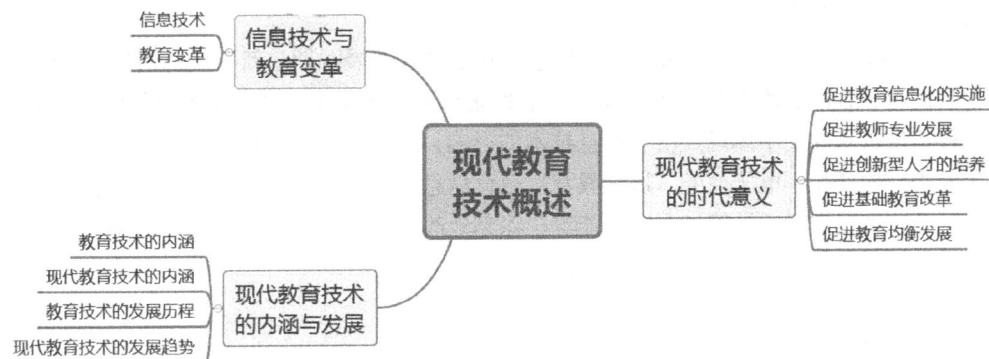

学习建议

本章以概念和理论性的内容为主，建议结合线上资源进行学习。建议掌握并明确现代教育技术的内涵，深刻理解信息技术带来的教育教学变革，体会现代教育技术的时代意义。

随着教育技术在教育教学中的广泛应用，教育技术已经成了教师、学生、课程等传统教学过程基本要素之外的必不可少的新要素。教育技术是在20世纪20年代前后的视听教学、程序教学和系统化设计教学等基础上发展并逐渐成长起来的一门新兴的教育学科中的分支学科。它作为一个概念被正式提出来，是在20世纪60年代初。当时美国视听教育运动的专家学者们，总结了50年的教学经验，吸取了"个别化教学"和"教学系统方法"两方面实践与研究的成果，决定将视听教育改名为教育技术，并提出了教育技术的定义。而对此产生重大影响的，则是当时快速发展的科学技术。20世纪中叶，新兴的科学理论，如系统论、信息论、控制论、传播理论、学习理论等逐步地对教育领域产生重大影响；20世纪90年代开始，计算机及网络技术被逐步应用到教育教学中，形成了现代教育技术快速发展的热潮。

案例引导

晴晴是音乐学院的一名大三学生，在首次上"现代教育技术"课时，她提出了以下问题："我们音乐专业的同学将来从事的是中小学音乐教育，为什么要学现代教育技术？技术不应该是理工科学生学习的吗？"可能刚接触这门课的学生好多都有这样的疑问。针对这类问题，老师先给他们讲解了技术、教育技术、现代教育技术的内涵和异同，又讲解了现代教育技术的时代意义，然后给他们播放了音乐优质课的视频片段——新课程改革、信息技术与学科教学的整合案例《来自草原的歌手》，并和传统课堂讲授《来自草原的歌手》的教学效果做了详细的比较，让他们深刻理解了现代教育技术的含义和学习这门课程的意义与必要性，从而为实现课程目标和培养学生的高阶思维与创新能力奠定了良好的基础。

1.1 信息技术与教育变革

1.1.1 信息技术

信息技术（Information Technology，IT）是指在信息科学的基本原理和方法的指导下扩展人类信息功能的技术。一般来说，信息技术是以电子计算机和现代通信为主要手段，实现信息的获取、加工、传递和利用等功能的技术总和。

20世纪90年代以来，人类社会进入信息时代的高速发展时期。新一代的信息技术已经渗透并融合到制造、金融、教育等各个行业，以信息化和工业化深度融合为主要目标的"互联网+"是新一代信息技术的集中体现。由于信息技术的影响，人们的生产方式、生活方式及学习方式都在发生着深刻的变化。电子商务、远程教育、教育信息化等，都说明我们已经进入了一个全面信息化的社会。大数据、云计算、人工智能等正深刻地改变着各行各业，教育也不例外。信息技术的每一次重大突破，都对教育产生了深远的影响。

1.1.2 教育变革

信息技术的高速发展和广泛应用，促进了教育技术的迅猛发展。这不仅对教学模式、教学内容、教学手段、教学方法产生了深远的影响，甚至还引发了教育思想、教学理论、教育体制的变革，使传统的教育理论、课程结构、师生关系、人才培养模式都有了新的突破与发展。2012年3月，我国教育部颁布了《教育信息化十年发展规划（2011—2020年）》（以下简称《规划》），掀起了新一轮教育信息化发展的浪潮。《规划》的总体目标定位为：用十年左右的时间初步建成具有中国特色的教育信息化体系，使我国教育信息化整体上接近国际先进水平，推进教育事业的科学发展。近年来，人工智能迅速发展，并已经突破应用门槛，步入爆发式增长期，人类正由信息时代走向智慧时代。时代呼唤智慧，智慧呼唤教育改革，但当前教育还是工业时代教育的简单延续，已经不能适应新时代的要求，所以必须进行重构和再造，真正将工业时代的教育升级为智慧时代的教育。

1. 信息技术引发教育观念的变革

信息技术的出现，对传统教育观念带来了强烈的冲击，时代呼唤着新的教育观念。未来的世界将是一个变化万千的世界，教育要面向未来，就必须使受教育者做好适应未来的准备，因此教育者要具有新的教育观念和教育思想。在信息技术的支持下，学生可以广泛自主地参与到教师的教学活动中去，通过网络、多媒体计算机获得更多、更广的知识信息，提高实践能力，培养高效处理信息的能力，成为具有探究精神和创新意识的主动学习者，使综合素质极大提高。教师是学生的指导者、帮助者、激励者和设计者，师生之间是民主、平等的关系。在教育教学活动中，既要充分发挥学生的主观能动性，同时又要充分发挥教师的启发引导作用。所以信息时代要树立信息观、素质观、创新观、师生观等新的教育观念。

2. 信息技术引发教学内容的变革

（1）更注重学生创新精神和创造能力的培养

第三次全国教育工作会议提出要全面推进素质教育，大力培养学生的创新精神和创造能力。借助于信息技术，学生认识世界的领域拓宽了，进行创新的机会增多了。在多媒体网络教学环境中，学生面对的是大量的信息，能够充分地搜集资料，可以进行独立的分析、思考，也可以和同伴协作进行研究；还可以在前人经验的基础上，提出自己独特的观点和看法，发挥自己的主观能动性，创造出有自己特点的作品。

（2）更注重教学内容的先进性、丰富性、针对性

由于信息技术突飞猛进的发展，信息处理、教材形态、教学环境等都发生了明显的变化，所以教学内容是动态的、先进的、丰富的。这就要求我们启动各级、各类的学校教育，面向 21 世纪的课程体系和教学内容的改革，逐步建立和完善适应现代科技、文化教育发展趋势的新教学内容体系。

随着信息技术和网络技术的推广与应用，网络教学应运而生，并且发挥着越来越重要的作用。多媒体网络教学的必然趋势是向交互式、智能化、全球化方向发展，主要特点体现在它的自主性、交互性、个性化、校园数字化、教材科学化和学生素质合理化。教师可以针对不同的学生制定不同的学习目标，采用不同的方式激发不同学生的求知欲望；学生也可以按照自己的需求，灵活地选择学习内容。所以信息时代的教学内容具有明显的针对性。

（3）更注重教学内容的整体性、全面性、大容量

在 Web 2.0 环境下，网络信息资源的内容与表现形式越来越丰富。置身信息时代，人类的知识正在以前所未有的速度增长，学校教学中要传授的知识和技能越来越多，每一个社会成员需要学习的知识也越来越多，所以教育教学的内容也在大幅度地增多。传统教学向学生提供的教学内容是线性结构，而借助于信息技术提供的教学内容则是非线性的超文本结构，可以实现对教学信息最有效的组织和管理，有利于学生发散性思维和创造性思维的培养。所以在信息技术和网络技术的支持下，学生面对的知识是全面的、无限的、大容量的；学校教育要注重教学内容的系统性、整体性、全面性和大容量，不仅要注重知识的传授，更要注重提高学生的信息素养及解决问题的能力。

3. 信息技术引发教学模式的变革

随着信息技术的发展，出现了基于多媒体教室环境的多媒体组合教学、基于多媒体计算机环境的个别化自主交互学习、基于多媒体教室网络环境的协作学习、基于校园网络的资源利用与问题探究学习、基于互联网的远程教学、基于虚拟社区环境的远程协作学习，以及虚拟现实仿真、基于Web 探究式、基于项目式、翻转课堂式等新型教学模式。学生可以借助信息技术实现自主学习，以便更充分地发挥学习的主动性、积极性。同时新型的教学模式可以使学生与学生之间、学生与教师之间跨越时空的限制进行交流，实现自由讨论式的协作学习，这是传统教学模式无法实现的。

在这些新型教学模式中，最具有革命意义的是从"模拟教学模式"向"虚拟教学模式"的转变。图像、声音、影视的数字化使人类进入了"虚拟现实"中的计算机仿真世界，并使数字化成

为人类把握历史、现实与未来的一种重要的文化方式、生存方式、教育模式。"虚拟教学模式"给学生"身临其境"的感觉，既提高了学生的学习兴趣和学习效率，又使学生学到了知识、锻炼了能力，还节约了大量的物质原料。这种教学模式不但对以后的学校教育改革有重要的作用，对目前的能源节约和生态保护也有着非常重要的意义。

4. 信息技术引发教学环境的变革

教学环境是由多种不同要素构成的复杂系统。广义的教学环境是指影响学校教学活动的全部条件（包括物质条件和精神条件），它可以是物理环境和心理环境。教学的物理环境主要由学校内的各种物质、物理因素构成，如学校建筑、教学工具、时间、空间等。我们可以把教学的物理环境再划分为设施环境、自然环境、时空环境。狭义的教学环境特指班级内影响教学的全部条件，如班级规模、座位模式、班级氛围、师生关系等。信息技术的发展，对教学的物理环境和心理环境均带来了明显的变革。

（1）物理环境

今天的教室，不再是黑板、粉笔加投影的简单组合，而是由多媒体网络教学平台、交互式电子白板、触控式一体机、电子书包、数字课桌等组合在一起的智慧教室，甚至有的学校开始使用VR（Virtual Reality，虚拟现实）、AR（Augment Reality，增强现实）、3D打印等新兴技术开展教学。各类智能设备可以辅助教学内容呈现、方便学习资源获取、促进课堂交互的开展，实现情境感知和环境管理的功能；触摸式设备的书写、绘图、强化突出、过程回放、资源调用等功能，可以实现对多媒体资源进行灵活的编辑与组织、展示和控制；虚拟仿真技术、虚拟现实技术极大地促进了学生对知识的理解，提高了学生的自主学习能力。

（2）心理环境

信息技术支持下的智慧教室旨在为教学活动提供人性化、智能化的互动空间。物理空间与数字空间的结合、本地与远程的结合，可以改善人与学习环境的关系，在学习空间实现人与环境的自然交互，促进个性化学习、开放式学习和泛在学习。其可以充分调动学生的多种感官，为学生提供一个良好的学习情境，有利于提高学生的主动性、积极性，并能随时进行师生交流、生生交流、互助互动、协作学习、自主探究，对学生认知能力的发展、合作精神的培养和良好人际关系的形成都有明显的促进作用。在这样的环境中，师生之间、生生之间的关系是民主、平等、信任和相互理解的，和谐、愉悦的教育氛围必然会产生良好的教育效果，为学生发散性思维、创造性思维和创新能力的孕育与成长提供了肥沃的土壤。

5. 信息技术引发教学方法的变革

由于信息技术的迅速发展与普及，以及计算机网络、新媒体技术的应用延伸，传统的学习方式和教学方法得到了突破，教育形式也从集体教学、封闭式教学、单向化信息传输和"垄断式"信息传输转变为集体教学与个别教学相结合、开放式教学和跨时空资源分享。远程教育、移动学习、自主学习、终身学习、交互学习、探究学习、合作学习等让教育平等成为现实，教学方法也由传统的讲授法、演示法等向案例教学法、问题驱动式教学法、讨论法等不断转变。这突出了学生学习的主体地位，激发了学生学习的主动性与积极性，有利于培养其创新性和发散性思维。新的教学方法与手段是教育改革的强有力助手，科学地优选、组合和运用教学方法是教学方法改革的最终方向。

6. 信息技术引发和促进学校教育信息化的实施

教育信息化的概念是在20世纪90年代伴随着信息高速公路（Information Superhighway）的兴建而提出来的。时任美国总统的克林顿于1993年9月正式提出建设美国"国家信息基础设施"

（National Information Infrastructure，NII），俗称"信息高速公路"的计划，其目标是发展以 Internet 为核心的综合化信息服务体系和推进信息技术在社会各领域的广泛应用，特别是把 IT 在教育中的应用作为实施面向21世纪教育改革的重要途径。当时美国这一举措引起世界各国的积极响应，许多国家的政府相继制订了推进本国教育信息化的计划。

信息技术的迅速发展，有力地引发和促进了学校教育信息化的实施，已经成为教育教学改革的"制高点"和"突破口"。教育信息化就是指在教育领域全面深入地运用现代化信息技术来促进教育改革和教育发展。教育信息化主要涉及 6 个方面：信息网络基础设施建设；教育信息资源建设；信息资源的利用与信息技术的应用；信息化人才的培养与培训；教育信息产业；信息化政策、法规和标准建设。其中，信息网络是基础，教育信息资源是核心，信息资源的利用与信息技术的应用是目的，而信息化人才、教育信息产业与信息化政策、法规和标准是教育信息化的保障。

教育信息化的基本特点是数字化、网络化、智能化和多媒体化。以计算机为基础的数字化技术、媒体设备高度集成一体化，网络化具有可实现资源共享、不限时空、多向互动和便于合作等优点。人工智能将成为信息化教学系统的核心技术，智能化将使得系统能够做到教学行为人性化、人机通信自然化、繁杂任务代理化，把教育工作者从重复、烦琐的工作中解放出来。

信息技术代表着当今生产力的发展方向，它已经给社会、经济和教育等都带来了深远的影响。2010 年 7 月由教育部颁布的《国家中长期教育改革和发展规划纲要（2010—2020 年）》提出："信息技术对教育发展具有革命性影响，必须予以高度重视。"这里的"革命性影响"就是指信息技术给教育带来的颠覆性变革，就像文字的出现虽然只改变了信息的记录方式，却颠覆了"口耳相传"式的知识传授模式；电影、电视的出现虽然只是改变了信息的呈现方式，却颠覆了"说文解字"的形式。信息技术已经全面渗透到教育的各个环节，彻底改变了现行教育，有效地促进了教育信息化的发展。

1.2　现代教育技术的内涵与发展

教育技术学是现代教育学发展的重要成果，教育技术融入教育过程是对教育过程模式的优化提升，使得教育过程的组织序列更具逻辑，并系统优化了分析和处理教育教学问题的思路。现代教育技术起源于 20 世纪 30 年代的美国，由于使用了计算机多媒体技术、人工智能技术、互联网通信技术等新技术而被称为现代教育技术。

1.2.1　教育技术的内涵

简单地说，教育技术就是指在教育过程中应用的现代科学技术。进入20世纪以后，随着现代科学技术的发展，幻灯、投影、电影、录音、录像、广播、电视等现代技术被广泛应用于教育，扩大了教育教学的活动范围，提高了教育教学的效率与质量。1974 年，美国发射第一颗专用于教学的"实用技术卫星"，标志教育技术发展到了一个新的阶段。此后，人们进一步探索电子计算机、微电子技术、光纤通信的成果给教育带来的新发展，教育技术在教育教学中的作用也越来越受到人们的关注。

1. 教育技术 AECT1994 的定义

技术是人类在生产活动、社会发展和科学实验过程中，为了达到预期的目的而根据客观规律对自然、社会进行认识、调控和改造的物质工具、方法技能和知识经验等的综合体。

"教育技术"就是"教育中的技术"，是人类在教育活动中所采取的技术手段和方法的总和。它分为有形的技术和无形的技术两大类。有形的技术指的是有形物体中的科学知识，其包括从黑板等传统的教具到视听媒体、多媒体计算机、网络及相应的软件等一切可用于教育的设备；无形的技术指的是那些以抽象形式表现出来的、能够作用于教育实践的科学知识，其既包括在解决教育教学问题的过程中所运用的技巧、策略和方法，又包括其中所蕴含的教学思想和理论等。教育技术是在解决教育教学问题中所运用的媒体技术和系统技术。

教育技术最早在20世纪初成为教育学科中的一门分支学科，到20世纪70年代才作为教育学科的一个专业术语被确定下来。1970年美国教育传播与技术协会（Association for Educational Communications and Technology，AECT）成立，其首次对教育技术进行了定义，此后数年又多次对该定义进行了修改。

1994年，AECT发表了西尔斯（Seels）与里奇（Richey）合写的专著《教学技术：领域的定义和范畴》。该书是在AECT的主持下，广泛听取全美教育技术界和世界同行意见，历时5年成文的，是全美教育技术界集体智慧的结晶。书中对教育技术给出了一个全新的定义：教学（教育）技术是关于学习过程与学习资源的设计、开发、利用、管理和评价的理论与实践。也就是说，教育技术是一种理论和实践，是以促进学习为目的的技术。该定义包含以下五大研究范畴。

（1）学习过程和资源的设计

"设计"范畴主要包括教学系统设计、教学信息化设计等。教学系统设计包括需求分析、内容分析、学习者特征分析、目标阐述及教学策略与评价设计。教学信息化设计是指运用有关心理学的原理来设计教学内容的媒体表现形态。应合理选择教学媒体、反馈方式，创造最优化的教学模式，以使每名学生都能成为成功的学习者。

设计的成果表现为教学方案、教学课件等。

（2）学习过程和资源的开发

"开发"是指将教学设计方案转化为具体的学习资源，如传统印刷媒体制作、视听媒体制作、多媒体与网络教学资源的制作等。开发的范围可以是一节课、一个新的改进措施，也可以是一个课程改革的总体规划和实施。

开发的成果是课本、教学音频与视频、多媒体课件等学习资源。

（3）学习过程和资源的利用

"利用"是指使新开发的学习资源投入教学实施过程，并推广使用。在教学过程中应强调对新兴技术、各相关学科的最新研究成果和各种信息资源的利用与传播，并注意提高使用效率，避免资源浪费。

（4）学习过程和资源的管理

"管理"是指对教学系统、教育信息、教育资源和教育研究等计划项目的监督和协调。管理的目的是使上述设计、开发、利用和后面的评价等各项工作有效地开展，管理具体包括教学系统管理、教育信息资源管理、教学开发项目管理等。科学的管理是教育技术的实施和教育过程、教育效果最优化的保障。

（5）学习过程和资源的评价

"评价"是指通过科学的测量和评价方法进行形成性评价和总结性评价，及时对利用新开发学习资源的教育、教学过程中存在的问题进行分析、评估。评价的目的是向学习者提供有关学习进度的情况，以便及时调整学习步伐，直至取得成功。开发者可根据评价结果及时修正，使教育技术开发和应用更加科学、合理、高效。

2. 教育技术 AECT2005 的定义

2004 年 6 月，AECT 定义与术语委员会在充分讨论的基础上，又对教育技术提出了新的定义。由于定义的正式文本于 2005 年公布，因此又称 AECT2005。AECT2005 重新对教育技术下的定义是：教育技术是通过创造、使用、管理适当的技术性的过程和资源，促进学习和提高绩效的研究与符合伦理道德的实践。

相对于 AECT1994 的定义来说，AECT2005 的定义进行了更新和发展，主要有以下几点变化。

（1）名称术语

AECT1994 定义中使用教学技术（Instructional Technology）这一概念，AECT2005 定义则使用教育技术（Educational Technology）。

（2）研究范畴

AECT1994 定义中使用"设计、开发、利用、管理和评价"来表明研究的五大范畴，AECT2005 定义中使用"创造、使用、管理"来表明研究范畴。事实上，"创造"涵盖了设计和开发；"使用"涵盖了推广革新、整合和制度化；"管理"表明了管理的动态化。AECT1994 定义中的"评价"则被整合在"创造、使用、管理"之中。

（3）研究对象

AECT2005 定义中使用了"适当的技术性的过程和资源"来表述研究对象。"适当的"表示要符合预期的目标；"技术性的过程和资源"表明是基于技术的过程和资源，从而避免了 AECT1994 定义中对研究对象"学习过程与学习资源"的泛化。

（4）研究目标

AECT2005 定义使用了"促进学习和提高绩效"的表述，表明使用教育技术不仅要支持和促进教学和学习过程，同时还要注重效率和效益的提高。

（5）研究领域

AECT2005 定义中使用了"研究与符合伦理道德的实践"的说法。其中，"研究"代替了 AECT1994 定义中的"理论"，说明当前教育技术的理论体系还有待进一步发展；"道德"一词则表明教育技术应关注道德规范，教育技术的使用不得违反道德规范。

信息技术一方面在现代各种理论的指引下强调现代的信息技术，如计算机、多媒体、网络技术、人工智能、虚拟现实等新的媒体技术的应用，另一方面注重信息技术与传统媒体技术的有机结合。

1.2.2　现代教育技术的内涵

20 世纪 90 年代以后，随着计算机技术、多媒体技术、网络技术、通信技术和数字广播电视技术等现代信息技术的发展和成熟，尤其是国际互联网 Internet 遍及全世界各个国家和地区，现代教育技术得到了空前的发展。这不仅对教学模式、教学内容、教学手段、教学方法有着深远的影响，还对教育思想、教学理论、教育体制产生了重大影响，使得教育在整体上达到最优化。

"现代教育技术"这一术语在 20 世纪 90 年代后被广泛使用，以现代信息技术为核心的现代教育技术带有强烈的时代感。其内涵是：运用现代教育理论和现代信息技术，通过对教与学过程和资源的设计、开发、应用、管理和评价，以实现教学优化的理论与实践（李克东，1999）。其内涵特征主要体现在以下几个方面。

（1）现代教育技术以现代教育理论为基础。

（2）现代教育技术以信息技术为主要手段。

（3）现代教育技术的研究对象是学与教的过程、资源及评价。

（4）现代教育技术的目标是促进学习、提高绩效的研究与符合道德规范的实践。

1.2.3　教育技术的发展历程

1. 萌芽阶段（20 世纪 60 年代以前）

从 17 世纪开始，课本、粉笔、黑板、图片、模型等在教育教学中逐步运用，这些都是较为简单和原始的教育技术。18 世纪资产阶级革命的成功带来了工业领域里的划时代变革。工业革命不仅对教育提出了极大的需求，还提供了当时发展教育所需的技术，并促进了教育理论的发展。学校教育规模的扩大、学生人数的增多和教师的相对缺乏使传统的教育技术无法适应时代的要求，教育技术在动力、理论、技术上具备了发生质变的可能。

1908 年，美国一家公司出版《视觉教育》一书，这是一本有关幻灯和立体照片使用方法的书。19 世纪 90 年代，受夸美纽斯《大教学论》的影响及幻灯介入教育领域，揭开了电化教育的序幕。幻灯技术在教学中的应用，为学生提供了生动的视觉形象，使学生获得"百闻不如一见"的感受，同时教学也取得了不同以往的巨大成果。这一时期，教育技术借助工业革命，开始走上迅速发展的道路。在之后近 100 多年的时间里，教育技术的发展远远超过了历史上的发展。在此过程中，技术的发展和自身理论局限的突破成为教育技术发展的主要动力。

2. 初创阶段（20 世纪 60 年代）

这一时期教育技术以广播、录音教育和电视教育的应用与研究为主，盒式录音磁带开始在教育中使用，给语言教学带来了方便，所以带动了语言实验室的快速发展，当时欧、美、日等国的中小学普遍使用语言实验室。

1962 年美国教育电视台由于政府的专项经费支持，猛增到 125 家，并面向 600 万个家庭播放教育节目。随着录像机技术在教学上的应用，闭路电视也获得了很快的发展，共有 4000 个系统为 1400 万用户播放教育节目。当时，美国拥有电视机的家庭达到 88%，从此，电视真正成为大众传播媒体的主流，给远距离教学带来了极大的方便。电视台提供的教育课程丰富多彩，满足了不同教育对象的需要，所以电视机和录像机成为教学中十分重要且受人喜爱的实用媒体。

值得注意的是，20 世纪 60 年代中叶人造通信卫星的发射成功，使电视教育发挥了更大的作用。由于通信卫星系统的迅速发展，1965 年至 1970 年，拥有接收设备的国家从 5 个增加到 30 个，租用线路频道从 150 个增加到 4259 个，这为卫星电视教育的发展奠定了良好的基础。在卫星电视教育发展的同时，计算机辅助教学系统也开始建立和发展起来了。

3. 奠基阶段（20 世纪 70 年代）

由于通信技术的发展，这一时期教育技术的应用主要是录像设备、卫星电视教育系统和计算机辅助教学系统。据统计，1979 年在日本有 72.2% 的初中和 92.3% 的高中拥有录像设备，有 87% 的小学教师经常使用录像进行电视教学。同时卫星电视教育也发展很快，1974 年美国发射了实用技术卫星 ATS-6，专门用于普通教育、职业培训和成人教育，被人们称为"真正的宇宙学校"。1972 年美国科学基金会拨款支持的 PLATO-V 型计算机辅助教学系统诞生，这是当时世界上规模最大的计算机辅助教学系统，拥有数千个教学终端，遍布北美各中、大城市和少数欧亚城市，教学能力很强。后来，微型 PLATO 教育系统研发成功。1975 年，美国已有数以万计的微型 PLATO 教育系统，并成为计算机辅助教学系统的主力。英国在 1973 年至 1978 年，也先后投资 200 万英镑进行计算机辅助教学系统的研发，当时有 80 所学校共研发了 297 个计算机辅助教学系统。

现代教育技术作为一门新兴的学科，在这一时期开展了教育技术的定义和研究范围的讨论，并陆续出版了日本板元昂等编写的《教育技术学》八卷本，日本 Fujita 编著的《教育信息学》和德国赫尔马·弗兰克（Hel-mar G.Frank）编著的《教育学的控制论基础》，美国新泽西州教育技术学出版社还发行了大批教育技术学和计算机辅助教育方面的论著和教学用书。因此，20 世纪 70 年代成为现代教育技术学科理论基础的建立时期。

4. 迅速发展阶段（20 世纪 80 年代）

由于计算机技术的发展，这一时期，许多现代媒体（如幻灯、语言实验室、广播、教学机器、电影、闭路电视系统、卫星双向远程教学）在学校教育中已经得到广泛应用。视听手段的同时运用明显地提高了学习效率和教育教学质量。

此时微型计算机也开始被引入教育领域，各科教师也不同程度地应用了微型计算机辅助教学。1980 年，英、法、日、新加坡、印度也以巨大投资发展计算机教育、远距离卫星电视教育和培养使用"新教学工具"的教师，现代教育技术受到空前的重视。

微型计算机在教学领域的使用，使计算机辅助教育的评价与实验研究等都得到了较大的进展。其教学方式和方法也不再仅限于基于行为主义的程序教学，技术的发展提供了更为广阔的空间，情景创设、虚拟实验等已开始被引入计算机辅助教育系统中。微型计算机为教育技术的又一次飞跃奠定了物质基础，为个别化学习翻开了崭新的一页。

在这一历史时期，系统科学被应用到教育技术学理论中，教育技术的应用有了更科学的理论指导，扩展了教育技术概念的内涵，使得教育系统设计成为教育技术的又一重要研究领域。系统方法使教育技术发展到一个新的阶段，教育技术发展成研究实现教育最优化理论和技术的一门独立的学科。

5. 网络化发展阶段（20 世纪 90 年代至今）

20 世纪 90 年代后，由于现代科学技术的飞速发展，"知识爆炸"成为信息时代的特征，知识更新时间和知识老化周期日益缩短，因此只有大力推行现代教育技术，才有可能使学习者在较短的时间内学到更多的知识。计算机多媒体技术和网络技术的产生与发展，为现代教育技术的又一次飞跃提供了契机，使教育的全民化、终身化、多样化、自主化、国际化成为可能。

20 世纪人类最伟大的发明之一——国际互联网（Internet）成为该阶段的发展潮流。Internet 在如此短的时间内产生如此广泛的影响，它已经成为世界上规模最大、影响最广的国际性计算机交互式网络，是联结世界各国的信息纽带和向全球提供教育、教学资源的重要网络，使真正的全球无国界学习（即远程教育）成为现实。与此同时，由于个人计算机、平板电脑性能的不断提高，多媒体教室、资源库、网络平台等数字软件和硬件设备价格不断下降，因此各种教育媒体渗入教学领域中，为教育技术的突破提供了物质条件。集成了文本、动画、音频、视频、虚拟现实等的课件和学习资源极大提高了教学和学习质量。多媒体技术、网络技术、人工智能技术等被广泛用于教育教学中，以云计算为基础、物联网为支撑的智慧教育体系逐渐被构建起来，为实现个别化教学提供了坚实的物质基础。

该阶段，教育技术的理论也日趋丰富，并朝着综合化、整合化、系统化的方向发展，其中建构主义学习理论对教学产生了较大的影响。随着认知理论的发展，人们越来越强调学习者在学习过程中的主动地位，强调学习者应积极主动地建构对知识的理解，所以建构主义学习理论逐步进入教育技术领域并取代行为主义，成为教育技术主流思想之一。其学习理论中的教学模式、教学环境、学习观和教学观等，适应并促进了现代教育技术的发展，推动了多媒体设备及网络技术在教育中的合理应用。另外，其他新的教育理论（如绩效理论、集成性技术、行动研究等）也被引入教育教学中，个别化学习、协作学习、探究式学习、数字化学习、混合学习、移动学习等新的学习方式迅速出现并逐渐占据主要阵地。总之，在该阶段，指导教育技术的各种理论日趋综合化、整合化，它们相互借鉴，相互取长补短，目的都是促进学习。

需要说明的是，以上教育技术各个发展阶段的界限并不十分明确，各阶段更多的是传承和发展。

6. 我国教育技术的起步与发展

20世纪20年代，我国受美国视听教育运动的影响，开始尝试利用电影、幻灯等媒体作为教学工具。由于以电力为标志的第二次工业革命深刻地影响着人们的社会生活，因此以"电化教育"这个名称来概括这种教育工作，一些大学开设了电化教育的课程。第十一届三中全会以后，我国的电化教育获得了长足发展。1978年，教育部成立了中央电化教育馆，负责全国的电教管理工作和业务工作。各省市都建立了由教育厅和教育局直接领导的电化教育馆，各级各类学校建立了专业性的电化教育部门，为加快我国教育现代化的进程起到了极大的推进作用。

20世纪90年代中期，由于计算机技术、多媒体技术和网络技术等新技术在教育中的应用，"电化教育"这个名称已经不能适应时代的发展，开始向国际通用的"教育技术"及"信息技术"演变。此时，我国在建设信息高速公路方面也取得了显著成绩，多媒体技术和信息高速公路已经融入教育领域的各个方面。

21世纪我国教育技术进入高速发展时期，智慧教育、人工智能、创客教育、STEAM教育、移动学习、虚拟学习社区、慕课与微课、游戏化教学等新的教学方式如雨后春笋般出现。精准诊断、个性化推荐、智能导师为实现个性化精准学习和辅导提供了可能，对培养学习者的信息意识、计算思维能力、问题解决能力、创新能力等都有着非常重要的作用。

1.2.4 现代教育技术的发展趋势

现代教育技术的发展趋势，一方面取决于理论与技术的发展状况，另一方面取决于教育的实际需求。随着科技的进步、信息技术的不断发展和对现代教育技术研究的深入，从目前的情况来看，现代教育技术未来的发展趋势将呈现以下几个特征。

1. 现代教育技术作为交叉学科与相关学科的融合性越来越突出

现代教育技术融合了多种思想和理论，它是连接教育、心理、信息技术等学科的"桥梁"，其理论基础包括教育理论、学习理论、传播学理论、系统理论等。它位于多学科交叉融合的领域，其学科特性决定了其研究和实践主体的多元化。具有教育学、心理学、信息技术、教学系统设计、传播理论等不同学科背景的专家和学者可以从不同的角度，采用不同的方法对其进行研究和实践。

2. 现代教育技术呈现智能化的发展趋势

人工智能是研究运用计算机模拟和延伸人脑功能的综合性学科，它在求解策略和处理手段上有其独特之处。随着人工智能技术的日渐成熟，它的研究成果被陆续运用到教育教学领域中，对教育、教学过程、教学管理都产生了深远的影响，在教学系统方面的重要性也已形成共识，推进了教育改革和教学现代化的进程，教育教学的智能化特征越来越突出。

3. 更加重视现代教育技术的实践性和学习支持性研究

教育技术作为理论和实践并重的交叉学科，需要理论指导实践，在实践中进行理论研究。目前，教育技术研究最前沿的两个领域是信息技术与课程融合及网络教育，所有这些乃至终身教育体系的建立都强调对学习者的支持，即围绕如何促进学习展开所有工作。正因为如此，人们越来越重视包括教师培训、教学资源建设、学习支持等在内的现代教育技术实践性和支持性研究。

4. 更加重视现代教育技术应用模式多样化的研究

现代教育技术在教育中的应用模式是多种多样的，目前基本分为 5 种：①基于视听媒体技术的多媒体教学模式；②基于卫星通信技术的远距离教学模式；③基于计算机多媒体技术的多媒体教学模式；④基于 Internet 及其他网络技术的网络教学模式；⑤基于计算机仿真技术的"虚拟现实"教学模式。随着云计算、大数据、人工智能等技术的发展，现代教育技术的应用模式将会越来越灵活多样。

5. 更加重视信息技术与学科教学的深度融合

信息技术与学科教学的融合是教育技术领域的研究重点，是能够让信息技术对教育发展真正产生革命性影响的具体途径与方法。在教育的未来发展中，这种融合的程度将更加深入，从而引发教育系统的结构性变革，真正实现教育信息化，并达到促进各级各类教育变革与创新的目标。所以信息技术与学科教学的融合将越来越被重视，人们对信息技术与学科教学融合的形式、方法和策略的研究也越来越深入。

1.3　现代教育技术的时代意义

为适应 21 世纪对人才的要求，必须实现教育现代化。教育现代化包含许多内容，如教育思想、教育内容、教育方法和教育技术等。教育技术现代化是其中重要的组成部分，是当前教育改革的"制高点"和"突破口"，对教育发展具有重要的时代意义。

1.3.1　促进教育信息化的实施

当信息技术与教育深度融合时，就会生成一种全新的教育形态，这就是信息化教育。我国《教育信息化十年发展规划（2011—2020 年）》（以下简称《规划》）指出：到 2020 年，全面完成《国家中长期教育改革和发展规划纲要（2010—2020 年）》所提出的教育信息化目标任务，形成与国家教育现代化发展目标相适应的教育信息化体系，基本建成人人可享有优质教育资源的信息化学习环境，基本形成学习型社会的信息化支撑服务体系，基本实现所有地区和各级各类学校宽带网络的全面覆盖，教育管理信息化水平显著提高，信息技术与教育融合发展的水平显著提升。

以教育信息化带动教育现代化，是我国教育事业的发展策略。教育信息化是指在教育领域全面深入地运用现代化信息技术来促进教育改革和教育发展。其目的在于推动教育现代化、培养创新人才。现代教育技术是教育现代化的重要标志，是实现教育现代化的重要条件，可以有力地促进教育信息化的实施。

学校教育实现信息化要做到：完成网络互通硬件工程，教育的各个环节实现互联互通，才能实施远程教育和构建终身学习体系；加快设计和开发网络教育资源及教育资源库建设；积极开展教育信息化的教改实验，努力做好信息技术与学科课程的整合工作，实现全体教师和学生科学地应用信息技术，不断提高教学质量，培养创新人才。

1.3.2　促进教师专业发展

随着知识经济社会和信息时代的到来，教师面临着越来越多的机遇和挑战。时代呼唤着知识结构和能力结构多元化的高素质教师。

1966 年，国际劳工组织和联合国教育、科学及文化组织颁布的《关于教师地位的建议》对教师专业化做出了明确的界定：应把教师工作视为专门的职业，这种职业要求教师经过严格、持续的学习，获得并保持专业的知识和特别的技术。美国也在 1986 年先后发表《国家为培养 21 世纪的教师做准备》和《明天的教师》两份报告，重点也是关于教师专业化的问题。

我国"普及九年义务教育"任务已基本完成，高等教育正在加快发展，教师在教育质量和数量上都有较大的发展。过去仅仅是满足基础教育对教师在数量上的要求，而现在开始有条件满足基础教育和职业技术教育对高素质教师的需要，教师专业化的时代已经来临。

现代教育技术是促进教师发展专业技能和自我完善的重要途径。在信息化社会中，教师是"数字化生存"的带头人，能够应用信息技术开展有效的教学活动、学术研究和交流协作，成为信息化条件下的终身学习者，实现知识、技能、伦理的自我完善。要达到这样的专业要求，必须依赖于现代教育技术。因为现代教育技术可以为处于不同时空的教师提供交流的机会、有效的学习方式和教学研究的手段与方法，从而让教师成长为专家型教师。

1.3.3　促进创新型人才的培养

创新型人才是指具有创新意识、创新精神、创新思维、创新知识、创新能力并具有创新人格，能够通过自己的创造性劳动取得创新成果的人才。其核心是创造性思维。创造性思维由发散思维、形象思维、直觉思维、逻辑思维、辩证思维和纵横思维 6 个要素组成。

现代教育技术的最新理论基础"建构主义学习理论"认为，学习所必需的四大要素为"情境""协作""会话""意义建构"，强调学生是认知的主体，同时不能忽视教师的指导作用。在现代教育技术的支持下，教师可以为学生创造更好的学习情境，提供多元化的信息来源，帮助学生成为积极主动的意义建构者，组织学生自主学习、探究学习、协作学习，从而促进创新型人才的培养。

1. 利用现代教育技术可以培养学生的发散思维

发散思维又称求异思维、辐射思维，它是指从一个目标出发，沿着各种不同的途径去思考，探求多种答案的思维。传统的教育以传授知识、发展技能为主要目标，其在教学方式上的单一运用，阻碍了学生学习潜力的开发和创新思维能力的培养。现代教育技术的应用，可以实现教学信息呈现方式的多元化，学习者可以自主学习、自主探究，从而培养自我发散思维的能力。现代教育技术还可以通过多媒体的方式，全方位、全视角地呈现知识内容，能够不断地刺激学生的不同感官，使其大脑充分地活跃起来，促进其认识事物本质，激发其学习兴趣，拓展其思维空间，从而有效地促进发散思维的培养。

2. 利用现代教育技术可以培养学生的形象思维

形象思维是指以直观形象和表象为支柱的思维过程。教学中最常用的多媒体课件广泛采用图文、动画、影像等多媒体形式，直观形象、生动逼真，有利于学生入情、入境，深刻理解和记忆知识，为发展学生的观察、联想和想象能力提供了素材和着眼点。虚拟现实技术在教学中的应用可以构造出最佳的课堂教学环境，提供和展示各种趋于现实的学习情境，把抽象的学习与现实融合起来，引导学生即时思考，激发学生的联想能力，促进学生形象思维的培养。

3. 利用现代教育技术可以培养学生的直觉思维

直觉思维是指不受某种固定的逻辑规则约束而直接领悟事物本质的一种思维形式。这是一种瞬间做出判断，却并非凭空而来的、毫无根据的主观臆断，是建立在丰富的实践和宽厚的知识积累基础上所做出的直观判断。现代教育技术的应用，可以直观地用动态方式表现对象之间的空间结构关系，将难以直观表达的语言文字、抽象的道理、复杂的现象通过动画的形式形象具体地表现出来，从而极大地降低了学生的认知难度，这是训练学生直觉思维的理想方式。

4. 利用现代教育技术可以培养学生的逻辑思维

逻辑思维是指以概念、判断、推理的形式来反映客观事物的运动规律，是对事物的本质特征和内部联系的认知过程。在计算机网络环境下，学生可以利用相应的学习软件和信息资源库，通过人机交互把学习者和认知材料有机地联系在一起；同时通过多媒体信息的演示、讲解、练习、检测和反馈评价等一系列过程，主动获取知识，实现自主学习。学生通过"学习—总结—叙述—输入"这一过程，在分析推理过程中认识事物的本质，使自身逻辑思维得到训练和提升。

1.3.4　促进基础教育改革

传统的教学系统由教师、学生和教材三要素构成，其教学模式主要以教师为中心，把教学内容传递给学生。教师是整个教学过程的"主宰者"，学生被动接受。这种教学模式忽视了学生的主动性、创造性，不能把学生的认知主体作用很好地体现出来，也不利于培养适应21世纪发展所需要的创新型人才，所以基础教育亟待改革。

1. 现代教育技术新知识体系对 21 世纪基础教育课程提出的挑战

现代教育技术新知识体系的发展不仅仅是简单的数量增长问题，它的质、量、形态等都在变化，具有高速发展、高度信息化、高智力附加和高度集成化等特点。随着知识的交叉与融合、知识群的重组与集合、新兴学科的大量涌现，基础教育课程改革有了新的挑战：课程与教材的编制者要求群体化、综合化，课程与教材的内容要求具有多元化、系统化、交互化和平台化的特征。

2. 现代教育技术的运用为建构新型教学模式提供了理想的教学环境

利用现代教育技术营造的教学环境，既为学习者提供了丰富多样的学习资源和灵活多样的学习方式，又引发了教育观念、教育方法、教育模式，甚至教育体制的变革。这种教学环境优化了课堂教学，提高了教学效率，改变了教学模式，实现了教学手段多媒体化和教学方法多样化，使学习资源载体多样化、显示方式多媒体化、教学内容组织结构非线性化、资源传输网络化和共享化，为学习方式的自主性、协作性、创造性、开放性、交互性、民主性提供了保障。

3. 现代教育技术的教学设计理论为建构新型教学模式提供了坚实的理论基础

现代教育技术中的教学设计理论是连接学习理论、教学理论与教学实践的"桥梁"，是一门用来实际指导教学过程，为"如何教"及"如何学"提供具体方法的规范性理论。这门学科目前已发展出两种不同类型的教学设计理论：一种是以"教"为中心的教学设计，另一种是以"学"为中心的教学设计。经过教育理论专家多年的努力，以"教"为中心的教学设计已形成一套系统、完整且具有可操作性的理论与方法，并在教学实践中产生了较大的影响，受到广大教师的欢迎。其优点是有利于教师对课堂教学进程的组织、管理与控制，有利于教师主导作用的发挥；缺点是这种教学设计忽视了学生的主动性，在整个教学过程中把学生置于被动地位。显然，这种教学设计理论是直接为传统教学模式服务的。随着多媒体技术和因特网应用的迅速普及，一种新的以"学"为中心的教学设计正在兴起并快速发展。这种新的教学设计理论与传统的以"教"为中心的教学设计完全不同，它的全部理论、方法都是围绕如何帮助学生的"学"，即如何促进学生主动建构知识的意义而展开的。这种理论强调在教学过程中学生处于中心的位置，教师应围着学生"转"。以"学"为中心的教学设计包括两部分内容：一部分是关于学习环境的设计，另一部分是关于自主学习策略的设计。以"教"为中心的教学设计和以"学"为中心的教学设计各有其优缺点，而它们的优势则正好互补。因此，若将这两种教学设计理论恰当地结合起来，就可以为我们将要建构的既发挥教师主导作用，又充分体现学生认知主体作用的新型教学模式（双主模式），提供比较全面而坚实的理论基础。

各级各类学校在信息技术的支持下，教学手段多媒体化、教学方法多样化，研究性课程、网络探究式教学成为教学创新的亮点。面对面、同步式的教学，网络信息资源的共享和开放性改变了原有传统教育过程的结构，形成了"人—机—人"的教育模式，使教育的时空发生了变化，教育教学不再受限于狭小的空间。个别化学习和交互式远距离的异地授课成为可能，远程教育成为一种重要的教育方式。现代教育技术革新了教学管理与评价体系，发展了信息化的评价工具，实现了评价的综合化、多元化、全面化。

它打破了传统的师生主从关系，促进了新型师生关系的形成，教学重心从"教"转向"学"，学习方式从"学会"向"会学"转变。新的教育观和学习方式的变化促使基础教育产生了深刻的变革，现代教育技术丰富了课程资源建设的形式和内容，以及信息技术环境和信息资源的建设。现代信息技术的运用使学习资源载体多样化、显示方式多媒体化、内容组织结构非线性化、资源传输网络化和共享化。因此信息时代的资源具有高度的开放性和交互性，为学习方式的自主化、个性化、民主化提供了保障。

1.3.5　促进教育均衡发展

党的二十大报告指出："要坚定不移推进教育公平，优化教育资源配置，形成政府主导、覆盖城乡、可持续的基本公共教育服务体系，努力让每个孩子都能享有公平而有质量的教育"。教育信息化是促进教育均衡发展的重要路径。现代教育技术促进教育资源共享和促进教育机会均衡，具体表现如下。

1. 现代教育技术促进教育资源共享

随着教育信息化的发展，利用互联网可以轻松打破由地域物理环境限制所导致的资源壁垒。随着十二五"三通两平台"工程的全面推进，学习者能够通过通信网络获得可共享的优质教学资源，在一定程度上有效地解决了教育资源分配不均衡的问题，弥补了本地、本校教育资源不足及质量不高等缺点，优化了教育优质资源配置，促进了教育优质均衡发展，提高了教育教学效果。

2. 现代教育技术促进教育机会均衡

由于我国东西部差距和城乡发展的不均衡，传统教育中学习者受教育的机会存在很大的差距。现代教育技术的部署和实施，可以使农村的学校、师资薄弱的学校跟上教育革新和发展的整体步伐，并实现在前进与发展过程中的动态均衡、优质均衡。学习者可以不受时空的限制，获取远程教育课程和 MOOC 课程。另外，还可通过城乡学校网上结对活动、网络教研社区等形式，在学科专家的引领下，创建全员参与、团队合作、和谐温馨、创新探究、可持续发展的网上研修共同体，为农村教师的专业发展提供新途径，实现优质资源向农村和师资薄弱学校的可持续输送，从而促进教育机会均衡。

微课视频

扫描二维码，观看教学视频。

1.1 现代教育技术导论		1.3 现代教育技术的内涵与发展	
1.2 信息技术与教育变革		1.4 拓展资源：未来教育	

练习与实践

练习

（1）怎么理解现代教育技术的内涵？

（2）为什么说现代教育技术能促进创新人才的培养？

（3）简述现代教育技术是如何促进教育变革的。

（4）简述现代教育技术的发展趋势。

第2章
现代教育技术的理论基础

学习目标

（1）记忆：不同派别的学习理论、教学理论、传播理论、系统科学理论等关于学与教的基本概念和基本原理。

（2）掌握：能用不同的方式解释这些基本概念和基本原理；能比较同一领域不同概念、原理之间的异同，发现与相关领域理论观点的联系。

（3）应用：用所学的概念和原理解释、分析、评价教育实践中的案例，综合各种理论提出自己的教学设计主张，并结合实际情境设计合理的教学方案。

知识结构

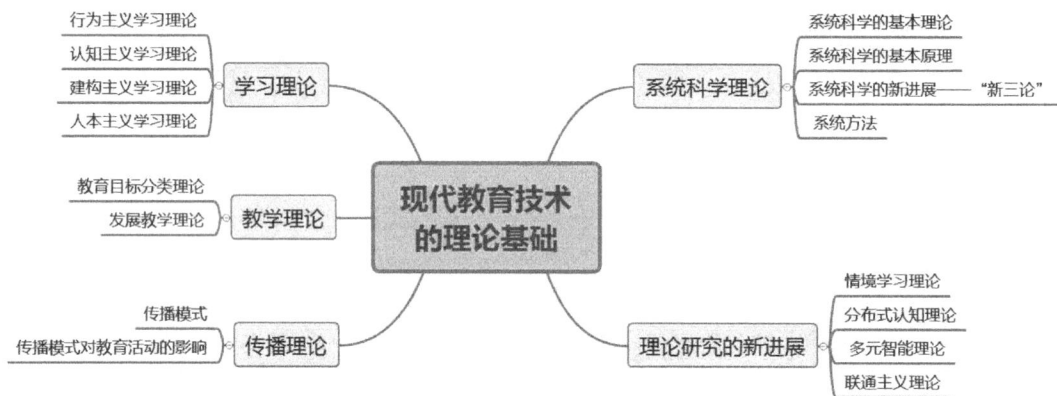

学习建议

本章内容理论性较强，建议结合线上资源学习。本章应重点理解学习理论、教学理论、传播理论、系统科学理论等理论的基本观点，掌握各种理论对教学设计和实施的指导作用，体会教学设计、实施的专业性。线下学习以答疑解难、案例分析、综合设计和模拟练习活动为主。

"有效"是课堂教学的价值取向。现代教育技术只有和构成课堂教学活动的各要素（如教学目标、教学内容、教学程序、师生互动方式、教学环境等）融为一体，才能使课堂教学更为"有效"。所以基于多媒体、互联网、移动学习平台、人工智能等技术的现代教育技术手段，科学、合理地设计教学目标、组织教学内容、实施教学环节、创设教学环境及协调各要素之间的关系是"有效"教学的基本保障。那么，如何科学、合理地"设计""组织与呈现""创设、实施与协调"？

理论依据是什么？在这种诉求下，有关教学设计和现代教育技术运用的理论便被人们不断地整合运用，结合了诸多相关学科和领域的研究成果，形成了现代教育技术的理论基础，理论主要包括教学理论、学习理论、传播理论和系统科学理论。近年来，随着现代教育技术研究和实践的深入，多元智能理论、情境学习理论等也充实了教育技术理论基础，它们共同为现代教育技术的蓬勃发展提供了全面和深入的理论指导。

📨 案例引导

以布兰斯福德（Bransford）为首的旺达比尔特认知技术小组设计了一个教学视频，视频题目为《邦尼牧场的援救》。开始是主人公贾斯珀的朋友拉瑞教另一个朋友艾米丽学开超轻型飞机，贾斯珀和他的朋友在做去邦尼牧场钓鱼、露营的计划。在旅行中，贾斯珀发现一只严重受伤的鹰，鹰需要紧急抢救才能存活，艾米丽必须想出办法帮助贾斯珀把这只受伤的鹰送到兽医那里去抢救。这时，问题出现了：采取何种路线和方式去营救那只鹰？是否有足够的燃料？是否有足够的钱去加油？顺风或者逆风会带来什么问题？回答这些问题所需要的数据都藏在整个视频中。视频呈现了真实的问题情境，学习者会饶有兴趣地解决问题，同时必须整合运用数学知识及相关学科的知识。这样既促进了学习者对知识的深层理解，也提高了他们的探究能力。

2.1　学习理论

学习是我们终身面对的话题和任务。从掌握使用筷子到知道如何解决问题、从知识的获得到品德的养成，这些都是学习。学习理论是研究学习的实质、过程、规律、条件、结果等的系统观点和结论。由于研究者的哲学背景、研究视角、研究方法不同，学习理论发展形成了行为主义、认知主义、建构主义和人本主义等不同的派别。

2.1.1　行为主义学习理论

行为主义学习理论诞生于 20 世纪初，其代表人物有桑代克、斯金纳。行为主义对学习的解释强调可观察的行为，认为行为的多次愉快或痛苦的后果改变了个体的行为。行为主义重视环境和经验的作用。

1. 巴甫洛夫的经典条件作用理论

（1）实验

在巴甫洛夫的实验中，狗被置于经过严格控制的隔音实验室内，可通过遥控装置把食物送到狗面前的食物盘中，狗的唾液分泌量可通过仪器随时测量并记录，如图 2-1 所示。实验开始后，先向狗进行铃声刺激，铃响半分钟后便给予食物，观察并记录狗的唾液分泌情况。当铃声与食物反复配对多次以后，仅进行铃声刺激而不给予食物时，狗也会做出唾液分泌反应。实验开始时，食物可以诱发狗的唾液分泌反应，而铃声不能，这时食物叫无条件刺激，铃声叫中性刺激或无关刺激，食物诱发的唾液分泌反应称为无条件反应。在铃声与食物经过多次配对之后，单独提供铃声而没有食物时，狗也会分泌唾液。此时，中性刺激（铃声）具有了诱发原来仅受食物制约的唾液分泌反应的某些力量而变成了条件刺激，单独提供条件刺激就能引起的反应则叫作条件反应。这就是经典条件反射的形成过程。

图 2-1　巴甫洛夫经典条件作用实验

（2）经典条件反射的基本规律

① 获得与消退。

在条件作用的获得过程中，条件刺激与无条件刺激之间的时间间隔十分重要。一方面，条件刺激和无条件刺激必须同时或趋近于同时出现，间隔太久则难于建立联系；另一方面，条件刺激作为无条件刺激出现的信号必须先于无条件刺激，否则也将难以建立联系。

如果条件刺激重复出现多次而没有无条件刺激相伴随，条件反应就会变得越来越弱，并最终消失。然而，要完全消除一个已经形成的条件反应比获得这个反应要困难得多。

② 刺激泛化与分化。

人和动物学会对某一特定的条件刺激做出条件反应以后，其他与该条件刺激相类似的刺激也能诱发其条件反应。例如，"一朝被蛇咬，十年怕井绳"就是典型的刺激泛化现象。借助于刺激泛化，我们可以把已有的学习经验扩展到新的学习情境，从而扩大学习的范围，减轻学习的负担。例如，学过英语的人再学德语比没有学过英语的人学习德语进步要快。但是，同类刺激所引起的泛化反应，有时是不准确或不精确的，这就需要刺激分化。刺激分化是指通过选择性强化和消退使有机体学会对条件刺激和与条件刺激相类似的刺激做出不同的反应。例如，为了使狗能够区分圆形和椭圆形光圈，如果只在圆形光圈出现时才给予食物强化，而在出现椭圆形光圈时不给予强化，那么狗便可以学会只对圆形光圈做出反应而不理会椭圆形光圈。在实际的教育和教学过程中，也经常需要对刺激进行分化，如引导学生区别勇敢和鲁莽、谦让和退缩、重力和压力、质量和重量等。

刺激泛化和刺激分化是互补的过程，泛化是对事物的相似性的反应，分化则是对事物的差异的反应。泛化能使我们的学习从一种情境迁移到另一种情境，而分化则能使我们对不同的情境做出不同的恰当反应，从而避免盲目行动。

总之，经典条件作用理论较有效地解释了有机体是如何学会在两个刺激之间进行联系，从而使一个刺激取代另一个刺激并与条件反应建立起联结的。但是，经典条件作用理论无法解释有机体为了得到某种结果而主动做出某种随意反应的学习现象。

（3）经典条件作用理论在课堂教学中的应用

① 把学习任务与快乐、积极的事件相联结。许多学生对个体竞争有消极的情绪反应，这可能会泛化到其他学习活动中去。因此，在课堂教学中，教师应更加重视群体竞争与合作这种易激发愉快情绪的活动。

教师可在教室里创设一个舒适的读书角，吸引学生主动地阅读，还应提供舒适、温馨的课堂环境，使学生产生愉快、轻松的感觉，进而泛化到学习活动中。

② 帮助学生摆脱产生焦虑的情境。

教师应针对学生的特点进行教育，可给害羞的学生分配更多的与其他同学交往的任务，如分发作业、试卷，辅导其他同学等。

③ 教师可以指导学生设计小的步骤，实现大的目标。例如，一位同学害怕在全班同学面前讲话，可以先让这位学生在小组同学面前坐着读一个报告，然后站着读，再让他/她根据笔记的内容做一个报告，最后让他/她到讲台前给全班同学做报告。

教师在向不愿意回答问题的学生提问时，可以提征求性的问题，如"对于这个问题，你注意到了什么？""你会如何比较这两个例子？"。

教师应注意对学生给出的提议给予积极的评价，帮助学生建立自信心。

2. 桑代克的尝试错误学习理论

（1）实验

为了观察和探究个体如何获得解决困难的方法，桑代克亲自设计了实验所需要的迷箱，如图 2-2 所示。迷箱由木条钉成，中间有个门，被门闩扣住。箱内有一块踏板，连着铰链，只要按下踏板，门闩就会被提起，门就会被打开。实验时，桑代克把一只饥饿的小猫放入迷箱，把食物放在箱外，然后详细记录小猫在迷箱中的行为表现。刚放入迷箱时，小猫竭力想从任何缺口中挤出身体逃走，直至碰巧触碰到踏板打开门逃出迷箱外。第二次再把小猫放入迷箱时，它的表现和第一次差不多。但重复很多次以后，小猫的那些盲目乱冲、乱抓、乱咬的行为逐渐减少，它从迷箱里逃出来所需的时间也越来越短。最后把小猫一放入迷箱，它就能很快地用一定的方式触碰踏板而逃出迷箱，吃到食物。

图 2-2　桑代克"迷箱"

（2）尝试错误学习理论的主要观点

① 学习的实质是有机体建立了刺激-反应联结。

所谓联结，是指某种情境或刺激能唤起某种反应或反应倾向。桑代克的迷箱实验最后的结果表明，饿猫进入迷箱（情境），就去触碰（反应）踏板，从而打开门，吃到食物。这就意味着动物获得了新的行为（打开门），学习成功。桑代克认为，学习的实质就在于形成情境与反应之间的联结，而且这种联结是直接的，不需要中介作用。鉴于动物和人的研究结果存在相似性，桑代克坚持用这一基本的学习原理来解释各种复杂的学习。在他看来，一个受过教育的成年人不过是建立了成千上万个刺激-反应联结而已。

② 学习的过程是尝试错误的过程。

依据实验过程和结果可以看到，动物初次进入迷箱时，不是根据对情境性质的理解，而是冲动行事、盲目尝试。随着练习次数增加、错误反应的逐渐减少、正确反应的逐渐巩固，最终形成稳定的刺激-反应联结。桑代克认为，学习的过程是一种渐进的、盲目的尝试错误的过程。

③ 尝试错误学习的基本规律。

在大量实验的基础上，桑代克提出了尝试错误学习的准备律、练习律、效果律等一系列规律。

准备律是指在尝试错误学习的过程中，事前有一种准备状态时，刺激与反应之间的联结实现则会令学习者感到满意；反之，事前无准备状态时，刺激与反应之间的联结实现则会令学习者感到烦恼。

练习律是指在尝试错误学习的过程中，任何刺激与反应的联结一经练习并运用，其联结逐渐增强，而如果不运用，则联结逐渐减弱。

效果律是指在尝试错误学习的过程中，如果其他条件相等，在学习者对刺激情境做出特定的反应之后能够获得满意的结果时，则其联结就会增强，而得到烦恼的结果时，其联结就会削弱。

（3）尝试错误学习理论在教学中的应用

① 科学发展史上的许多发明创造和技术革新都是通过尝试错误的过程而获得的。中小学生的学习也有这个特点，教师应该鼓励学生勇于尝试，允许学生犯错误，适当引导学生，帮助其纠正错误，使学生从尝试中认识错误、避免错误、选择正确的行为，最终获得成功。这样获得的知识才会是终生不忘的。

② 在实际的教育过程中，教师应努力使学生在学习中得到自我满意的积极结果，防止一无所获或得到消极结果。也就是说，教师要对学生的学习行为提供及时的反馈，以巩固其正确的行为。心理学实验证明，教师是否及时给予学生反馈，对学生学习效果的影响有显著差异。当然，反馈还应考虑方法和策略。因此，教师应多给予学生正向、积极的反馈，以愉快的体验巩固其正确的行为。

③ 要善于激发学生的学习动机，注意在学习过程中加强合理的练习。桑代克的迷箱实验中，猫在饥饿的状态下才会反复试图挣脱迷箱，获得食物，并最终学会打开门。若是一只吃饱了的猫，那它更多的可能就是睡觉，在它身上根本不会发生学习。因此，教师还要激发学生的学习动机。另外，桑代克在后期的研究中发现，无意义的、重复的练习并不能增强刺激-反应联结，只有进行了练习并获得了奖励才能增强联结。这就意味着单纯的重复练习、题海战术对学生的能力提高并没有太大的意义，反而容易使学生产生厌学情绪。因此，教学过程中应该提倡有意义的练习，做少而精并能及时得到反馈的练习。

3. 斯金纳的操作性条件作用论

（1）实验

斯金纳是知名的行为主义心理学家，他的理论也是建立在动物学习实验的基础之上的。在斯金纳以白鼠等动物为被试对象进行的精密实验研究中，他运用了一种特殊的实验装置——斯金纳箱，如图2-3所示。箱内有一个伸出的杠杆，下面有一个食物盘，只要箱内的动物按压杠杆，就会有一粒丸子滚到食物盘内，动物即可得到食物。斯金纳将饥饿的白鼠关在箱内，白鼠便在箱内不安地乱跑，活动中偶然压到了杠杆，则一粒丸子滚到食物盘内，白鼠吃到了丸子。白鼠再次按压杠杆，又可得到丸子。由于食物强化了白鼠按压杠杆的行为，因此白鼠后来按压杠杆的概率迅速上升。由此斯金纳发现，有机体做出的反应与其随后出现的刺激条件之间的关系对行为起着控制作用，它能影响以后反应发生的概率。他认为，学习实质上是一种反应概率上的变化，而强化是增加反应概率的手段。如果一个操作（自发反应）出现以后有强化刺激尾随，则该操作出现的概率就增加；已经通过条件作用强化了的操作，如果出现后不再有强化刺激尾随，则该操作出现的概率就降低，甚至消失。这就是操作性条件反射的基本过程。

图 2-3　斯金纳箱

（2）斯金纳操作条件作用理论主要观点

① 人和动物的两类行为。

斯金纳认为，人和动物的行为有两类，分别是应答性行为和操作性行为。应答性行为是由特定刺激所引起的行为，它是不随意的反射性反应，是经典条件作用的研究对象。操作性行为则不与任何特定刺激相联系，是有机体自发做出的随意反应，是操作条件作用的研究对象。在日常生活中，人的行为大部分是操作性行为，操作性行为主要受强化规律的制约。经典条件作用和操作条件作用的比较如表 2-1 所示。

表 2-1　　　　　　　　　　　　　经典条件作用和操作条件作用的比较

比较项目	经典条件作用	操作条件作用
主要代表人物	巴甫洛夫	斯金纳
行为	被动的、情绪的、生理的	主动的操作行为
顺序	行为发生在刺激之后	行为发生在刺激之前
教学实例	学生将阅读（开始是中性刺激）与愉悦的心情联结在一起，于是阅读也能引发学生积极的情绪	学生有积极的行为后受到了老师的表扬，于是学生积极行为增多

② 强化、消退、惩罚与反应概率。

强化是指改变同类反应在将来发生的概率的操作。强化物则是一些刺激物，其呈现或撤除能够增加反应发生的概率。强化有正强化（实施奖励）与负强化（撤销惩罚）之分。例如，教师对上课守纪律的学生进行表扬（正强化），家长由于孩子的某一积极的行为表现而撤除对他的某种限制（负强化）等。

消退是指有机体做出以前曾被强化过的反应，如果在这一反应之后不再有强化物相伴，那么此类反应在将来发生的概率便降低。在操作条件作用下，无论是正强化的奖赏，还是负强化的逃避与回避条件作用，其作用都在于增加某种反应在将来发生的概率，以达到塑造行为的目的。消退则不然，消退是一种无强化的过程，其作用在于降低某种反应在将来发生的概率，以达到消除某种行为的目的。因此，消退是减少不良行为、消除坏习惯的有效方法。

惩罚是指当有机体做出某种反应以后，呈现一个厌恶的刺激或移除一个愉快的刺激，以消除或抑制此类反应的过程。惩罚与负强化有所不同：负强化是通过厌恶刺激的排除来增加反应在将来发生的概率，而惩罚则是通过厌恶刺激的呈现来降低反应在将来发生的概率。但是，惩罚并不一定能使行为发生永久性的改变，经常是暂时抑制行为。因此，惩罚的运用必须慎重，惩罚一种不良行为应与强化一种良好行为结合起来，这样才能取得预期的效果。

总之，根据操作性条件学说，在教育过程中，教师应多用正强化的手段来塑造学生的良性行为，用不予强化的方法来消除消极行为。教师应慎重地对待惩罚，因为惩罚只能让学生明白什么不能做，但并不能让学生知道什么能做和应该怎么做。一旦使用消退或惩罚，一定要运用强化来促进学生形成某种良好的行为。

（3）操作条件作用理论在教育中的应用——程序教学与机器教学

程序教学法来源于美国鲁莱西设计的一种进行自动教学的机器，其企图利用这种机器把教师从教学的具体事务中解脱出来，以节省时间和精力。这种设想在当时没有引起重视和推广。1945年，在操作条件作用理论的直接影响下，斯金纳重新提出这样的设想，其基本模式是刺激—反应—强化，引起了广大心理学和教育界人士的重视。继斯金纳之后，瑞士心理学家、发生认识心理学创始人皮亚杰和美国心理学家、认知心理学奠基者西蒙继续研究，为新模式教学奠定了坚实基础。从此，程序教学与机器教学风靡全球，成为20世纪第一次世界性的教学改革运动。在程序教学中，教材被分成若干小步子，学生可自定学习步调，教师让学生对所学内容进行积极反应，并给予及时的强化和反馈，使错误率最低。20世纪60年代初，许多教科书都以程序化的方式编写，市场上有大量程序化的教材。但在20世纪70年代初期，人们的这种热情有所降低，并逐步放弃了程序教学。不过，程序教学中的合理成分也被整合进了计算机辅助教学中。国外这种教学模式的研究和发展，也引起了我国教育学家的重视。20世纪50年代，我国知名心理学家卢仲衡教授就开始了此项教学理论的研究，并成功推出了"数学自学辅导法"。目前，根据程序教学的手段不同，程序教学又分为机器教学（机器教学是指程序化的教材通过机器呈现的教学方式）、课本式程序教学、计算机辅助教学。程序教学的基本原则如下。

① 小步子原则。该原则是指把学习内容按其内在逻辑关系分割成许多细小的单元，并按一定的逻辑关系排列起来，形成程序化教材。学生的学习是由浅入深、由易到难、循序渐进进行的。小步子学习原则要求对学习内容的分割适当，对单元划分的大小要由具体的教学内容和教学任务来确定。小步子也不是步子分割得越小越好，步子太小容易使学生厌倦，也不利于学生从整体上认识事物。

② 积极反应原则。斯金纳认为，传统教学主要是教师传授知识，学生被动地接受知识，很少有机会对教师提出的每个问题都做出反应。教师要改变这种消极的学习状态，就应让学生对每一单元的学习内容都做出积极的反应，使学生通过选择、填空和输入答案等方式做出反应，以保持其积极的学习动机。

③ 及时强化原则。当学生做出反应后，必须使他们知道其反应是否正确。这就要求教师对学生的反应给予及时强化或及时确认，特别要注意对学生所做出的正确反应给予及时强化，以提高其操作能力。

④ 自定步调原则。在传统教学中，学习的进度是一致的，这极大地限制了学生的自由发展。为了让每名学生都能自由发展，必须由他们根据自己的特点自定学习进度和速度。学生在以适宜速度进行学习的同时，可通过不停地强化得到了进一步学习的动力。

⑤ 低错误率原则。教学的内容应由浅入深，逻辑关系密切。学生只有对前面的问题做出正确回答，才能正确解决后面的问题。这样可以将学习的错误率降到最低，提高学习效率。

2.1.2　认知主义学习理论

相对于行为主义学习理论，认知主义学习理论更重视探究人在学习或记忆新知识、新技能过程中头脑内部的活动。认知主义学习理论认为，学习不是在外部环境的支配下被动地形成刺激-反应联结，而是主动地在头脑内部构造"完形"或认知结构；学习不是通过练习与强化形成反应习惯，而是通过顿悟与理解获得期待。

1. 布鲁纳的认知结构学习理论

（1）布鲁纳的学习观

① 学习的实质是主动地形成认知结构。

布鲁纳认为，学习的本质不是被动地形成刺激-反应的联结，而是主动地形成认知结构。认知结构是人对外部世界进行感知和概括的一般方式，是在过去经验的基础上形成的，并在学习过程中不断变动。认知结构形成后是进一步学习和理解新知识的重要内部原因。

② 学习包括获得、转化和评价 3 个过程。

布鲁纳认为，学习活动首先是新知识的获得。新知识的获得是学习者将新知识与已有知识相联系，通过同化或顺应形成新的认知结构。转化是学习者对新知识进一步分析、概括，超越给定的信息，运用各种方法将它们变成另外的形式（如形成概念、原理、规则、公式等），以适用于新任务，并获得更多的知识。评价是对知识转化的一种检查，通过评价可以核对我们处理知识的方法是否适用于新的任务，或者运用得是否正确。因此，评价通常包含对知识的合理性进行判断。

总之，布鲁纳认为，学习任何一门学科的最终目的都是构建学生良好的认知结构。因此，教师应先明确所要构建的学生认知结构包含哪些组成要素，最好能画出各组成要素的关系图解。在此基础上，教师应采取有效措施来帮助学生获得、转化和评价知识，使学科的知识结构转化为学生的认知结构，使书本的"死"知识变为学生自己的"活"知识。

（2）布鲁纳的教学观

① 教学的目的在于理解学科的基本结构。

由于布鲁纳强调学习的主动性和认知结构的重要性，所以他主张教学的最终目标是促进学生对学科结构的一般理解。所谓学科的基本结构，是指学科的基本概念、基本原理及其基本态度和方法。当学生掌握和理解了一门学科的结构，他们就会把该学科中的内容看作一个相互联系的整体。因此，布鲁纳把学科的基本结构放在设计课程和编写教材的中心地位，成为教学的中心。他认为，学生理解了学科的基本结构，就容易掌握整个学科的具体内容和记忆学科知识，就能促进学习迁移、促进智力和创造力的发展，并可提高学生的学习兴趣，还能缩小高级知识与初级知识之间的间隙。

② 掌握学科基本结构的教学原则。

动机原则，所有学生都有内在的学习愿望，内部动机是维持学习的基本动力。学生具有 3 种最基本的内在动机，即好奇内驱力（求知欲）、胜任内驱力（成功的欲望）和互惠内驱力（人与人之间和睦共处的需要）。教师如果能促进并调节学生的探究活动，便可激发他们的这些内在动机，从而有效地达到预定的学习目标。

结构原则，任何知识结构都可以用动作、图像和符号 3 种表象形式来呈现。动作表象是借助动作进行学习的，无须语言的帮助；图像表象是借助表象进行学习的，以感知材料为基础；符号表象是借助语言进行学习的，经验一旦转化为语言，逻辑推导便能进行。至于究竟选用哪一种呈现方式，则应视学生的知识背景、认知水平和课题性质而定。

程序原则，教学就是引导学生通过一系列有条不紊的发现形成大量的认知结构，以提高他们对所学知识的掌握、转化和迁移能力。通常每门学科都存在着各种不同的程序，它们对于学习者来说有难有易，不存在对所有的学生都适用的唯一的程序。

强化原则，合适的强化时间和步调是学习成功重要的一环。教师在教学过程中应注意通过反馈使学生知道自己的学习结果，并使他们逐步具有自我矫正、检查和强化的能力，从而强化有效的学习。学生知道学习结果的时候应恰好在学生评估自己作业的那个时刻。如果学生知道学习的结果过早，易使学生慌乱，从而阻挠其探究活动的进行；如果学生知道学习的结果太晚，易使学生失去得到帮助的机会，甚至有可能接受不了正确的信息。

③ 提倡发现学习。

发现学习就是教师提供一定的材料，创设问题情境，引导学生独立思考和改组材料，自行发现事物之间的联系和规律，获得相应的知识，形成或改造认知结构的过程。布鲁纳认为：发现不限于哪种寻求人类尚未知晓的事物行为，正确地说，发现包括用自己的头脑亲自获得知识的一切形式或方法。他还认为：教师不能把学生教成一个活动的书橱，而是教学生如何思考；教他如何像历史学家研究史料那样，在求知过程中去组织属于他自己的知识。布鲁纳由此认为，教师只要把握一门学科的基本结构并根据学生表征系统形成的特点来设计，任何学科都可以教给任何年龄的任何人。发现学习的特点是：教学是围绕一个问题情境而不是一个知识项目展开；教学中以学生的"发现"活动为主，教师起引导作用；没有固定的组织形式，最大限度地发挥学生在学习中的主体性和创造性。

布鲁纳所倡导的发现学习有利于开发学生的智力潜能，激发学生学习的内部动力，并且经由学习者自己发现的知识更容易保持和检索。但是，他所倡导的发现学习也存在一定的不足。首先，他过分夸大了学生的学习能力，忽视了知识学习的特殊性。其次，发现学习虽然在当时具有积极的作用，但是运用范围有限。从学习主体看，真正能够运用发现法的学生只是少数；从学科领域来看，发现学习更适合自然科学的某些知识的教学，对文学、艺术等以情感为基础的学科是不适用的；从执教人员来看，发现学习教学过于灵活，对教师的知识素养和教学技巧、耐心等要求很高，一般教师很难掌握，做不好反而容易弄巧成拙。最后，发现学习耗时过长，不经济，不宜用于在短时间内向学生传授一定数量的知识和技能的教学活动。

2. 奥苏贝尔有意义接受学习理论

奥苏贝尔曾根据学习进行的方式把学习分为接受学习与发现学习，又根据学习材料与学习者原有知识结构的关系把学习分为机械学习与有意义学习。奥苏贝尔与布鲁纳一样，都认为学习是一个认知过程，是认知结构的组织和重新组织，强调已有知识的作用，但奥苏贝尔对布鲁纳认为发现学习是学习的主要方式的观点持强烈的批评态度，他认为接受学习才是学生学习的主要学习方式。他认为把接受学习等同于机械学习，把发现学习等同于有意义学习是错误的；学生的有意义学习才是有价值的学习，所以他强调的是有意义的接受学习，学校应该采用有意义的接受学习。人们普遍认为，奥苏贝尔的贡献不是强调了接受学习，而是深刻地描述了有意义学习。

（1）有意义学习的实质和条件

① 有意义学习的实质。

所谓有意义学习，奥苏贝尔认为就是将符号所代表的新知识与学习者认知结构中已有的适当观念建立起非人为的和实质性的联系。相反，如果学习者并未建立新旧知识的联系，只是依据表面特征记住某些符号或词句组合，则是一种死记硬背式的机械学习。

所谓实质性的联系，是指学习者能用不同的语言或符号表达同一认知内容。也就是说，学习者表达某一认知内容的语词、符号是不同的，但是这些不同的语词、符号是等值的。例如，对于"$3 \times 5 = 15$"，学习者如果还能表达成"$5 \times 3 = 15$""$5 + 5 + 5 = 15$""$3 + 3 + 3 + 3 + 3 = 15$"，那么就说明了"$3 \times 5 = 15$"这一知识在学习者头脑中建立了实质性的联系。

所谓非人为的联系，是指新旧知识之间有内在的联系而不是任意的联系，即新知识与原有认知结构中有关的观念建立在某种合理的或逻辑基础上的联系（如包含关系、因果关系、并列关系、一般与特殊的关系、整体与部分的关系等）。例如，等边三角形这一概念与学习者原有认知结构中已有的三角形这一概念是特殊与一般的关系；从三角形的内角和等于 180° 推导出四边形内角和等于 360°，因为四边形可以分割成两个三角形，三角形是四边形的一部分。等边三角形和三角形之间特殊和一般的关系、三角形内角和和四边形内角和之间部分和整体的关系就属于知识之间的非人为的联系。将"3.14159"记成"山巅一寺一壶酒"就是一种人为的联系，人为地赋予"3.14159"这个数字是"山巅一寺一壶酒"的意义。

对于学习者来说，建立了实质性的联系意味着其真正理解了新知识，建立了非人为的联系意味着其头脑中的知识是有联系的整体，而不是孤立的、碎片化的信息的堆积。

② 有意义学习的条件。

有意义学习的产生既受学习材料本身性质（客观条件）的影响，也受学习者自身因素（主观条件）的影响。

从客观条件来看，一是有意义学习的材料本身必须具有逻辑意义，一般来说，教科书或教材是人类认识世界的概括，都是有逻辑意义的；二是学习材料是学习者可以理解的，在学习者的学习能力范围之内。

从主观条件来看，首先，学习者认知结构中必须具有能够同化新知识的适当的认知结构。如果学习材料本身有逻辑意义，而学习者认知结构中又具备适当的知识基础，那么这种学习材料对学习者来说就构成了潜在的意义，即学习材料有与学习者认知结构中的适当观念建立联系的可能性。其次，学习者必须具有积极、主动地将符号所代表的新知识与认知结构中的适当知识加以联系的倾向性。最后，学习者必须积极、主动地使这种具有潜在意义的新知识与认知结构中的相关旧知识发生相互作用，使认知结构或旧知识得到改善，使新知识获得实际意义（即心理意义）。

有意义学习的目的就是使符号代表的新知识获得心理意义。上述条件缺一不可，否则就不能构成有意义的学习。

（2）接受学习的实质与策略

① 接受学习的实质。

接受学习是指在教师指导下，学习者接受事物意义的学习。接受学习也是概念同化过程，是课堂学习的主要形式。奥苏贝尔认为，接受学习适用于年龄较大、有较丰富的知识和经验的人。在接受学习中，所要学习的内容大多数是现成的已有定论的科学基础知识，如一些抽象的概念、命题、规则等，通过教科书或教师的讲述，用定义的方式直接向学习者呈现。这时不可能发现什么新知识，学习者只能接受这些已有的知识，并掌握它的意义。

② 接受学习的策略——先行组织者策略。

奥苏贝尔认为，影响接受学习是否有意义的关键因素是认知结构中适当的起固定作用观念的可利用性。为此，他提出了先行组织者的教学策略。所谓先行组织者，是指先于学习任务本身呈现的一种引导性材料，它的抽象、概括和综合水平高于学习任务，并且与认知结构中原有的观念和新的学习任务相关联。其作用是为新的学习任务提供观念上的固着点，增加新、旧知识之间的可辨别性，以促进学习的迁移。例如，奥苏贝尔曾研究过先行组织者对学习有关钢性质材料的影响。实验组学生在学习该材料之前，先学习了一个先行组织者，强调了金属和合金的异同、各自的利弊和冶炼合金的原因。控制组学生在学习该材料之前，先学习一个有关炼铁和炼钢方法的历史说明材料，以提高学习兴趣，但没有提供可作为理解钢性质的观念。结果两组学生在学习钢性质的材料之后，实验组学生的平均成绩明显高于控制组学生的成绩。

奥苏贝尔指出，先行组织者最适宜在以下两种情况下运用。

第一，学生面对学习任务时，如果认知结构中缺乏适当的观念可以用来同化新知识，则可以设计一个概括与包容水平高于要学习材料的先行组织者，使学生获得一个可同化新知识的认知结构框架，这样的先行组织者被称为陈述性组织者。例如，生物课上学习脊椎动物时，老师说："在接下来的两周里，我们将讨论脊椎动物，所有的脊椎动物都有一个重要的共同点，即都有一个背骨（脊椎）。我们将学到5种类型的脊椎动物，它们是哺乳类、鸟类、爬行类、两栖类和鱼类。我们将分别分析这几类动物的特点及它们之间的不同。例如，它们是恒温动物还是变温动物，它们是否长有毛发、鳞或羽毛，它们是卵生的还是胎生的。"

第二，学生面对新的学习任务时，如果认知结构中已具有了同化新知识的适当观念，但原有观念不清晰或不巩固，学生难以应用，或者他们对新、旧知识之间的关系辨别不清，则可以设计一个对新、旧知识异同比较的组织者，这种组织者被称为比较性组织者。例如，学习"雷达"的知识时，教师说："雷达有点像回声。雷达和回声一样，都从某一源头发出一种波（雷达波或声波），发射到远处的一个物体后返回其源头。"

事实上，接受学习是学习者掌握人类文化遗产及先进科学技术知识的主要途径。在教师的讲授和指导下，学习者可以在较短的时间内掌握大量的间接知识，所获得的知识是系统、完整、精确及便于存储和巩固的。在实际教学过程中，先行组织者策略很有价值，教师应灵活地运用这一策略，以促进学生对知识的学习和保持。例如，有人根据奥苏贝尔的思想设计了一节九年级的自然地理课，内容是3种地形：高原、丘陵和山峰。教学步骤如下。

第一步，根据教学内容的特点，重新安排学生的座位，使学生既能看到黑板，又能彼此看见，以便进行讨论和看到教师的板书。

第二步，呈现组织者。首先，教师呈现一个抽象的组织者，在黑板上写出地形的定义"地形是具有共同形状和构成成分的陆地表面"；然后，教师呈现具体模型组织者，在讲台上呈现高原、丘陵和山峰的模型。

第三步，讨论高原、丘陵和山峰的异同。首先，学生讨论高原、丘陵和山峰模型的异同，教师强调这节课的主要目的。然后，师生共同补充这3种地形的具体例子。教师先就高山提问，学生补充具体例子，再对其余两种地形依次进行讨论，要求学生指出各种地形的特征。

第四步，对照黑板上的组织者，师生共同小结，进一步对地形进行比较，找出3种地形的共同点和不同点，使知识融会贯通。

从这个案例来看，奥苏贝尔强调在有意义的接受学习中师生的相互作用，以及学生认知结构中新、旧知识的相互作用，讲解式的教学并非布鲁纳批评的"教师讲，学生静静地听"。

3. 加涅的信息加工学习理论

加涅认为，学习是一个有始有终的过程，这一过程可分成若干阶段，每一阶段需要进行不同的信息加工。教学过程既要根据学生的内部加工过程，又要影响这一过程。教学阶段与学习阶段是完全对应的，教学就是由教师安排和控制这些外部条件构成的，而教学的艺术就在于学习阶段与教学阶段是否完全吻合。

（1）加涅关于学习的信息加工模式

加涅认为，学习的模式是用来说明学习的结构与过程的，它对理解学习和教学过程，以及如何安排教学事件具有极大的应用意义，并提出了影响深远的信息加工的学习模式，如图2-4所示。

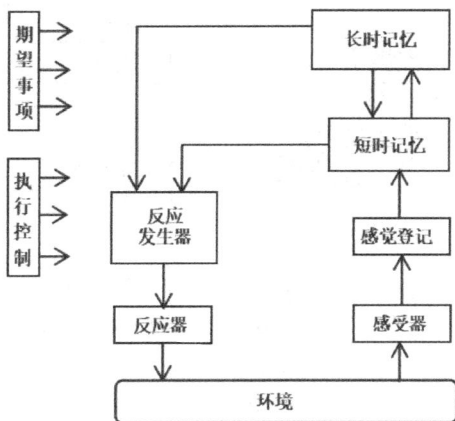

图 2-4　学习的信息加工模式

从加涅的信息加工模式中，我们可以看到信息从一个假设的结构中流动变化的过程。首先，学生从环境中接受刺激，刺激推动感受器，并转变为神经信息。这个信息进入感觉登记，这是非常短暂的记忆存储，一般在 0.25～3 秒就可把来自各感受器的信息登记完毕。如果感觉登记的信息被注意或选择性知觉，则很快进入短时记忆，信息在这里可以保续二三十秒。短时记忆的容量很有限，一般只能存储 7 个左右的信息项目。一旦超过了这个数量，新的信息就会把部分原有信息消除。如果想要保持信息，就得采取复述的策略。但复述只利于保持信息，以便进行编码，并不能增加短时记忆的容量。当信息从短时记忆进入长时记忆时，信息发生了关键性转变，即要经过编码过程。所谓编码，不是把有关信息收集在一起，而是用各种方式把信息组织起来。信息是以编码形式存储在长时记忆中的。一般认为，长时记忆是一个永久性的信息存储库。当需要使用信息时，必须经过检索提取信息。被提取出来的信息可以直接通向反应发生器，从而产生反应，也可以再回到短时记忆，对该信息的合适性做进一步的考虑，结果可能是进一步寻找信息，也可能是通过反应发生器做出反应。除信息流程之外，信息加工学习模式还包含着期望事项与执行控制。期望事项是指学生期望达到的目标，期望事项是学习动机的原因。正因为学生对学习有某种期望，教师给予的反馈才具有强化作用。换言之，反馈之所以有效，是因为反馈能肯定学生的期望。执行控制过程决定哪些信息从感觉登记进入短时记忆、如何进行编码，以及采用何种提取策略等。

（2）学习阶段与教学事件

从学习的信息加工模式中可以看到，学习是学生与环境之间相互作用的结果。学习过程是由一系列事件构成的。加涅认为，学生内部的学习过程一环接一环，形成一个链索，与此相应的学习阶段则把这些内部过程与构成教学的外部事件联系起来，如图 2-5 所示。

① 动机阶段。有效的学习必须要有学习动机，这是整个学习的开始阶段。动机的形式多种多样，在教育情境中，首先要考虑的是激发学生进行学习活动的动机，即学生力图达到某种目的的动机。它是借助学生内心产生心理期望的过程而建立起来的。期望是指学生对完成学习任务后将会得到满意结果的一种预期，它可以为随后的学习指明方向。但是，在有些场合下，学生最初并没有被达到某种目的的诱因所推动，这时教师就要帮助学生确立学习动机，形成学习期望。因此，在学生实际获得某种知识和技能之前，教师应向学生表明他们能够达到预期的目标。

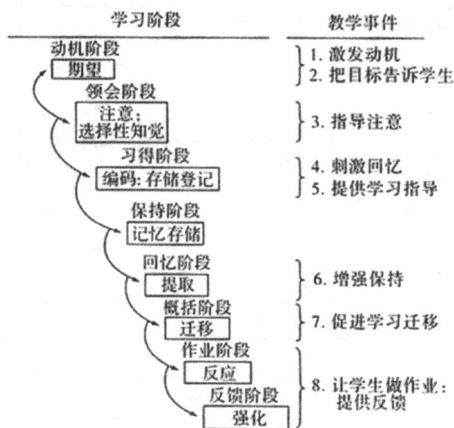

图 2-5　学习阶段与教学事件

② 领会阶段。有了学习动机的学生，首先必须接受刺激，即必须注意与学习有关的刺激，而无视其他刺激。当学生把所注意的刺激特征从其他刺激中分化出来时，这些刺激特征就被进行知觉编码，存储在短时记忆中。这个过程就是选择性知觉。为了使学生能够有效地进行选择性知觉，教师应采用各种手段来引起学生的注意，如改变讲话的声调、手势动作等；同时，外部刺激的各种特征本身必须是可以被分化和辨别的。学生只有对外部刺激的特征做出选择性知觉后，才能进入其他学习阶段。

③ 习得阶段。当学生注意或知觉外部情境之后，学生就可获得知识。习得阶段涉及的是对新获得的刺激进行知觉编码并将其存储在短时记忆中，然后把它们进一步编码加工后转入长时记忆中。在此过程中，教师可以启发学生检索原有认知结构中可以与新信息建立联系的适当观念，给学生提供各种编码程序，鼓励学生选择最佳的编码方式。

④ 保持阶段。保持阶段是指学生习得的信息经过复述、强化后，以语义编码的形式进入长时记忆存储的阶段。因此，如果教师能对学生的学习条件做适当的安排，避免同时呈现十分相似的刺激，则可以减少干扰的可能性，从而提高学生对信息保持的程度。

⑤ 回忆阶段。学生习得的信息要通过作业表现出来，信息的提取是其中必需的一环。相对其他阶段而言，回忆阶段最容易受外部刺激的影响。教师可以利用各种方式使学生得到提取线索，这些线索可以增加学生的信息回忆量。作为教师，最重要的是指导学生让他们为自己提供线索，从而成为独立的学习者。

⑥ 概括阶段。教师必须让学生在不同的情境中学习，并给学生提供在不同情境中提取信息的机会。同时更为重要的是，要引导学生对学习材料进行整理、总结、归纳，并概括和掌握其中的原理和原则，将其应用到各种新的情境中，以达到举一反三的目的。

⑦ 作业阶段。一个完整的学习过程需要有作业阶段似乎是不言而喻的，因为只有通过作业，才能反映学生是否已习得了所学的内容。学生可看到自己学习的结果，可以获得一种满足感。教师在这一阶段要提供各种形式的作业，使学生有机会表现其操作活动。

⑧ 反馈阶段。学生完成作业后，会想知道自己是否已经达到了预期的目标。这时，教师应给予反馈，让学生及时知道自己的作业是否正确，从而强化其学习动机。此时，学生在动机阶段形成的期望在反馈阶段得到了肯定。教师在提供反馈时，不仅可以通过"对""错"或"正确""不正确"等词汇来表达，还可以使用点头、微笑等许多微妙的方式反馈信息。同时，反馈并不总是

需要外部提供的，它也可以从学生内部获得，即进行自我强化。例如，学生可以根据已经学过的概念、规则，知道自己的答案是否正确。

总之，加涅认为，教师是教学活动的设计者和管理者，也是学生学习效果的评价者。一个完整的学习过程是由上述 8 个阶段组成的。在每个学习阶段，学生的头脑内部都进行着信息加工活动，使信息由一种形态转变为另一种形态，直到学生用作业的方式做出反应为止。教学程序必须根据学习的基本原理来进行，在学习结果（包括言语信息、认知策略、智慧技能、动作技能、学习态度）确定之后，必须将它们按照教学工作目标适当地安排顺序。有效的教学要求教师根据学生的内部学习条件来创设或安排适当的外部条件，以促进学生有效的学习，实现预期的教学目标。

2.1.3　建构主义学习理论

建构主义是认知主义的进一步发展。这种学习理论进一步解释了学习者在学习过程中的主动性，突出了意义建构、社会文化互动和真实的情境在学习中的作用。建构主义的创始人当数皮亚杰，后来在维果斯基、杜威、布鲁纳等人的理论推动下，建构主义学习理论发展并形成了较为完整的体系。

1. 建构主义的学习观

（1）学习的主动建构性

学习不是知识由教师向学生的传递，而是学生建构自己的知识的过程。学生不是被动的信息接收者，而是信息意义的主动建构者，这种建构不可能由其他人代替。学习是个体建构自己的知识的过程，这意味着学习是主动的，学生不是被动的刺激接收者，其要对外部信息做主动的选择和加工，因此学习不是行为主义所描述的刺激-反应过程。知识或意义不是简单地由外部信息决定的，外部信息本身没有意义，意义是学习者通过新、旧知识反复、双向的相互作用过程而建构成的。其中，每个学习者都在以自己原有的知识系统为基础对新的知识进行编码，建构自己的理解，而且原有知识又会因为新知识的进入而发生调整和改变。因此，学习并不是简单的信息输入、存储和提取过程，而是新、旧知识之间双向的相互作用的过程。

（2）学习的社会互动性

学习不是每个学习者独立在头脑中进行的活动，学习者也并非一个孤立的、自然的探究者，而是一个社会的人。学习者的学习总是在一定的社会文化环境下进行的，即使学习者表面上是一个人在学习，但其所用的书本、纸笔、计算机、书桌等都是人类文化的产物，积淀着人类社会的智慧和经验。

建构主义学习理论强调，学习是通过对某种社会文化的参与而内化相关知识、技能，掌握相关工具的过程，这一过程常常需要通过一个共同体的合作互动来完成。所谓学习共同体，是指由学习者及其助学者共同构成的团体，他们彼此之间经常在学习的过程中进行沟通、交流，分享各种学习资源，共同完成一定的学习任务，从而促进自身的发展。

（3）学习的情境性

传统教学观念对学习基本持去情境的观点，认为概括化的知识是学习的核心内容，这些知识可以从具体情境中抽象出来，让学生脱离具体的物理情境和社会实践情境进行学习，而所习得的概括化的知识可以自然地迁移到各种具体情境中去。但是，情境总是具体的、千变万化的，抽象的观念和规则无法灵活地适应具体情境的变化。因此，学生难以灵活应用在学校中获得的知识来解决现实世界中的真实问题，难以有效地参与各种社会实践活动。

建构主义者提出了情境认知的观点，强调学习、知识、智慧的情境性，认为知识不可能脱离活动情境而抽象地存在，学习应该与情境化的社会实践活动联系在一起。

2. 建构主义的学生观

建构主义者强调，学生并不是空着脑袋走进教室的。因此，教学不能无视学生的这些经验而另起炉灶，从外部装进新知识，而是要把学生现有的知识作为新知识的"生长点"，引导学生从原有的知识中"生长"出新的知识。另外，教学不是知识的传递，而是知识的处理和转换。教师应该重视学生自己对各种现象的理解，倾听他们的想法并洞察他们这些想法的由来，然后以此为根据引导学生丰富或调整自己的理解。这不是简单的"告诉"就能奏效的，而是需要与学生共同针对某些问题进行探索，并在此过程中相互交流和质疑，了解彼此的想法并做出某些调整。另外，由于知识背景的差异，学生对问题的理解常常各异。在学生的共同体之中，这些差异本身便构成了一种宝贵的学习资源。教学就是要增进学生之间的合作，使学生看到那些与自己不同的观点，从而促进学习的进行。

3. 建构主义的教学观

由于知识的动态性和相对性，以及学习的建构过程，教学不再是传递客观而确定的现成知识，而是激活学生原有的知识，促进其知识的"生长"，促进学生的知识建构活动，以实现知识的重新组织、转换和改造。教学就是要为学生创设理想的学习情境，激发学生推理、分析、鉴别等高级思维活动；同时，还要给学生提供丰富的信息资源、处理信息的工具，以及适当的帮助和支持，促进他们自身建构意义和解决问题的活动。

4. 建构主义学习理论在教学中的运用

建构主义者主张教师要超越单纯的讲授式的教学方法，灵活采用随机通达教学、探究式学习、情境性教学、支架式教学、交互式教学、合作学习等。

（1）随机通达教学

随机通达教学是指同一内容的学习要在不同的时间中多次进行，每次的情境都是经过改组的，且目的不同，分别着眼于问题的不同方面，以便学习者从不同的角度建构所学知识的意义。

（2）探究式学习

探究式学习是指通过有意义的问题情境，让学生通过不断地发现和解决问题来学习与所探究问题有关的知识，掌握解决问题的技能及自主学习的能力。

（3）情境性教学

情境性教学认为，学习应在与现实情境类似的情境中发生，学习内容应选择真实性的任务，以解决学生在现实生活中遇到的问题为目标，指导学生探索并解决问题。情境性教学不需要独立于教学过程的测验，而是采用融合式测验，在学习中对具体问题的解决过程本身就反映了学习效果，或者进行与学习过程一致的情境化评估。

（4）支架式教学

支架式教学是以维果斯基的最近发展区理论为基础提出来的，强调学生通过教师的帮助（支架）去完成他们无法独立完成的任务，然后将学习的任务逐渐由教师转移给学生自己，最后撤去支架，使学生完成独立学习的目标。

（5）交互式教学

交互式教学是一种通过教师与学生之间相互作用，指导学生通过自我提问、总结、思考和预测等步骤监控学习的过程，并建构起对所学知识理解的教学方式。在这种教学方式中，教师先给学生进行示范，然后学生轮流充当教师角色。例如，语文阅读教学中，教师给学生示范如何根据学习内容提出问题、如何恰当地回答问题，然后由学生充当教师向其他同学提出问题。在这个过程中，学生能检测到自己对学习内容的理解水平。

（6）合作学习

合作学习强调同伴交往在完成任务过程中的作用。在合作学习的模式下，学生会有意识地模仿专家或同伴的行为来思考或完成具体的任务。在这个过程中的模仿、证明、辩论可使学生的认知水平得到发展，小组成员的情绪、动机、个性等心理因素也会彼此影响。在进行合作学习小组编排时，教师要尽量安排能力水平不同的学生进行合作学习，因为接受能力较强的同伴的指导是促进学生在最近发展区内发展的最有效的一种方式。

2.1.4　人本主义学习理论

行为主义将人类学习混同于一般动物学习，不能体现人类本身的特性，而认知心理学虽然重视人类的认知结构，却忽视了人类情感、价值观、态度等最能体现人类特性的因素对学习的影响。人本主义心理学是有别于精神分析与行为主义的心理学的"第三种力量"，其主张从人的直接经验和内部感受来了解人的心理，强调人的本性、尊严、理想和兴趣，认为人的自我实现和为了实现目标而进行的创造才是人的行为的决定因素。

1. 马斯洛的学习理论

（1）自我实现的人格发展观

人本主义心理学家认为，人的成长源于个体自我实现需要，而自我实现需要是人格形成、发展和扩充、成熟的驱动力。所谓自我实现需要，马斯洛认为是个体对自我发挥和完成的欲望，也就是一种使个体的潜力得以实现的倾向。通俗来说，自我实现需要就是一个人能够成为什么，他就必须成为什么，他必须忠于自己的本性。正是由于人有自我实现需要，有机体的潜能才得以实现、保持和增强。人格的形成就是源于人性的这种自我压力。马斯洛同时还认为，人的潜能是自我实现的，而不是教育的作用使然。因此，在教育与环境及其作用的问题上，他认为文化、环境、教育只是阳光、食物和水，但不是种子，自我潜能才是人性的种子。教育的作用只在于提供一个安全、自由、充满人情味的心理环境，使人固有的优异潜能自动地得以实现。

（2）内在学习观

马斯洛认为，理想学校应反对外在学习，倡导内在学习。所谓内在学习，就是依靠学生的内在驱力，充分开发潜能，达到自我实现的学习。这是一种自觉、主动、创造性的学习模式。这种模式会促进学生自发地学习，学生自由地学想学的任何课程又可以充分发挥其想象力和创造力。外在学习是单纯依赖强化和条件作用的学习，其着眼点在于灌输而不在于理解，是一种被动、机械、传统的教育模式。

2. 罗杰斯的学习理论

（1）知情统一的教学目标观

罗杰斯认为，情感和认知是人类精神世界中两个不可分割的有机组成部分，彼此是融为一体的。因此，罗杰斯的教育理想就是要培养躯体、心智、情感、精神、心力融于一体的人，也就是既用情感的方式也用认知的方式行事的情知合一的人。他称这种情知合一的人为完人或功能完善者。当然，完人或功能完善者是理想化的。要想最终实现这一教育理想，应该有一个现实的教学目标，即促进变化和学习，培养能够适应变化和知道如何学习的人。他认为："只有学会如何学习和学会如何适应变化的人，只有意识到没有任何可靠的知识、唯有寻求知识的过程才可靠的人，才是真正有教养的人。在现代世界中，变化是唯一可以作为确立教育目标的依据，这种变化取决于过程而不是不变的知识。"可见，人本主义重视的是教学的过程而不是教学的内容，重视的是教学的方法而不是教学的结果。

（2）有意义的学习观

有意义学习不仅是一种增长知识的学习，还是一种与每个人各种经验都融合在一起的学习，也是一种使个体的行为、态度、个性，以及在未来选择行动方针时发生重大变化的学习。在这里，我们必须注意罗杰斯的有意义学习（significant learning）和奥苏贝尔的有意义（meaningful learning）的区别。前者关注的是学习内容与个人之间的关系；后者则强调新、旧知识之间的联系，而不涉及个人意义。因此，按照罗杰斯的观点，奥苏贝尔的有意义学习只是一种在"颈部以上"发生的学习，并不是罗杰斯所指的有意义学习。对于有意义学习，罗杰斯认为其主要具有以下4个特征。

① 全神贯注：是指学习者整个人的认知和情感均投入学习活动之中。

② 自动自发：是指学习者由于内在的愿望主动去探索、发现和了解事件的意义。

③ 全面发展：是指学习者的行为、态度、人格等获得全面发展。

④ 自我评估：是指学习者自己评估自己的学习需求、学习目标是否完成等。

（3）学生中心的教学观

罗杰斯从人本主义的学习观出发，认为教师的任务不是教学生学习知识（这是行为主义者所强调的），也不是教学生如何学习（这是认知主义者所重视的），而是为学生提供各种学习的资源，提供一种促进学习的气氛，让学生自己决定如何学习。为此，罗杰斯对传统教育进行了猛烈的批判。他认为，在传统教育中，教师是知识的拥有者，而学生只是被动的接受者；教师可以通过讲演、考试、甚至嘲弄等方式来支配学生的学习，而学生无所适从；教师是权力的拥有者，而学生只是服从者。因此，罗杰斯主张废除"教师"这一角色，代之以"学习的促进者"。

罗杰斯认为，促进学生学习的关键不在于教师的教学技巧、专业知识、课程计划、视听辅导材料、演示和讲解、丰富的书籍等（虽然这其中的每一个因素有时候均可作为重要的教学资料），而在于特定的心理气氛因素，这些因素存在于"促进者"与"学习者"的人际关系之中。那么，促进学习的心理气氛因素有哪些呢？罗杰斯认为，这与心理治疗领域中咨询者对咨询客户的心理气氛因素是一致的，有以下几个因素。

① 真实或真诚：是指学习的促进者表现真我，没有任何矫饰、虚伪和防御。

② 尊重、关注和接纳：是指学习的促进者尊重学习者的情感和意见，关心学习者的方方面面，接纳作为一个个体的学习者的价值观念和情感表现。

③ 移情性理解：是指学习的促进者能了解学习者的内在反应，了解其学习过程。在这样一种心理气氛下进行的学习，是以学习者为中心的，"教师"只是学习的促进者、协作者或者说伙伴、朋友，学习者才是学习的关键，学习的过程就是学习目的的所在。

（4）人本主义自由学习的教学模式

这种教学模式的具体做法如下。

① 学生可以根据他们希望的授课形式，安排部分的上课时间。教师也一样，他们可以考虑课堂讨论的时间，或正规讲授形式的上课时间。课上讲授时，教师可以选择一个讲授的主题，或者根据学生的需要做出调整。此外，一个教师对讲授材料的选择应出于参与者自发的兴趣。

② 学生的学习可采用不同的方式和从不同的信息来源获取学习的内容。学生可以通过相互交流，也可以向专家咨询或通过与学者的交流而获得有益的启示。现代科技的发展给学习者提供了许多自学的工具，学生可以根据自己的意愿选择哪种信息源去获得信息。

③ 鼓励学生与老师达成一个口头或者书面的约定，指明学生在这一个学期所要做事情/任务的种类和数量，以及圆满地完成这些事情/任务所能够得到的分数。

④ 主张安排不同类型的课堂结构，甚至同一种类型的课堂结构也应做出不同的安排，以吸

引不同的学生自由参与，达到有意义学习和快乐学习的目的。

⑤ 由学生进行学习的评定。教师与学生应预先理解什么样的操作水平将会得到什么样的分数，然后由学生自己评定分数，如在对写作水平的评分中，要求学生根据自己的写作基础与自己完成任务的详细评价进行评分。当教师对一名学生完成任务的评价明显不同于这名学生的自我评定时，便举行会议共同解决这个问题。

2.2　教学理论

教学是着眼于一定的目的，基于一定的课程框架，通过师生双边活动促进学生学习和发展的实践活动。教学理论是研究教学活动规律的理论，在学习理论部分，对基于行为主义、认知主义、建构主义、人本主义的教与学的主张已有阐述。在此，主要介绍布鲁姆的教学目标分类理论和赞可夫的发展性教学理论。

2.2.1　教育目标分类理论

布鲁姆最早提出将学习者的学习结果作为教育目标并对其加以分类研究。以他为首的委员会，提出了认知、情意和技能 3 个领域的教育目标。各领域的教育目标都分为若干层次，形成由简到繁的梯度。

1. 认知领域的目标分类（布鲁姆）

（1）识记：是指认识并记忆。它所涉及的是具体知识或抽象知识的辨认，就是尝试从记忆中提取信息。识记的具体表现为识别、回忆。

（2）理解：是指对知识的领会。它是在头脑中建构起了关于教学信息的意义，学习者能够用口头、书面、图像等形式进行交流。理解的具体表现为解释、举例、分类、总结、推断、比较、说明。

（3）应用：是指对所学习的概念、法则、原理的运用。它要求在没有说明问题解决模式的情况下，学会正确地把抽象概念运用于适当的情况。这里所说的应用是初步的直接应用，而不是全面、综合地运用知识，表现为执行和实施。

（4）分析：是指把材料分解成它的组成部分，并能确定各部分之间的关系和各部分与总体的关系。分析的具体表现为区别、组织、归因等。

（5）评价：是指理性地对事物的本质和价值做出有说服力的判断，而不是凭借直观的感受或观察的现象做出评判。评价要基于一定的准则和标准，从而才能做出符合事实的推断，表现为检查和评论。

（6）创造：是指以分析、评价为基础，全面加工已分解的各要素，并再次把它们按要求重新组合成整体，以便综合、创造性地解决问题。它涉及具有特色的表达、制订合理的计划和可实施的步骤、根据基本材料推出某种规律等活动。创造的具体表现为产生、计划、生成。此外，它强调特性与首创性，是高层次的要求。

2. 情感领域的目标分类（克拉斯沃尔）

情感行为的中心是价值、兴趣、爱好、欣赏。根据价值内化的程度，情感领域的目标由低到高分为以下 5 级。

（1）接受（注意）：是指学生愿意注意特殊的现象或刺激（如课堂活动、教科书、文体活动等）。从教师方面来看，其任务是吸引和维持学生的注意，学习的结果包括从意识到某一事物存在的简单注意到选择性注意。接受是低级的价值内化水平。

（2）反应：是指学生主动参与。学习的结果包括默认（阅读规定的材料）、愿意反应（如自愿阅读规定之外的材料）及反应的满足（如以愉快的心情阅读）。此阶段学生行为的情绪特点是愿意和满足。

（3）价值化：是指学生将一定的价值标准与特殊的对象、现象或行为相联系。学习的结果包括接受某种价值标准、偏爱某种价值标准和为某种价值标准而努力，甚至是奉献。此阶段学生已经具有了带有倾向性的态度。

（4）组织：是指学生将许多不同的价值标准组合在一起，克服它们之间的矛盾、冲突，并开始建立内在一致的价值体系。这是与人生哲学有关的教学目标。

（5）价值与价值体系的性格化：是指学习者通过对价值体系的组织，逐渐形成个人的品性。各种价值被置于一个内在的和谐构架之中，并形成一定的体系，个人的言行受到该价值体系的支配，观念、信仰和态度等融为一体，最终表现出个人世界观的形成。达到这一阶段后，个体的行为是一致的和可预测的。

目前，情感领域的目标分类不及认知领域的目标分类的影响，但为我们实施课程思政、制订思政教育的目标提供了有益的启示。

3. 技能领域的目标分类（辛普森）

（1）知觉：是指运用感官获得信息以指导动作。

（2）定向：是指对稳定活动的准备。

（3）有指导的反应：是指复杂动作技能学习的早期阶段，包括模仿和尝试错误。动作技能包括体育技能、书写技能、实验操作技能、演奏技能、绘画技能等。

（4）机械动作：是指学习者的反应已形成习惯，能熟练、自信地完成动作。此阶段的动作模式并不复杂。

（5）复杂动作的外显反应：是指包含复杂动作模式的熟练动作操作。操作的熟练性以迅速、连贯、精确、轻松为指标。

（6）适应：是指技能的高度发展水平。学生能调整自己的动作模式以适应特殊装置或满足具体情境的需要。

（7）创新：是指创造新的动作模式以适应具体情境。

教育目标分类理论并非尽善尽美，但有助于我们从多角度、多水平、多层次去考虑学校的教育、教学目标问题。它提醒每一位教师，让学生记住教师所讲的知识远远不是我们教学的最终目标。教师的教学设计和教学实施要促进学生向认知的更高层次发展，同时也要促进学生形成正确的价值观，熟练掌握学习、生活、工作和保持身体健康的技能。

2.2.2 发展教学理论

赞可夫（1901—1977年）是知名的教育学家和心理学家，教育科学院院士。他所提出的发展性教学理论强调，教学要促进学生的一般发展，而不仅仅局限于认识能力的发展；要求学习者理解学习的过程，掌握学习的方法；强调使所有的学习者（包括后进生）都得到发展，注重研究学习者的学习兴趣、动机等内部诱因；主张让学习者有丰富的精神生活等。具体主张如下。

1. 以高难度进行教学的原则

教学要有一定的难度。赞可夫认为：这个概念的含义之一是指克服障碍，另一个含义是学生的努力。"以高难度进行教学，能引起学生在掌握教材时产生一些特殊的心理活动过程。"教学内容要充分满足学生的求知欲并利用学生认知的可能性，用稍高于学生原有水平的教学内容来教学生。"只有走在发展前面的教学才是最好的教学。"他主张把教学建立在高水平的难度上，在教学过程中，只要学生懂了，就要向下教授，不要原地踏步，防止学生产生抑制心理，使学生时时感到在学习新东西。同时，他也指出高难度不是越难越好，要注意掌握难度的分寸。只有这样才能为紧张的智力工作不断提供营养丰富的教学，才能有效地促进学生的发展。

2. 以高速度进行教学的原则

赞可夫认为教学进度太慢，大量时间花在单调的重复讲授和练习上，阻碍了学生的发展。他主张从减少教材和教学过程的重复中求得教学速度，从加快教学速度中求得知识的广度，从扩大知识广度中求得知识的深度。他认为：只要学生掌握了已经学过的知识，就向前进，就教给他们越来越新的知识。此外，他强调高速度也不是越快越好，引导者必须通过观察确定学生已经真正地理解了概念，并发现学生的探究意愿后，才可以继续下一步的引导。对此，赞可夫说得很清楚："以高速度前进，绝不意味着在课堂上匆匆忙忙地把尽量多的东西教给学生，……，我们是根据是否有利于学生的一般发展来决定掌握知识和技巧的适宜速度的。"这个速度要与学生的"最近发展区"的实际相适应，以丰富多彩的内容去丰富学生的智慧，促进其发展。例如，在教学过程中，通过老师的引导，学生经常会把所学的知识运用到生活中，他们能够轻松地判断事物之间的关系，并且因探究心理不断的发展，他们会自己想办法采用更简便的方法去完成目标。我们继续用已掌握加法概念的学生作为说明，他们会把已掌握的加法概念和十进位法的交换概念结合，例如当想要统计全园人数时，他们会把点过数的数量记录下来，然后合在一起，再运用串珠进行接龙运算，以十进位法进行替换，然后根据替换完的结果加以总结，获得答案。很快他们就会发现，可以直接按整数的方法拿取串珠，获得答案的速度会更快。如果此时老师在学生还没有失去强烈的愿望之前，及时给予乘法重复的概念，学生就会马上接受并理解。所以根据学生的发展现状提供丰富多彩的、更高层次的、应用价值很高的教学内容，学生会被其吸引，从而得到自然的发展。

3. 理论知识起指导作用的原则

赞可夫根据实验的观察材料指出：在五六十年代，小学一年级学生就能掌握许多抽象的概念，理解某些事物的内在联系，而且人类科学技术的发展已使人的感官延伸到宏观世界和微观世界，借助于现代化的教学手段，人们已经可以把过去被认为极其复杂的现象变成容易理解的东西。因此，他认为学生知识的获得、技巧的形成是在一般发展的基础上，在尽可能深刻理解有关概念、法则及其之间的依存性的基础上实现的。掌握理论知识更能深入理解事实材料和技能的规律，使知识结构化、整体化，方便记忆。理论知识可以揭示事物内在联系，学生掌握理论知识后，能够把握事物规律，然后展开思考，实现知识迁移，调动思维积极性，促进一般发展。通过前面例子我们就可以看到这一发展过程。

4. 使学生理解学习过程的原则

这一原则要求学生在理解知识本身的同时，也理解知识是怎样学到的，也就是教材和教学过程都要着眼于学习活动的内在机制，教学生学会怎样学习。例如，学生学习氧气的化学性质，教师可先引导学生动手做碳、硫、磷、铁分别在空气中燃烧和在氧气中燃烧的实验，进而根据现象，使学生认识可燃物在氧气中燃烧比在空气中燃烧要剧烈，甚至在空气中不能燃烧的物质在氧气中也可以燃烧。同时还可以以此为基础，引导学生比较归纳上述 4 个实验，提出它们有什么共同点，再以蜡烛在氧气里燃烧的实验与之比较，从而使学生理解碳、硫、磷、铁等物质与氧气的反应，尽管不全都是化合反应，却全是氧化反应。用同样的方法，还可以做色彩的调配试验练习。以上这个例子可以说明赞可夫的"使学生理解学习过程原则"的含义。显然，这个原则要求学生把前后所学的知识进行联系，了解知识网络关系，使之融会贯通、灵活运用，教学要引导学生寻找掌握知识的途径，要求学生明确学习产生错误与克服错误的机制等。概括地说，发展学生的认知能力，培养学生的自学能力，才有利于学生的发展。

5. 使全体学生都得到一般发展的原则

在班级授课制的情况下，学生有好、中、差 3 种类型。赞可夫认为：差生之所以差，主要是他们的发展水平低，对学习没有兴趣，缺乏学习信心，观察力和思维能力薄弱。教师对待差生的传统办法就是补课，反复做机械的练习。结果，差生的负担更重，在同样的学习环境中，差生见到的东西少，想到的东西少，因此学到的东西少。智力活动的减少，又使得发展水平难以提高。为了改善这种状况，教学要面向全体学生，特别是要促进差生的发展，教材必须适合大多数学生的学习水平。教学要以实验为基础，多做实验，增强学生的感性认识，发展学生的观察能力。用知识本身来吸引学生，使他们感到学习是一种乐趣，体会到克服学习困难后得到的精神上的满足和喜悦，以此增强学生学习的内部诱因。教学中要注意设计好教与学的思路，重视知识的前后联系，融会贯通，要启发思考，适时练习、及时反馈、矫正等。用这样一些方法，使全体学生都得到一般发展是可以做到的。例如，运用加法板进行加法的概念引导，学生只需要找到算式中的数字，然后按顺序将其排列在同一水平线上，最后在加法板上面找到相应位置的数字并读出来就可以得到正确答案。这种教材不但容易操作，而且充分体现了加法的概念，即把事物准确地合在一起。

2.3 传播理论

教学过程其实就是教学信息的传播过程。在教育技术学研究中，传播理论可以帮助我们分析和研究教学传播过程涉及的要素、教学传播的基本阶段和教学传播的规律，因此传播理论是教育技术学的重要理论基础。

2.3.1 传播模式

现在所说的传播是指人类社会普遍存在，为了共享信息、相互影响而进行的一种信息交流的活动和过程。教育传播就是教师按照教学目标选定教学内容，通过各种传播媒体向特定的教学对象传播知识、培养其技能、帮助他们形成优良品质和个性的传播过程。

传播学者研究传播过程，都毫不例外地把传播过程分解成若干个要素，然后用一定的方式去研究这些要素之间的相互联系与相互作用，这样就构成了多种多样的研究传播过程的模式。下面介绍 3 种经典传播模型。

1. 拉斯威尔传播模型

斯哈罗德·拉斯威尔（1902—1977 年）是美国知名的政治学家、社会学家、心理学家和传播学者，是美国现代科学的创始人之一。他一生致力于打破学科间人为划定的界限，是政治学、传播学和社会学等多个领域的奠基者。

作为传播学领域的四大先驱之一，拉斯威尔在 1932 年首次提出并于 1948 年完善了"5W"模型，认为传播过程由 5 个要素构成，分别是：Who（由谁传递）、Say What（传递什么内容）、In Which Channel（如何传递）、To Whom（向谁传递）和 With What Effect（传递效果如何）。由于这 5 个要素均包含英文字母 W，因此该模型被称为 5W 模型，如图 2-6 所示。

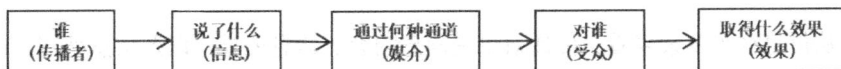

图 2-6　5W 模型

5W 模型清晰地描述了传播过程的一般模式，阐述了传播系统研究的五大领域，即控制分析、内容分析、媒介分析、受众分析及效果分析，对以后的模式具有借鉴意义，影响颇深。后来，布雷多克（Braddock）于 1958 年在此基础上发展了"7W"模型，在传播过程中增加了另外两个要素：Why（为什么）和 Where（在什么情境下）。

5W 模型揭示了传播过程中所包含的基本要素，但是其将传播过程看成是单向的，忽略了信息的反馈。

2．"香农–韦弗"模型

1949 年，香农和韦弗合著《传播的教学理论》一书，不仅是信息论的基石之作，还是传播学的经典之作。他们在书中提出了"香农-韦弗"模型，如图 2-7 所示。香农和韦弗认为构成传播的要素如下。

（1）信源：是指传播者，可以是个人或社会组织。传播者按某种目的选择具有确定意义的信息（消息）。

（2）编码：是指将具有确定意义的消息转换成不同类型的符号和信号。

（3）信道：是指符号或信号依附、存储的物质的载体，这种载体就是媒体。

（4）译码：是指将信号还原成符号并解析其意义。

（5）信宿：是指接收消息的受众。

（6）反馈：是指受众在接受消息后产生的心理上、生理上和行为上的反应，这些反应反过来影响传播者，使传播加以调控。

（7）干扰：是指来自系统之外的因素，影响传播的各个环节。

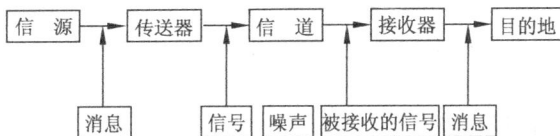

图 2-7　"香农-韦弗"模型

3．贝罗的 SMCR 模型

1960 年，贝罗在拉斯威尔 5W 模型的基础上提出了 SMCR（Source-Message-Channel-Receiver，贝罗传播模式）模型，如图 2-8 所示。

SMCR 模型更为形象地说明了传播效果不是由传播过程中某一部分决定的，而是由组成传播过程的信息源、信息、通道和受者 4 个部分及其彼此之间的关系共同决定的。

从信息源和受者来说，至少有以下 4 个因素影响信息传递的效果。

（1）传播技能：是指传者的表达、写作技能和受者的听、读技能，这些均会影响传播的效果。

（2）态度：是指传者和受者对自我的态度、对彼此的态度、对信息的态度。

（3）知识水平：是指传者对所传递内容是否理解并掌握，对传播方法、效果是否熟知，受者原有的知识水平等。

（4）社会及文化：是指不同的社会阶层及其文化背景也会影响到传播方法的选择和传播内容的认识与理解。

另外，从信息这个要素来看，传递效果受信息内容、信息要素，以及信息处理、编码方式等各种因素的制约。最后，从通道来看，不同传播媒体的选择会引起人们感官的不同刺激，从而影响传播效果。

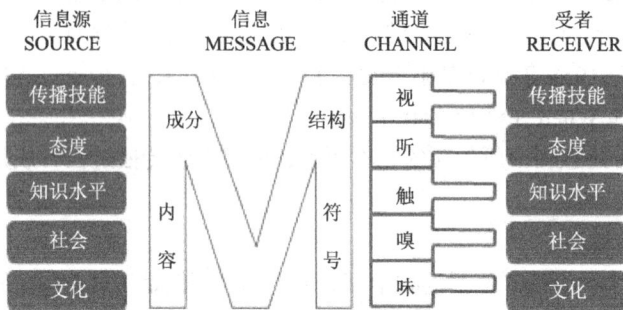

图 2-8　SMCR 模型

2.3.2　传播模式对教育活动的影响

1. 传播模式对教育传播活动的启发

传播模式为教育传播学奠定了理论基础，并对教育传播过程及规律的研究产生了启迪作用。

（1）提示了教育传播过程所涉及的要素

教育过程本身就是一种传播过程。从 5W 到 7W 再到 SMCR 模型，教育过程涉及的传播要素都是教育传播中的要素。当然，这些要素都应该成为教育过程中应该关心的要素。

（2）提示了教育传播过程的双向性

7W 模型说明了传者和受者都是积极的传播主体，传播过程是一个双向互动的过程。所以提示教学过程的设计必须考虑教与学两个方面的条件，充分分析传者、受者的状态，充分利用好反馈信息。贝罗的 SMCR 模型提示了教育传播过程中更全面的影响因素，使教学设计更周密、更合理。

（3）揭示了教育传播过程的若干规律

现代教学中传播学和教育学的不断结合，促进了人们综合运用传播学和教育学的理论与方法，来研究和揭示教育信息传播活动的过程与规律，以求得最优的教育效果。教学传播的基本规律有共识律、谐振律、选择律和匹配律。它们为教学过程中科学地进行信息传播提供了指导。

（4）明确了教育传播过程中媒体的作用

当媒体用于传递教育信息时，称为教育传播媒体。它成为连接传者与受者之间的媒介，人们把它当成传递信息和获取信息的工具。在现代教育传播活动中，媒体扮演着相当重要的角色，因此必须将媒体作为教学传播系统的要素之一。

（5）启发教育传播理论拓展了新视野

将视听媒体作为传播过程中的重要因素，这无疑启发了教育传播研究者。在信息时代背景下，面对教学过程中出现的交互型视频课件系统、网络课程、线上线下混合课程、人工智能融入课程等新的学习环境，如何利用它们达成更有效的传播目标成为教育传播研究者的重要课题。

2. 传播模式在教育技术领域的应用

具体地说，传播模式在教育技术领域的应用有如下几个方面。

（1）应用传播过程的观点，把教师、学生、教学内容、教学媒体都置于整个教学过程之中，如图 2-9 所示，纠正了传统视听教学理论对视听媒体进行孤立研究的错误倾向。

（2）把传播学中信息的结构、处理方式、内容引入视听传播领域，这是教育传播过程中教学设计的理论基础。

（3）视听教育传播接受了传播学中多种感官的思想，使视听媒体扩展为多种媒体，解决了视听教学"眼和耳"的局限，同时也为以后提出学习资源的概念打下了基础。

（4）反馈和控制是传播学的重要内容，教育传播过程中信息的流向是双向的、互动的。传统的教学传播注重信息的单向传递，而不研究学习者的反应，具有很大的局限性。因此，为了观测教育的效果，教育传播开始重视师生间的双向信息交流活动。

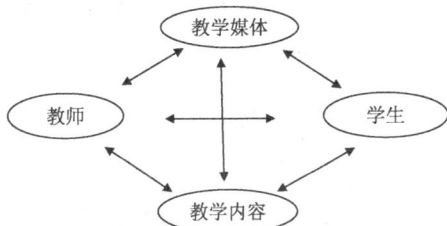

图 2-9　教学传播系统的四元模型

2.4　系统科学理论

系统科学理论是研究一切系统的模式、原理和规律的科学，是"老三论"（信息论、控制论和系统论）和"新三论"（耗散结构论、协同论和突变论）的总称。教育技术以技术在教育领域的合理运用为出发点，把系统科学的思想渗透到教育技术的各个领域，从而促进教育技术中各个分支的融合，催生了现代教育技术学。系统科学的思想、观点和方法对教育技术学学科的形成和发展有着广泛而深远的影响，它们是教育技术学最重要的理论基础之一。

2.4.1　系统科学的基本理论

系统科学的基本理论主要包括信息论、控制论和系统论。它们主张把事物、对象看作一个系统进行整体的研究，研究其要素、结构和功能之间的相互联系，通过信息的传递和反馈来实现系统之间的联系，实现有目的地控制系统的发展，获得最优的效果。

1. 控制论

控制论是关于各种系统中的控制和调节的一般规律的科学。控制论在教育领域中应用所形成的理论称为教育控制论。教育控制论是以提高教学效率为控制目标，以信息流为主要传输形式的系统理论。它是研究教育系统中运用信息反馈来控制可调节系统的行为，从而达到既定教学目标的理论。传递教学信息的出发点在于教学效果的最优化，而"信息反馈"是实现教学效果最优化的关键。利用反馈可对系统进行有效的调节，以使教学设计能有的放矢、不断完善、更加适合学习者的实际情况。

2．信息论

信息论是研究系统中信息的计量、传递、变换、存储和使用规律的科学。信息论是应用于教育领域而形成的理论，称为教育信息论。教育信息论是研究教学过程中教学信息如何传递、变换和反馈的理论，它与教育控制论、教育系统论关系十分密切。现代教育技术采用信息论的基本观点和方法，并结合各种工具对教学信息进行分析与处理，以及对教学系统中信息传播的特点与规律进行分析。可以说，信息论为解决教学过程中出现的问题提供了很好的思路与方法。

3．系统论

系统论是从系统的角度去研究事物的发展、运动规律的一门科学。系统论促使我们以整体、综合的观点来考察教育教学的过程与现象，运用系统的方法来解决教育教学问题。教育系统论是现代教育技术的基础，它把教育视为一个系统，组成这个系统的要素包括教师、学生、媒体等。教育的优化，不仅要考虑教师和学生，还要从整个系统考虑，协调好各教学要素之间的关系，使它们相互支持、相互理解、相互协调。从图 2-10 中可以看出，在教学过程中，教师、教学内容、教学媒体和学生组成了一个联系密切的系统。

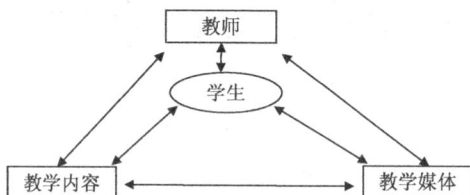

图 2-10　教学过程系统结构

2.4.2　系统科学的基本原理

1．整体原理

任何系统只有通过相互联系形成整体结构才能发挥整体功能，系统中各要素是相互作用、相互依存的。没有整体联系和整体结构，就要使系统发挥整体功能是不可能的。设计教学系统的时候，应重视对教学整体进行系统分析，综合考虑课堂教学过程中的要素，如教师、学习者、教学内容及教学媒体等，并注意各要素间的配合、协调，发挥系统的整体功能，使教学系统成功运行。

2．反馈原理

任何系统只有通过反馈信息才能实现有效的控制。如果反馈信息能够加强控制信息的作用，则称为正反馈；如果反馈信息的作用与控制信息的作用相反，则称为负反馈。正反馈可以使教学系统越来越偏离原来的目标，使系统发展变化；而负反馈则使教学系统保持稳定，使其表现出合乎教学目标的行为。在教学中要随时根据正负反馈信息来了解教学情况，对系统进行协调控制，以实现教学系统的功能。

3．有序原理

任何一个系统中的要素及子系统都必须按照一定的顺序和层次进行排列。有序意味着系统组织程度的提高。在教育中，有序原理强调处理好教学系统内部的要素之间及内部与外部环境之间的关系，使信息交换处于有序的状态。教学系统应该是一个开放的系统，要能从教学系统以外的其他社会系统获取有益的信息进行调整、优化甚至变革，从无序走向有序，以满足社会发展对教育提出的要求。

2.4.3　系统科学的新进展——"新三论"

1. 耗散结构理论

耗散结构理论的基本思想是：一个开放系统在远离平衡状态的非线性区不断地与外界环境交换物质和能量，一旦某个参量变化达到一定阈值时，由于涨落，系统便可能由原来的无序状态转变为一种在时间上、空间上或功能上的新的有序状态。

2. 协同理论

在复杂的多元系统中，子系统间的协同作用能够产生具有一定功能的、有序的自组织结构。协同是表征系统内部各要素或子系统之间相互作用的特殊方式，而有序则表征了系统形成结构的趋势及结构稳定性的程度。

3. 突变理论

事物的各种状态（包括稳定态和非稳定态）都是交错的，这种不同状态的变化受外部控制因素的影响。如果状态开始处于稳定区，由于受到控制因素连续变动的影响，状态就会发生连续变化。当控制因素变动到一定数值时，状态就会跳跃式地变化到某个新的稳定态，这就是突变。

2.4.4　系统方法

系统科学方法简称系统方法，是按照事物本身的系统性把对象放在系统的形式中加以考察的方法的总称。它侧重于系统的整体性分析，从组成系统的各要素之间的关系和相互作用中去发现系统的规律性，从而指明解决复杂系统问题的一般步骤、程序和方法。系统方法的一般步骤是：第一，从需求分析中确定问题；第二，确定解决问题的方案和可替换的解决方案；第三，从多种可能的解决方案中选择解决问题的策略；第四，实施解决问题的策略；第五，确定实施的效率；第六，如果有必要，对系统加以修正。

2.5　理论研究的新进展

近年来，随着对教育技术已有理论基础内容的深入研究与脑科学等新兴学科的发展，涌现出了各种新的观点，教育技术的理论基础研究有了新的进展。多元智能、联通主义等理论和观点为教育技术研究和实践的进一步开展提供了更深入、更广泛的理论指导。

2.5.1　情境学习理论

20 世纪初，杜威就将情境学习的思想带入学校课堂中。在他看来，学校环境与学生成长相关的其他环境，如家庭环境等，应相互协调，共同促进学生的学习和成长。他总结的"教育即成长""教育即生活""教育即经验的改组与改造"等观点使人们开始关注情境在教育中的作用。与心理学的情境理论不同，情境学习理论更强调学习中的社会性交互，强调知识是个体、社会、物理情境之间互动的产物。情境学习理论的基本观点如下。

（1）学习的本质是个体参与实践、与他人和环境等相互作用的过程，是与群体之间合作与互动的过程，是形成参与实践活动的能力、提高社会化水平的过程。学习更多的是发生在社会环境中的一种活动，只有在具备真实的活动和与之适应的文化背景下，学习才会发生。

（2）知识是一种工具。传统的行为主义心理学强调知识是经验的反映，而情境学习理论把知识看成一种工具。概念性知识的含义不是由概念本身独立决定的，而是由这一概念的使用者所在群体中的文化与活动共同决定的，因此在不同的群体中，同一概念也许有不同的意义。在日常生活中，使用一种工具，除了要了解某些确定的规则外，更重要的是了解工具使用的场合和条件。因此，对待知识不但要知道它的规则，更要知道该知识使用的场合、条件和用途。

（3）合法的边缘参与。合法的边缘参与是情境学习理论的中心概念和基本特征。基于情境的学习者必须是共同体中的真正参与者，而不是被动的观察者。同时，他们的活动也应该在共同体工作的情境中进行。他们在参与共同体活动的同时，通过对专家工作的观察、与同伴及专家的讨论进行学习。传统的师徒制就是这种方式，认知师徒制最能体现情境学习的核心。

（4）学习是与群体互动的过程，脱离个体生活真实环境的学习是毫无意义的，个体与环境的相互作用是形成能力和社会化的必经途径。其中，个体与特定社会团体之间的相互作用是学习途径和方法的核心所在。个体在参与学习共同体的实践活动中，通过各种直接或间接的方式传递学习共同体的经验与社会规范，使个体不断地建构实践能力，建构自己在学习共同体中的身份与关系。

认知师徒制、抛锚式教学、实践共同体等新的教学模式和方法都是情境学习理论在教学中的应用。

2.5.2　分布式认知理论

分布式认知理论是由加利福尼亚大学的埃德温·哈金斯和他的同事在20世纪80年代后期提出的，被认为是重新思考所有领域认知现象的一种新的基本范式。传统的认知是基于个体层次的信息处理模式，研究重点是个体的认知，而埃德温·哈金斯认为认知是分布式的。

1．分布式认知的内涵

分布式认知是一个包括认知主体和环境的系统，是一种包括所有参与认知事物的新分析单元。作为一种认知活动，它是对内部和外部表征的信息加工的过程。此外，分布式认知分布于个体内、个体间及媒介、环境、文化、社会和时间中。

2．分布式认知的特征

（1）新的分析单元

传统认知强调个体认知，而分布式认知考虑到参与认知活动的全部因素，给出了一个新的分析单元——功能系统。这个新分析单元以共同参与认知加工的各元素间的功能性关系为基础，有很大的实用价值。

（2）认知的分布性

分布式认知强调，认知现象在个体参与者、人工制品和内外部表征之间的分布性。这样，以前由人类学家和认知心理学家在不同个体和文化认知之间所设定的传统界限被消除，相反，它们之间的相互作用得到了特别关注。

（3）对交互作用的关注

分布式认知通过分析工作所产生的环境、表征媒体（如工具、显示器、使用手册、导航图）、个体间的相互作用，以及它们与所有人工制品之间的交互活动来解释认知现象。

（4）关注表征状态的传播及转换

分布式认知关注系统中不同参与者间的知识传播方式和协作中所需信息的表征状态。在这种情境下，认知活动被看作一种通过媒体间的表征状态传播而发生的运算。媒体包括内部表征（个体大脑记忆）和外部表征（包括计算机和纸质的显示品）两个方面。

（5）人工制品的地位

分布式认知对人工制品给予了高度重视，认为协作共同体中的人工制品与人类参与者有同等重要的地位。人工制品在智能方面的作用，与其说是扩展了能力，不如说是对任务进行了转换，使其更明显、更易于解决。

（6）信息的共享

分布式认知强调，一个协作共同体要共享相应的信息，这是进行协作的基础，也是参与者确保任务完成的基础。

（7）重视具体情境和情境脉络

对任务情境和情境脉络的关注，是分布式认知的另一特点。分布式认知强调，对特定任务情境和情境脉络中的信息表征和表征状态转换进行记录和解释。

2.5.3　多元智能理论

多元智能理论是由美国哈佛大学知名教育学家及心理学家霍华德·加德纳所提出的。他根据哈佛教育研究所多年来对认知科学、神经科学和不同文化知识发展及人类潜能开发进行研究所得到的结果，提出"智力应该是在某一特定文化情境或社群中所展现出来的解决问题或制作、生产的能力"。加德纳提出，人类至少存在 8 种智能，分别是语言智能、逻辑-数学智能、空间智能、肢体-动觉智能、音乐智能、人际智能、内省智能，以及他后来补充的自然观察智能。每一种智能代表着一种区别于其他智能的独特思考模式，但这些智能之间是相互依赖、相互补充的。加德纳也指出，多元智能理论所包含的 8 种智能是暂时性的，除上述 8 种智能之外，仍可能有其他智能存在。加德纳在他的著作中指出，单纯依靠使用纸笔的标准化考试来区分学生智力的高低、考查学校教育的效果，甚至预测学生未来的成就和贡献是片面的。这样做实际上过分强调了语言智能和逻辑-数学智能，否定了其他同样为社会所需要的智能，使学生身上的许多重要潜能得不到确认和开发，出现他们当中相当数量的人虽然考试成绩优异，但在社会上却难以解决实际问题的情况。加德纳提出了一种新的教育观——"以个人为中心的教育"，该教育观从课程、活动、评估方法和教学方法上都进行了深入的实践探索，对美国各级学校有深远的影响。多元智能理论带来的教育新内涵，对我们树立正确的学生观和教育观、实行因材施教、进行素质教育、推动教育改革的发展有重要的启示。加德纳的多元智能理论如表 2-2 所示。多元智能理论在教学中的应用如表 2-3 所示。

表 2-2　　　　　　　　　　　　加德纳的多元智能理论

智力维度	界定	典型人群
语言智能	对声音、节奏、单词的意思和语言有不同的敏感性	诗人、剧作家、新闻播报员、记者及演说家
逻辑-数学智能	能有效运用数字、推理和假设	科学家、会计师、工程师及程序员
空间智能	能以三维空间的方式思考，准确地感觉视觉空间，并把所知觉到的事物表现出来，对色彩、线条、形状及空间关系敏感	室内装潢师、建筑师、工程师、航海家、侦察员、向导、艺术家及飞行员
肢体-动觉智能	能巧妙地用身体来表达想法和感觉，能灵活运用双手生产和改造事物	演员、运动员、舞蹈家、外科医生及手艺人
音乐智能	能觉察、辨别、改变、欣赏、表达或创作音乐	作曲家、乐师、乐评人、歌手及善于感知的听众

续表

智力维度	界定	典型人群
人际智能	善于觉察并区分他人的情绪、动机、意向及感觉，能有效与人交往	政治家、社会工作者及教师
内省智能	能正确地建构自我，知道如何利用这些意识自己的行为并进行调节，能规划、引导自己的人生	神学家、哲学家及心理学家
自然观察智能	具备对生物、事物的分辨观察力及对自然景物敏锐的注意力	考古学家、收藏家、农夫、宝石鉴赏家

表2-3　　　　　　　　多元智能理论在教学中的运用（以学习"对称"为例）

智能类别	语言智能	数学-逻辑智能	空间智能	音乐智能
教学措施	用自己的话来说出对称的意义	在一些图形中找出线对称和点对称的图形	利用线对称和点对称的原理在方格内设计美术字	把课本内有关"对称"的重要内容编成一首歌，体会某一曲调中的"对称"感
智能类别	肢体-动觉智能	人际关系智能	内省智能	自然智能
教学措施	利用"对称"的原理，用色纸折出一只动物；在舞蹈、体育动作中感受对称	分组讨论如何运用"对称"图形来美化教室	在这个单元我学会了什么？还有哪些不太了解的地方？我要怎么做？	利用节假日到郊外旅游的机会，观察大自然的景物或动植物中有哪些对称的形状

2.5.4　联通主义理论

西门思在《联通主义：数字时代的学习理论》中系统提出了联通主义的思想，指出学习不是一个人的活动，而是连接专门节点和信息源的过程。

1. 联通主义理论的内涵

联通主义理论有两层含义：某种程度上，它是指利用网络来支持学习；此外，它又指在网络中如何学习。联通主义的起点是个人，个人的知识组成了一个网络，这种网络被编入各种组织与机构，反过来各组织与机构的知识又被回馈给个人网络，支持个人的继续学习。这种知识发展的循环使得学习者能够通过他们所建立的连接，在各自的领域内保持不落伍。

2. 联通主义理论的观点

（1）在知识观上，学习内容分布在社会的各个角落，充斥在网络的各个环节，每个人都可以利用特定的工具对其中的知识进行加工和评论。

（2）在学习观上，联通主义认为学习的重点不在于能学到多少知识，而在于能够将知识理解、加工、运用，从而创建一个知识网络节点。将相对独立的知识网络节点相联系时就形成了知识网络，知识网络的形成为人与人之间的交流和学习创造了条件。

（3）在实践观上，联通主义认为理论知识的不足并不能成为学习任务难以完成的理由，而是要看你有没有去"做"。另外，个人创建的网络节点要及时地被更新，这样才能用新知识、新资源引起学习者的学习兴趣，激发学习者的学习动机。

3. 联通主义、联结主义与新联结主义

从整个学习理论发展的过程来看，联结主义是基于行为主义的，学习发生在刺激和反应的联结之中。而新联结主义（神经和认知科学）关注的是神经网络，即把学习看成一种基于神经元联

结的信息加工过程。联通主义继承了新联结主义的某些特性，即把学习看作一个网络形成过程，更加关注学习的形成过程和创建有意义的网络。

严格地说，联通主义是一种面向网络时代的"学习观"，该观点仅在学习的外部联结上提出了一种视角，并未系统关注学习的发生问题，不能很好地解释和应对当前学习实践的发展，对学习的其他特征和需求关注远远不够。联结主义、新联结主义、联通主义之间的比较如表 2-4 所示。

表 2-4　　　　　　　　　　　联结主义、新联结主义、联通主义之间的比较

项目	联结主义	新联结主义	联通主义
侧重点	行为	认知	关系
学习者	个体	个体	个体
分析单位	刺激单元	信息加工	网络节点
互动结果	行为	知识	素养
学习场所	个体	学校	网络
学习目标	经验的获得	知识的获取	素养的提高
教育意义	强化训练	个体主动	分布式学习
联结节点	刺激-反应	神经元	知识节点
知识源流	外源	内源	外源

微课视频

扫描二维码，观看教学视频。

2.1 学习理论概述	2.3 操作条件作用理论
2.2 布鲁纳的认知结构学习理论	2.4 尝试错误说

练习与实践

一、练习

1. 填空题

（1）桑代克的动物实验揭示了有机体行为的形成遵循_____、_____和_____ 3 种主要规律。

（2）强化是影响行为发生概率的重要条件，也是重要环节。斯金纳将强化分为_____、_____两种类型。

（3）程序教学的基本原则是_____、_____、_____、_____、_____。

（4）加涅依据其信息加工原理，认为学生的学习分为_____、_____、_____、_____、_____、_____、_____、_____ 8 个阶段。

（5）布鲁姆将认知目标从低到高依次分为_____、_____、_____、_____、_____、_____ 6 个层次。

（6）系统科学的基本原理包括_____、_____、_____。

2. 问答题

（1）先行组织者有几种类型？不同类型的先行组织者应如何使用？

（2）发现学习如何实施？

（3）依据加涅的学习阶段理论，教师在教学设计过程中，要有哪些必要的步骤？每一个步骤可以采取哪些措施？

（4）传播理论对教育有哪些启示？

（5）情境学习理论有哪些基本观点？对教学设计有何启发？

二、教学实践活动

（1）依据建构主义的学习观，分析、评价中小学教师的一次课堂教学活动，并提出符合建构主义思想的改进意见。

（2）依据加德纳的多元智能理论，结合中小学生某一知识点的学习，为学生设计多元化的、能够适应具有不同智能优势的学生的作业或练习活动。

（3）分组讨论教学传播过程中各要素的影响，并针对实践中某一课堂教学过程，依据传播理论和系统理论，设计优化课堂教学传播过程的方案。

第3章
教学媒体与信息化教学环境

学习目标

（1）记忆：教学媒体的分类及信息化教学环境的基本类型。

（2）理解：教学媒体的特点及影响教学媒体选择的主要因素。

（3）应用：能够使用交互式电子白板、触控一体机和电子书包等新型教学媒体，能够利用信息化教学环境开展教学。

知识结构

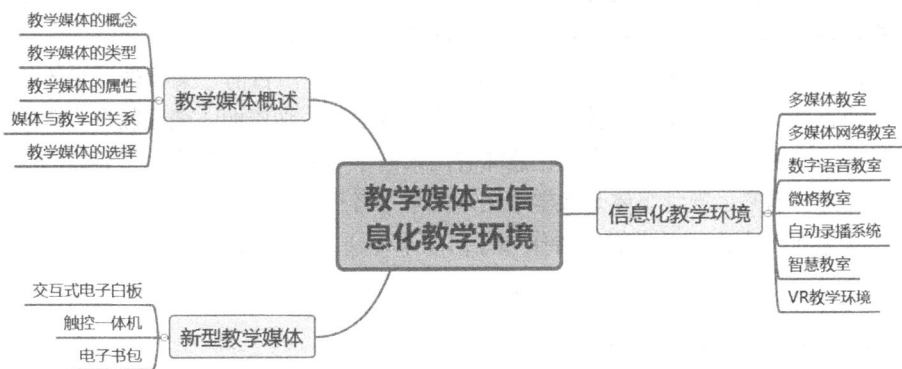

学习建议

建议学习者结合自己亲身体验来理解教学媒体的特征和功能，并对如何选择教学媒体进行深入思考；观察身边接触到的教学媒体，熟悉其主要功能；对现有信息化教学环境的应用状况进行考察，直观感受围绕在我们身边的信息化教学环境。

案例引导

小张教师怀着兴奋的心情走上了小学教师的工作岗位。他一直记得自己读小学时上课的情景。简陋的教室，前面是黑板和讲台，老师上课时一边讲解一边用粉笔在黑板上不停地书写，有时候老师会借助教具和挂图来讲解一些内容，但大多数情况下老师是靠语言描述进行讲解的。自己虽然一直学习很认真，但也有听不懂老师讲授内容的时候。如今十几年过去了，自己也站在了讲台上。面前的教学环境与当年相比发生了很大变化：宽敞明亮的教室，交互式电子白板，方便的联网功能，丰富的数字化教学资源，听说学校近期还准备装配智慧教室。今昔对比，他感慨近些年信息技术发展在教育领域应用的速度之快。他暗下决心：一定要在自己的教学工作中充分利用信息化教学环境，发挥信息技术的优势，提高教学质量。

3.1 教学媒体概述

当今社会，教学媒体在教学传播中的地位和作用越来越受到教育工作者的重视。过去，由于各种条件的限制，教学过程中主要依靠语言、文字传递教学信息。如今，伴随着现代教育技术的普及，广大教师将传统教学媒体和现代教学媒体有机结合，促进学生的手、脑、眼、耳、鼻、舌、身协同工作。这种全方位作用的整体性，不仅能提升教学效率，改善学习效果，更重要的是它给学习者带来了更多、更新颖的刺激，并激发其创造性思维的养成。

3.1.1 教学媒体的概念

教学媒体无先进与落后之分，贵在恰当运用。教学过程中，在信息源与学习者之间恰当运用媒体传递教学信息，是提高教学效率、实现由控制人的学习转向帮助人的学习的最佳途径。

媒体一词来源于拉丁语"Medius"，意为两者之间。它是指在信息的传送过程中，信源与信宿之间携带和传递信息的任何物质工具。所有媒体有时也称为"媒介"或"传播媒体"，如我们经常把报纸、广播、电视等称为新闻媒介。信息需要借助媒体来传播，所以说媒体是信息的载体。媒体的概念有广义和狭义之分。狭义的媒体是指各种信息的载体或传递信息的工具、中介。广义的媒体是指包括人体器官本身（自然媒体）在内的工具、媒介。

当媒体用于教学、传递教学信息时，又称为"教学媒体"。目前，关于教学媒体的界定范围众说不一。西方一些发达国家认为教学媒体泛指用于教学的一切资源。美国教育心理学家加涅认为：在教学背景中所用的媒介这个术语，意味着用来向学习者提供交流或教学刺激的事物组合或事物系统。在加涅看来，教学媒体是教学中用来向学习者传递信息的工具，媒体本身是各种事物的组合或事物系统。有人把教学媒体看作"任何用来传递知识的通信手段"。我们认为，可以把教学媒体看作教学过程中用心负载信息、传递经验的物质手段或信号。

3.1.2 教学媒体的类型

媒体一直存在于人类的生活之中，例如，古代的结绳记事就是一种媒体的应用形式。随着技术的不断发展，现阶段所提到的媒体一般是指与电有关的媒体。根据不同的标准，媒体的分类方法多种多样。根据媒体作用的感官和信息的流向，可将媒体分为视觉媒体、听觉媒体、视听结合媒体、交互媒体4类。

1. 视觉媒体

视觉媒体是人类最丰富的信息来源，是教育活动中进行信息传递的重要媒介。视觉媒体又可分为传统视觉媒体和电子视觉媒体两大类。教学中用到的传统视觉媒体有粉笔、黑板、图示材料、模型、其他实物教具等；电子视觉媒体常见的有幻灯机、投影仪、视频展示台、电子白板等。

2. 听觉媒体

在人们获取信息的感觉通道中，听觉仅次于视觉，可见听觉在教育中的重要性。但是仅凭人体器官这条途径传递声音信息的效率是有限的。在电子技术的发展取得一系列重大成果并开发出各种听觉媒体后，声音信息无论是在空间和时间上还是在深度和广度上，都空前活跃起来。听觉媒体种类很多，除了包括承载信息的载体外，还包括设备。在教学中常用的听觉媒体有无线电广播、录音机与录音磁带、激光唱片机与激光唱片、数字音频工作站、MP3 播放器、语言实验室等。

3. 视听结合媒体

人的学习是一种极其特殊的认识过程，学习是通过人的感官将外界信息的刺激传递到大脑，由大脑进行分析、综合获取知识，知识量的保持是与多感官的同时刺激密切相关的。关于记忆率的研究表明，学习相同的内容，若单纯用听觉，3 小时后对所获知识的保持率为 60%，3 天后保持率下降为 15%；若单纯用视觉，3 小时后对所获知识的保持率为 70%，3 天后保持率下降为 40%；若视觉、听觉并用，则 3 小时后对所获知识的保持率为 90%，3 天后仍能保持在 75%。视听结合媒体集视觉媒体和听觉媒体于一身，通过有声的、活动的图像，生动、直观、逼真地传递教育教学信息，易于吸引学生的注意力和激发学生的学习兴趣，有利于提高教学效率和效果。与教学有关的视听结合媒体有电影、电视、录像机、激光视盘机等。

4. 交互媒体

交互媒体是指能够在媒体与人之间构建起信息传递的双向通道，使双方能够相互作用、相互影响的媒体。交互媒体一般建立在现代计算机技术、数字技术、网络技术等多项技术的基础上。常见的交互媒体有计算机、计算机网络、多媒体教学平台及开发的各种交互系统（如互动教学平台、交互式视频学习系统）等。

3.1.3 教学媒体的属性

教学媒体的属性，是指各种教学媒体在表现事物的大小、声音、时间、空间、色彩、内容等特性方面的能力。把握这些能力是利用教学媒体开展教学并取得良好教学效果的前提。

1. 大小因素

大小因素即视听结合媒体的放大性、扩展性，或者是放映与非放映情况。对于独立的听觉媒体来讲，大小因素是指对声音的放大或缩小的功能；对于独立的视觉媒体来讲，大小因素是指对图像的放映（放大）或非放映（缩小）的功能；对于视听结合媒体而言，大小因素则是两者的结合。大小因素反映了视听媒体是人体某种器官的延伸。其扩大的功能使所要表现的内容更加清晰、全面，让更多的人能够听到、看到；缩小的功能让个别学习者在更加适合自己的音量和画面中愉快学习。

2. 运动因素

运动因素反映视觉材料的动、静属性。我们所看到的一些图片、实物等材料是一种静止的物体，它们常被称为传统视觉媒体，反映的是事物的某个瞬间或个别特殊性。20 世纪 30—40 年代，电影与电视技术日益成熟并被运用于教学。电影和电视的优点在于能很好地表现运动因素，把动与静有机地结合起来，加大了对教学内容的表现力度。这种结合能够解决教学上的很多难题，更能激起学习的欲望。

3. 色彩因素

色彩因素即视觉媒体表现颜色方面的能力。在色彩的表现方面，电影与电视有很大的、自由的表现空间，只要你能够想到，就能在高科技的支持下轻易获得。对于像手工绘制的图片或通过摄影得到的照片，往往会由于技术、工艺的原因不能自由发挥而影响到内容的表达。所以在选择颜色时，应根据内容要求和实际颜色来选择，黑白与彩色具有同样的教学效果。

4. 声画因素

声画因素即视听结合媒体在表现声音和画面方面的能力。声音与画面是组成视听教学媒体的两种基本语言，它们的结合将使教学节目声情并茂，使学生如临其境。声音以解说词为主，其间包括音乐、音响等。画面是视听结合的"本"，离开这个基本要素，就失去了视听结合媒体的优势。要尽最大可能突出"视"的特点，加强画面的说服力。

5. 特变因素

特变因素即视听结合媒体对声音和画面（特别是画面）进行特殊处理的能力，也就是我们常讲的"特技效果"。其根据需要让视觉材料在虚与实、大与小、动与静、快与慢、零与整之间变化，使难以直接观察的现象清晰地呈现在学生感受能力可及的范围之内。需要强调的是，特技效果的运用既要科学，又要恰到好处，防止哗众取宠。

3.1.4　媒体与教学的关系

依据教育的系统论观点及经验传递说，教学为一种经验传递系统。这里所说的经验是在主客体相互作用的基础上，通过主体对客体的反映而产生的主观产物。由于经验本身的主观性，它必须依存于一定的物质形式（对人来说，依存于大脑），而不能离开物质独立存在。这样，经验本身是不可能像物质那样单独传递的。

经验必须借助于一定的物质形式，其传递才有可能。科学家必须借助文字符号，才能把他/她对自然界的认知经验传授于其他人；技师必须借助动作方式及其作品，才能使人知晓其动作经验；艺术家必须通过其艺术造型，才能传达其思想感情。教学则必须借助教学媒体，赋予作为传递对象的经验以一定的物质形式，使传递中的信息以一定的信号发送，经验的传授才有可能。从经验的接收来说，接收者不可能以现成的形式从传授者那里直接接收到经验或信息。在经验传递系统中，接收者直接接收到的是变了质、变了形的负载经验的媒体或信号。接收者要获得传送中的经验或信息，就必须把通过感官接收到的媒体或信号，进行复杂的、与传授者发送经验时方向相反的译码或编码的变换处理，这样才能构建相应的心理结构。简而言之，教学媒体在教学系统中的作用在于，它是作为传递对象的经验要素的变质、变形的工具，是使经验传递成为可能的工具。

媒体与教学的关系体现在以下几个方面。

1. 学生视听觉的认知能力

视听觉的认知能力是指对视听觉材料进行鉴别与分析，从而获得有效信息的能力。大量研究表明，学生的年龄、知识经验、生活环境和文化背景等是影响视听觉认知能力的主要因素。其次，视听觉材料本身的质量也是影响其认知能力的关键所在。对于视觉材料而言，主要表现在以下几个方面。

（1）材料的逼真程度。实验表明，材料的逼真程度与学习量呈一个抛物线关系，即高度逼真和高度抽象都不利于学习，中等逼真度是最佳的学习条件。

（2）构图。构图的方法很多，构图的目的是使画面变得好看，而且能理想地表现主题。构图要与看图相联系，根据大多数人看图从中心部位开始的这一习惯，尽量将重点放在图中心。如果画面内容本身的特性决定了重点部分落在中心部位以外的地方，则需要在着色、字幕或语言提示方面加以引导。

（3）技术水平。制作视觉材料的技术水平也会影响认知过程的完成。最基本的要求是所呈现的画面尽可能清晰，并且不论是亮度、对比度还是色度都要符合人们的习惯。

对于听觉材料而言，主要表现在语言是否清晰、标准，口齿是否伶俐，表达是否有情感等方面。另外，诸如录音技术、场地、使用环境等条件也会影响听力的正常发挥。声画合一的视听材料，除了要满足上述的要求外，还需要注意声画合一的合理性、科学性、教育性、艺术性，重视整体效应。

2. 视听结合媒体使课堂更具趣味性

由于视听结合媒体对教学内容的表达有相当的"宽容性"和"自由度"，可依据教学材料的抽象程度制作成不同形象层次的形式。它比教师的口授更形象，能使学生较长时间地保持集中且旺盛的精力，能够激发学生求知动机、吸引注意力、培养技能、提高思维能力、指导思考，并贯穿于整个学习过程中。

3. 缩短教学时间，提高教学效率

规划合理的视听结合媒体更多地克服了人为的干扰因素，使呈现的教学信息有很高的"清晰度"，而且信息的传输是在"导演"了的情况下进行的，这里面融合了学科专家、教育专家、媒体专家的智慧和心血。利用这种视听结合媒体，在短时间内大量的信息内容在教师成功的引导下能被学生很乐意地接受，从而提高了教学效率。

4. 选择恰当的教学媒体

各种媒体既有优点，又有局限性，没有一种时时处处都适用的万能媒体。不论在什么形式的教学中，都可以考虑选择多种媒体组合使用，充分发挥各种媒体的优势。尤其是在经济欠发达地区，传统媒体可能是唯一有效的教学资源。

5. 视听结合媒体改变了学习方式，减轻了教师的负担

由于视听结合媒体的存在，教学活动不再局限于教室或课堂之中，可在任意时空进行，打破了时空的限制。尤其当设计了供个人使用的视听结合媒体后，学生可在方便的时间和地点学习。这一便捷之处对于那些既担负工作又希望再学习的人来说显得特别重要。视听结合媒体特有的重复播放和复制等功能，极大减轻了教师的负担，增加了对个别学生的指导时间等。

3.1.5　教学媒体的选择

1. 选择教学媒体的主要原则

教学媒体作为传递经验的物质化手段或工具，其选择的根本依据在于能最有效地传递各种经验。由此出发，选择教学媒体时应遵循下列原则。

（1）目的性原则。选择教学媒体时，首先要明确教学的总体目标，保证总体教学和总体目标的实现；其次要考虑教学内容，保证局部教学目标的实现。

（2）发展性原则。要求选择教学媒体时考虑它在多大程度上能发挥教育作用，促进学生各方面的发展。

（3）综合性原则。要求在选择教学媒体时，尽量综合、多样，互相补充使用。

（4）经济性原则。要求选择教学媒体时考虑教学媒体的投资效益，尽量降低成本，少花钱，多办事。

（5）教学最优化原则。把选择教学媒体的过程放在整体的教学设计中，充分考虑教学的各种因素，协调教学媒体与教学其他方面的关系，使教学媒体的功能服务于整体教学设计，以取得最佳教学效果。

2. 教学媒体设计的原则

媒体可以为教学带来预计的效果，这一点大家都有共识。然而具体到某一个教师身上情况就大不一样了，有的效果好，有的效果差。教学媒体设计的目的是针对具体教学内容设计一套行之有效的教学方案，使具体的教学活动建立在规范的指引下。教学媒体设计时应遵循下列原则。

（1）最大价值原则。这是媒体设计的最根本原则。所谓媒体的最大价值，是指以最小的成本、最短的时间获得最大的效果。用一个简单的公式表示就是：价值=效益/成本。衡量效益的标准就

是这种媒体在教学中用最短的时间取得的最佳效果。

（2）经验一致性原则。设计媒体时必须考虑两方面的经验要一致。一方面，媒体的种类（指硬件）要与学习者的媒体认识水平相一致。例如，对于儿童来说，使用程序教学机要比使用图片、动画一类媒体的效果差得多。另一方面，媒体所要呈现的内容要与学习者现有可能的经验水平相一致，否则即使媒体设计得再好也是毫无意义的。

（3）抽象层次原则。由于学习者的年龄、层次、知识经验不同，媒体设计时，必须对他们的现有状况做出评价，以便确定媒体内容的形象、抽象的比例。一般的情况是随着年龄的增长，抽象比例也随着增加。对于高级的学习者，形象比例不再有具体规划，所考虑的只是抽象符号的排列顺序。

（4）重复使用原则。媒体设计一旦完成，所要评估的就是它的重复使用率，只使用一次的媒体可能会是最差的媒体。所以设计媒体时既要考虑所花费的成本，更要重视其使用率问题。对于使用率高的媒体，即使花费的成本高一些也是有价值的，这点已在实践中得到证实。

3.2　新型教学媒体

新媒体技术的应用给教育教学带来了深刻影响，如交互式电子白板、触控一体机、电子书包等新媒体技术的兴起与应用已经成为当今教育信息化关注的热点。

3.2.1　交互式电子白板

交互式电子白板（interactive whiteboard）作为一种新型课堂教学信息化的多功能产品，正逐步取代传统的黑板和投影幕布，成为课堂教学的主流技术。交互式电子白板集传统黑板、计算机、投影仪等多种设备的功能于一身，成为课堂教学的重要工具和手段。它不仅为课堂教学和学生自主学习提供了广阔空间，而且提供了丰富的教学资源，极大地方便了教师的教和学生的学。

1. 交互式电子白板简介

交互式电子白板的雏形出现于20世纪90年代初，由美国的施乐公司研究开发，专门用于商业领域，当时称其为Liveboard。1991年，加拿大的SMART技术公司开发出了真正意义上的交互式电子白板——SMART Board，它引发了21世纪教育信息技术领域的一场革命。

交互式电子白板由感应电子白板、电子笔等硬件与白板软件等组成。它融合了计算机技术、微电子技术和通信技术，具有传统黑板、普通白板、投影幕布、电子复写板等多种功能，是一种具有人机交互功能的教学设备。交互式电子白板可广泛应用于教学培训、远程教学、会议演示等领域。交互式电子白板如图3-1所示。

图3-1　交互式电子白板

2. 交互式电子白板的主要功能

交互式电子白板的主要功能如下。

（1）屏幕批注，及时反馈。基于交互式电子白板所提供的便捷书写和绘画功能，可实现以边思考、边想象、边绘画的学习方式，呈现学生阅读和思考的学习过程和最终的思维成果，也便于教师及时发现问题，及时做出评价。

（2）遮挡隐藏，分批呈现。基于交互式电子白板提供的遮挡拉幕功能，可以导入图片作为主题背景，有利于创设情景。交互式电子白板可以根据学习进度分批呈现资源，不仅有利于学生集中注意力，而且能有效引导学生发散思维。

（3）拖放组合，灵活互动。基于交互式电子白板提供的拖放和组合功能，学生可以在操作中体验学习过程，展示创造思维，增强实践能力。

（4）局部放大，凸显重点。基于交互式电子白板提供的照相和放大/缩小功能，可以将教学重点局部放大，凸显重点，有利于细致观察、发现问题。

（5）过程回放，呈现脉络。将基于交互式电子白板提供的回放功能运用于学生的各学科学习中，可以重新展现学习过程，重温思维脉络，有利于学生在学习中总结学法、提炼方法，从根本上发现问题、解决问题。

（6）模式切换，方便演示。交互式电子白板提供了 3 种应用模式：控制模式、注解模式、窗口模式。3 种模式的切换可整合教育资源，充分发挥交互式电子白板的教学优势。而在普通操作模式下，教师可进行普通的计算机操作，如拖放视频、演示 PPT、打开文件等，而无须动用鼠标、键盘。

（7）智能绘图，提升效率。交互式电子白板中提供了圆规、画角、智能笔、量角器、画圆等多种智能工具，教师不需要借助实物工具，即可用笔在电子白板中非常方便地画出专业、准确的几何图形。

（8）库存另存，积累资源。交互式电子白板提供的资源库和存储功能，可以在学习中随时调用资源和积累现场资源，可以用多种方式存储现场学习资源，便于复习和重温。"另存"是将教师上课使用的课件、教学资源和学生智慧的创造，转换为网页、图片等资源，便于学生再学习或复习。

3. 交互式电子白板应用的 3 个发展阶段

（1）教学的辅助工具阶段。在这个阶段，交互式电子白板仅作为课程教学中视觉上的辅助工具，没有融合为学生概念发展的整合性策略。

（2）交互阶段。在这个阶段，教师将交互式电子白板作为课程中的整合元素，通过语言的、视觉的、美学的刺激，给学生提供挑战，促进学生的思维发展。

（3）增强交互阶段。在这个阶段，教师能够提供各种机会使学生以个体、同伴或者小组的形式对交互式电子白板上提供的刺激做出响应，利用交互式电子白板促进讨论、解释过程、发展假设或结构，并能通过各种应用进行检测。

4. 交互式电子白板互动功能的实现策略

交互式电子白板中的"交互"只是教学信息流向的一种特性，是形成教学的条件，它并不等同于教学的"互动"。如何发挥交互式电子白板的优势以实现良好的课堂互动效果，是交互式电子白板应用中需要探索的方向。交互式电子白板互动功能的实现策略有以下几个。

（1）积极创设情境，促进课堂交流。交互式电子白板中的聚光灯、拉幕、放大镜、拖放、照相、隐藏、涂色、匹配、即时反馈等功能模块形象生动、具体直观，可以模拟多种真实场景，它们是比较理想的教学辅助工具。

（2）利用可生成性，充实教学内容。交互式电子白板为教学提供了充足的生成空间，随时标注的功能可以促进师生的交流和思维的碰撞；教师不断丰富自己的讲授内容，也尊重了学生个性化的思考与独特见解。

（3）开展小组学习，引导学生参与应用。电子白板能够将教师手中的操作权交给学生，让学生去圈点勾画、书写修改，并结合批注呈现自己的思考过程。同时，利用白板的可复制功能，开展小组比赛或对同一主题分组研讨，也是促进学生之间交流的一种方式。

（4）记录学习过程，促进发展性评价。有了电子白板的辅助，无论是学生还是教师，都可以通过白板进行操作，在习题上做批注，并且能保存下来，有利于学生思维能力的培养。不仅如此，交互式电子白板还能将师生产生的即时性资源完整保存下来，这对教师反思自己的课堂教学大有裨益。

交互只是信息流向的一种基本选择，为了实现主体间的真实性交往，还需要个体间在教学活动中持续地交流互动。当前，应用交互式电子白板促进教学交往的一条有效途径是保证学生的课堂平板电脑和交互式电子白板建立联系，形成交互态势，这样才能最大限度地发挥电子白板在教学交往中的作用。

3.2.2　触控一体机

触控一体机外形是一个大屏的可触摸液晶电视，主流尺寸大小在 60～70in（1in≈2.54cm），它将液晶电视、音响、投影、白板等融为一体。与以前的多媒体教学设备相比，触控一体机更便于安装、易于操控、利于教学。触控一体机是传统教学多媒体工具的新突破，是未来教学科技的发展方向，如图 3-2 所示。

图 3-2　触控一体机

1. 触控一体机的特点

（1）检测触控并定位。各种触控屏技术都是依靠各自的传感器来工作的，各自的定位原理和各自所用的传感器决定了触控屏的反应速度、可靠性、稳定性和寿命。

（2）具有透明性。透明性直接影响触控一体机的视觉效果。在触控屏行业里，透明是一个宽泛的概念。很多触控屏是由多层的复合薄膜构成的，因此仅用透明一点来概括触控一体机的视觉效果是不够的，触控一体机至少应该包括 4 个特性：透明度、色彩失真度、反光性和清晰度。

（3）采用绝对坐标系统。触控一体机采用绝对坐标系统，用户要选哪里就直接点击，其与鼠标这类相对定位系统的本质区别是具备一次到位的直观性。绝对坐标系统的特点是每一次定位坐标与上一次定位坐标没有关系，在物理上是一套独立的坐标定位系统，每次触控的数据通过校准转为屏幕上的坐标。这样，就要求触控屏这套坐标不管在什么情况下，同一点的输出数据是稳定的。如果不稳定，那么触控屏就不能保证绝对坐标定位，有可能造成触控屏的"漂移"问题。性能及质量好的触控屏出现漂移的情况不会很严重。

（4）操作简便。只需手指触摸屏幕上的有关按钮，便可进入信息世界，相关信息包括文字、图片、音乐、视频、动画、录像等。

（5）界面友好。无须了解计算机专业知识便可清楚触控一体机上的所有信息、提示、指令，其界面适合各层次、各年龄段人员。

（6）信息丰富。信息存储量几乎不受限制，任何复杂的数据信息都可纳入多媒体系统，而且信息种类丰富，可以达到视听皆备、灵活多变的展示效果。

（7）扩充性好。触控一体机具有良好的扩充性，可随时增加系统内容和数据，并为今后的联网、多数据库的操作等提供方便。

（8）动态联网。系统可根据用户需要，建立各种网络连接。

2．触控一体机的功能

（1）电视功能。支持 1920px × 1080px、32 位真彩色全高清显示。

（2）计算机功能。可无线上网，也可以用无线键盘、无线鼠标上网。

（3）触控功能。多点红外触控屏，触控无延迟，反应灵敏，所有控制在屏幕表面完成，任意物体触摸（包括手指和笔点击触控屏）均可控制所有应用程序，轻松实现手写文字、绘图、标注等功能，使用流畅，系统稳定、可靠。

（4）会议功能。可做会议演讲、策划方案讲解、远程视频会议支持和电子文档展示，即插即用，无须投影仪、投影幕布、计算机、幻灯片展示台、DVD 播放器等设备。

（5）白板功能。随便写、随便画，无须笔擦，而且环保。笔和手都可以书写，可以随便删除；此外，利用该功能也可以存储、录制。

（6）投影仪功能。可大屏显示文档，并且图像非常清晰。

（7）电子查询功能。通过运营商对各种电子文档、信息的输入和编辑，客户可以自助查询到所需要的信息。

（8）视频监控功能。可以对监视区域进行安全监控，并支持任意调出各个区域的实况视频进行数据分析。

3．触控一体机的教学优势

（1）功能集成，画面清晰。触控一体机代替了传统黑板，集投影、书写板、计算机、音响等设备的功能于一体，简化了设备的采购和安装，节约了设备占用空间，解决了传统教学粉尘危害问题，高清、生动的画面丰富了教学的视听效果。

（2）操作方便，互动性强。教师可以使用手或专用笔在屏幕上进行书写、修改、画图、放大等常规操作，可保存回放。此外，可随心所欲操作图标、播放视频、动画互动、进行电子游戏、展示课件等。教师操作更直观、应用更简单，学生可参与其中，教学过程生动、开放，互动教学，其乐无穷。

（3）功能强大，资源丰富。具有快照（探照灯）、遮幕（局部编辑）、重点显示（局部放大）、键盘输入等功能。附带中小学各学科丰富齐全的资源库，可随时插入需要的图片，使课堂内容更生动、丰富，可对资源库不断进行自我添加和补充。

3.2.3　电子书包

自主学习、个别化学习和终身学习等学习方式呼唤新的教学媒体、教学手段、教学方法、教学模式，电子书包正是为适应这种需求而产生的一种新生事物。它特有的功能成为教育信息化的重要载体，是改革传统教育、促进素质教育的有力工具，如图3-3所示。

图3-3　电子书包

1．电子书包的概念

电子书包是一款致力于提高国家教育信息化水平、实现校园教学一体化、加强家校互通功能的产品。电子书包的初衷是减轻广大中小学生的课业负担，使学生不再背着沉重的书包上学，把所有的课本、笔记本、作业、资料等存储在电子书包里。从学生学习的角度讲，电子书包是一种个人便携式学习终端，是学生的个人学习环境，还能满足每一名学生个性化的学习需求。从教学管理的角度讲，电子书包是集学习知识、巩固练习、教学评价、拓展深化于一体，活动的、立体化、网络化、便携式"电子课堂"，它是学生与教师的互动平台，也是学生与教师、教学与科研、教育行政主管部门与家庭的交流平台。它的出现改变了传统的教学模式，实现了课堂空间和时间的拓展，同时激发了学生的自主学习意识并提升了学生自主探究能力。电子书包是真正数字化的课本，它预示着一场全球性的教育革命的到来。

2．电子书包的功能

电子书包除了具有移动媒体的基本功能外，还具有教育教学功能。其教育教学功能主要包括课堂同步教学与笔记功能、教学管理与评价功能、学习记录与跟踪功能、"学校-家庭-社会"协同互动功能、学习管理与应用功能等。

3．电子书包的特点

（1）学习终端的便携性、移动性。电子书包外观与课本相当，轻薄且便于携带，支持手写、滑屏、自动翻页等。电子书包具有无线网络接入功能，利用该功能可以实现随时随地学习。

（2）学习资源的多媒体化、微型化、多元化。电子书包中的资源是一种与多媒体内容整合的数字化资源，具有视频、音频、动画等多媒体形式，可以为学生创设生动、形象的学习情境。电子书包的资源设计逐步向片段化、微型化发展。电子书包不但拥有学校教育资源，还拥有家庭教育和社会教育资源。

（3）支持服务的多样化、个性化。电子书包的应用涉及学校、家庭和社会，使用者包括学生、教师、家长和社会教育工作者，服务平台能为使用者提供多样化的服务，满足使用者的个性化需求。

4．电子书包的教学优势

（1）低碳环保，便于携带。电子书包与传统书包相比，重量在1～2kg，十分轻便，易于携带。使用电子书包能够减少纸张的使用和木材的砍伐，从而保护环境。

（2）丰富的教学资源。电子书包不只是纸质教材的电子版，还具有丰富的媒体互动要素，兼具与终端互动和与平台互动的功能。电子书包可以针对教学目标进行内容关联及知识结构重组，还可以与外围学具和服务平台连通。电子书包不仅为学生提供了电子教材、教辅材料和拓展学生知识面的课外书籍，还为教师提供了完备的备课资料。

（3）具有网络、交互、多媒体等特性。利用电子书包可以方便地获取网络教学资源，可以开展丰富的教学活动，提高学生的学习主动性，促进师生之间及生生之间的互动，提高教学效果。

（4）改变传统的课堂教学模式。电子书包的应用使得学习和教学可以不受时间和空间的限制，有利于教师因材施教，方便学生开展个性化学习，在潜移默化中改变了传统的课堂教学模式。

5. 电子书包的教育应用展望

（1）对学生的影响。技术作为学生学习活动和思维发展的参与者与帮助者，协助学生高阶能力发展的作用在国际教育界早已达成共识。引入电子书包后，班级差异化互动学习、数字化探究实验学习、小组合作项目学习、个性化兴趣学习、能力本位评估引导学习等新型学习方式都将成为可能。

（2）对教师的挑战。电子书包的引入使学生有了一个智能伙伴，这个智能伙伴成为教师与学生个体之间的新角色，许多原本由教师承担的任务被机器分担或替代了。教师要学会适应这种关系的变革，把机器最擅长的事情交给机器做，把人最擅长的事情留给人做。此外，教师还应具备全新的教学时空观和教学设计理念，要关注学生的不同特点和个性差异，挖掘每一名学生的优势潜能，将课前、课中、课后，班内、班外，校内、校外的学习活动通盘规划好，为学生的未来竞争力构筑创新的技术学习环境和学习体验。

（3）对教学的变革。电子书包进入校园已经成为不可逆转的趋势，电子书包必然会带来学习的革命。基于电子书包，"轻负担、高效益"的互动课堂和可随时随地发起的课堂不再是设想。电子书包可对学生进行持续、精准的评估，支持个性化的普适设计并不断调整学习目标，使每一名学生都能获得成功的体验。通过电子书包，教师、家长、学生、社会将形成一个紧密的关联圈，从而调动一切资源为每一名学生量身打造适合其自身的个性化学习环境，以促进学生健康、公平地发展。

电子书包的新发展愿景凝结了一种对构建一对一创新型数字化学习环境的追求，一种对切实支持学习者主体性和个性化发挥的学习环境的呼唤。

3.3　信息化教学环境

教学环境是影响教学活动的各种情况和条件的总和，其包括显性环境和隐性环境。显性环境包括教室内外物理设施等，隐性环境则包括教育理念、教学氛围、习惯、规范、人际交往氛围和心理适应情况等。

信息化教学环境是指运用现代教育理论和现代信息技术所创建的教学环境，它是信息技术条件下硬件环境、时空环境等显性环境和文化、心理等隐性环境的总和。信息化教学环境有广义和狭义之分。从广义上说，信息社会中与教育教学有关的各种要素都属于信息化教学环境，如物理教学环境、信息资源环境、人力资源环境、人际关系环境等。从狭义上说，信息化教学环境主要是指开展信息化教学的硬件环境。

与传统教学环境相比，信息化教学环境具有以下特点：教学信息多媒体化、学习资源共享化、学习活动合作化、自主学习个性化、教育管理自动化。

这里主要从狭义的角度介绍几种信息化教学硬件环境。

3.3.1　多媒体教室

多媒体教学是 21 世纪教育教学改革的发展趋势，多媒体教室是学校实现多媒体教学的平台，其使用主体是教师，服务对象是课堂教学。多媒体教室担负着师生日常多媒体教学的任务。在这个信息技术发达的时代，多媒体教室已必不可少。

1. 多媒体教室的构成

多媒体教室由多媒体计算机、液晶投影仪、投影屏幕、数字视频展示台、音响设备、中央控制系统等多种现代教学设备组成。多媒体计算机及其网络是演示系统的核心，教学软件及课件都要由它运行或播放，它在很大程度上决定了演示效果的好坏；液晶投影仪及投影屏幕是多媒体教室的主要设备，它通过中央控制系统连接着计算机、网络设备、所有视频输出系统及数字视频展示台等，把视频、数字信号输出显示在屏幕上；数字视频展示台可以进行实物、照片、图书资料的投影；音响设备可以实现音频的播放及控制；中央控制系统用系统集成的方法，把多媒体教室内所有的设备操作都集成在一个平台上，实现对多媒体教室内用到的所有设备的控制和管理。多媒体教室的构成如图 3-4 所示。

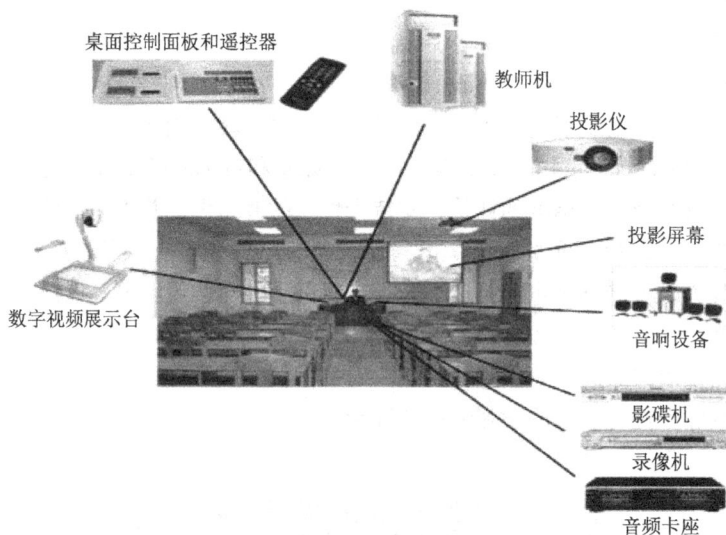

图 3-4　多媒体教室的构成

2. 多媒体教室的功能

在教育教学过程中，多媒体教室多用于以教为主和双主教学。各种类型的多媒体设备主要起着辅助教师讲授的作用，它们是教师讲授的"利器"。多媒体教室必须具备"多媒体"和"教室"的特征。在多媒体教室中，可以利用计算机演示各类多媒体教学课件；播放音频、视频等教学内容；利用互联网随时搜索、下载教学需要的教学资料，实现网络联机教学；利用数字视频展示台进行立体实物投影，以及平面的书稿、教材、图表、图片投影等。教师可以用有线或者无线话筒进行讲课；可以利用多媒体计算机把视频、音频、动画等动态信息展示出来，形成动态的、连续的演示过程，以此来创设情境，使演示过程更形象、生动，有助于突破教学难点。

3. 多媒体教室的构建原则

（1）先进性。多媒体教室构建的先进性不但要体现在技术上，还要体现在理念上。在技术上，多媒体教室应当尽可能地采用先进设备，以使多媒体教室应具有的功能得到开发和应用。在理念上，要应用一些最新的且已经被实践所证明的先进理念，从而提高使用的效率。

（2）实用性。在多媒体教室的设计和构建中，应讲究实用性，注意设备系统的性价比，不能一味地选择先进的、价格高的设备。要尽量选择模块化和结构化的系统，按需构建。

（3）开放性。开放性主要指硬件设备的通用性，即设备的指标是否与国内外认可的标准相一致或是相接近。设备的开放性有利于设备的更新、升级、扩充，从而降低设备的更新成本。

（4）易用性。多媒体教室的方案设计和构建应以提高系统的整体运行效率为出发点，根据易用性原则对操作链进行优化，使各子功能的操作实现最优的效率状态水平。

4. 交互式多媒体教室

交互式多媒体教室与普通多媒体教室不同的是其屏幕被交互式电子白板或多媒体大屏幕触控一体机所替代。教师可以在屏幕上直接操作，非常方便。交互式电子白板或多媒体大屏幕触控一体机与传统黑板组合成为电子黑板，电子黑板逐渐成为中小学教室的标准配置。

越来越多的多媒体教室用交互式电子白板替换了普通的投影屏幕。交互式电子白板在专用的白板软件支持下可以与计算机进行信息通信。将交互式电子白板连接到计算机，并利用投影仪将计算机上的内容投影到交互式电子白板屏幕上，此时的交互式电子白板就相当于一个面积特别大的手写板、触摸屏，可以在上面任意书写、绘画并即时地在计算机上显示，书写内容还可以保存为图形文件。同时教师可以在交互式电子白板上直接操作计算机，直观地将操作过程呈现给学生，学生也可以直接演示操作，真正实现了"教与学的互动"，实现了高品质、高效率的教学模式。

交互式电子白板全面搭配短焦投影仪组成多媒体教学系统。由于投影仪的超短焦距功能，投影仪的安装更接近交互式电子白板，使用者自身不会遮挡投影光路，演示更完整，交流更顺畅。新型光学电子白板不受屏前强光干扰，触摸精度高，书写流畅，可以跟平时的书写方式完全一致，不会产生任何延迟。交互式电子白板可以轻松实现无粉尘教学，如可以像黑板一样在其上面直接用笔书写，但会将书写内容实时输入计算机。相对于普通投影机投射的屏幕，实时屏幕交互操作是交互式电子白板突出的优点。

交互式电子白板具备且超越黑板的所有功能，如随意书写、画图、批注重点，并且可以使用或编辑丰富多彩的电子课件。在教学中，交互式电子白板已经被嵌入传统黑板，组成电子黑板，如图 3-5 所示。

图 3-5　交互式电子白板与电子黑板

3.3.2　多媒体网络教室

1. 多媒体网络教室的组成

多媒体网络教室通常由计算机网络和网络教学软件系统两个部分构成。多媒体网络教室中的计算机网络是一个小型局域网，可以直接或通过校园网进行Internet连接。系统硬件的基本配置包括多媒体教师机、学生机、交换机、服务器等设备，并通过网线连接。有条件的机房还会配置投影仪、音响等多媒体演示设备。

目前在各类学校，尤其是中小学中较为普遍、应用广泛的一种网络教学系统，是集普通的计算机机房、语音室、视听室、多媒体演播室等功能于一体，利用网络技术和多媒体技术将若干台多媒体计算机及相关的网络设备互联而成的小型教学网络。它为提高教学质量、建构协作化学习环境创造了良好的技术基础。

多媒体网络教室可依据教室空间结构、学生群体的特征及教学活动的内容和模式等因素设计网络设备的摆放布局，以满足实际教学需求。根据网络教室中学生机、教师机等网络设备的布局，多媒体网络教室可以分为普通型、U型、小组协作型、综合型等，如图3-6所示。

普通型   U型

小组协作型   综合型

图3-6 多媒体网络教室

2. 多媒体网络教室的功能

多媒体网络教室应该具备以下基本功能。

（1）广播教学。可将教师机的屏幕画面和语音等多媒体信息实时广播给全体、群组或单个学生，可对单一、部分、全部学生广播。

（2）教学转播。教师可选定一名学生机作为示范，由学生代替教师进行示范教学，该学生机的屏幕画面及声音可转播给其他学生，增加了学生对教学的参与感，提高了学习的积极性。在此过程中，可随时使用电子教鞭功能进行教学示范。

（3）监视、监听。教师可实时监视、监听每一名学生的屏幕画面或声音，教师不用离开座位便可在计算机上观看学生对计算机的操作情况，可对单一、群组或全体学生进行多画面和单一循环监视。监视功能不影响被监视者正在进行的操作，同时不会被察觉。

（4）师生对讲。教师可与任意指定的学生进行实时双向交谈，而其他学生不受干扰。

（5）黑屏。教学过程中可强制学生机黑屏，使学生能够集中精力听讲。

（6）远程复位。教师可通过教师机对个别或全部学生机进行远程关闭、重启等操作。

（7）鼠标、键盘锁定。教师可随时锁定、解锁任意学生机的键盘和鼠标，防止学生在未经许可的情况下操作学生机。

（8）电子举手。学生有问题提出或需要帮助时，使用电子举手功能可随时呼叫教师。教师对举手的学生通过语音和文字随时应答及查看。

（9）遥控辅导。教师可远程接管选定的学生机，对学生机远程遥控，辅导学生完成操作，进行"手把手"式、交互式辅导教学。教师在遥控辅导教学中可实时监视被遥控学生的屏幕画面，可与被遥控学生进行双向交谈。

（10）电子黑板。可实现普通黑板的功能，可同时设定学生与教师共享电子黑板，可随时改变黑板大小或清除黑板，可提供文字书写、编辑和作图功能，可提供多种形状教鞭的显示。

（11）消息发送。教师可选择向单一、群组或全体学生发送信息，也可设定学生发送消息给教师或其他学生。

（12）联机考试。网络考场是传统考场的延伸，有很重要的教学反馈功能，它可以利用网络的广阔空间，随时随地对学生进行考试，加上数据库技术的支持，极大简化了传统考试的过程。在服务器端对数据库进行管理，客户端通过浏览器登录网络考场。它基于题库操作，能够实现智能自动组卷、自动阅卷和自动分析，极大缩短了考试周期。教师可以马上了解学生对所学知识的掌握情况，从而对教学效果做出正确的判断，及时调整教学工作。

（13）视频点播。根据教学要求提供教学视频资源，学生可以查找喜爱的节目；多人同时点播同一节目或不同节目，也能流畅观看；提供进度显示、总时间和播放时间显示；提供播放、暂停、停止、窗口/全屏切换等功能。视频点播为学生自主学习提供了有力的技术和资源支持。

3. 多媒体网络教室的设计原则

（1）适应各种新型教学模式的推广，充分发挥学生的主体作用。多媒体网络教室的设计、实施要为学生这个主体服务。根据这个理念，多媒体网络教室应努力改变教师独占课堂、学生被动接受的单一信息传递方式，代之以创设情境、设置任务、开展教学互动的新型模式。

（2）系统设计结构化、多样化，满足不同学校的教学需求。由于新型教学模式正逐渐取代传统教学模式，新兴教学模式所带来的教学手段和教学媒体的多样化也对多媒体网络教室的系统设计提出了新的要求。针对不同类型的学校，其功能应更加多样化。

（3）选择性价比高的设备。一般来讲，中小学校经费比较紧张，不太可能在多媒体网络教室的建设上进行太多的投资，因此选择性价比高的产品尤为重要。

要用好多媒体网络课堂学习环境，应该在两个方面进行改进：一是要对系统进行改进，加大系统对协作学习的支持力度；二是要对作为课堂学习活动的主导者——教师提出新的要求，教师要为学生在新的多媒体网络教学环境中的学习准备大量具有实质内容的学习策略。

3.3.3　数字语音教室

1. 数字语音教室的组成

数字语音教室又称数字化语音实验室，它是在现代教学理论的指导下，在模拟语音实验室的基础上，利用先进的数字化技术建构起来的语音教学环境。新型语音教室在利用多媒体网络计算机系统实现语音教室功能的同时实现了音频、视频同步播放和传输，教学效果更好。数字语音教室如图 3-7 所示。

数字语音教室采用专业的数字化音频压缩、解压缩技术，语音表现逼真、清晰、流畅，易于操作，功能强大，维护方便，系统还原快，方便管理和系统升级，有利于锻炼学生的听、说、读、写、译等专业技能，具有丰富的自学、自测功能。

数字语音教室在听力教学中较大限度地实现了师生、生生互动，它的应用有利于扫除学生心理障碍、加快教学节奏、增加标准语言输入、激发学生进行语音学习的兴趣，也有利于学生进行个性化的自主学习、教师改进教学方法。

数字语音教室有 3 个主要指标，分别是语音质量、视频质量和音响效果。其中，语音质量是指专业化的数字语音教室必须保证无延迟、无断裂、高保真度的语音质量。在数字语音教室中视频必不可少，视频质量主要源自文件的压缩比。音响效果主要是指声画同步，以及整个数字语音教室的音频、视频传输效果。

图 3-7　数字语音教室

2. 数字语音教室的类型

数字语音教室是由多种现代化设备组成，主要用于语言教学的教育技术应用系统。1993 年国家技术监督局发布了《语言学习系统通用技术条件》。该标准根据功能和设备配置，将数字语音教室分为 6 种基本类型，后来又发展出新型的以多媒体计算机为主要设备的多功能语音教室。

（1）听音型语音教室，简称 AP 型。学生的座位上只有一副有线或无线耳机，学生只能听主控台传送的录音教材或教师的讲解。

（2）视听型语音教室，简称 APV 型。除了耳机，学生的座位上或教室里还有电视机，学生既能听，也能看，可以视听并举地获得教学信息。

（3）听说型语音教室，简称 AA 型。学生座位上配有耳机和话筒，学生既能收听来自主控台的教学信息，也能做出口头反应，即师生可以对话。

（4）视听说型语音教室，简称 AAV 型。它是在听说型语音教室的基础上增加一些视觉设备，具有视听说综合功能。

（5）听说对比型语音教室，简称 AAC 型。它不但包含听音和听说型语音教室的功能，而且能将学生自己的语声与标准音进行对比，以达到加快学习进度的目的。

（6）视听说对比型语音教室，简称 AACV 型。这是在听说对比型语音教室的基础上，增加了视觉设备而形成的全功能语音教室。

（7）以多媒体计算机为主要设备的多功能语音教室。其内部设有目前比较先进的语言学习系统。计算机在这里不仅作为主控台设备对整个学习系统进行控制，而且能将许多教学内容编成课件供教师和学生使用，还具有课堂信息分析处理功能。教师可以在此系统上建立试题库、应用学习反应分析和评价的软件等。

3.3.4 微格教室

微格教室是指在装有摄像、录像系统的特殊教室内，借助摄像机、录像机等媒体进行技能训练和教学研究的教学环境，一般用于师范院校的学生和在职教师教学技能训练的模拟教学活动。微格教室如图 3-8 所示。

微格教学（microteaching）是一种利用现代化教学技术手段来培训师范生和在职教师教学技能的系统方法。1963 年，美国斯坦福大学的爱伦博士首先倡导微格教学。它是以现代教育理论为基础，利用先进的媒体信息技术，依据反馈原理和教学评价理论，通过对教学行

图 3-8 微格教室

为进行记录和研究，分阶段培训教师教学技能的活动。爱伦博士认为，教育是一门技术，技术的掌握需要培训和实践。微格教室是一个缩小的、可控制的教学环境，它使准备成为或已经是教师的人有可能集中掌握某一特定的教学技能和教学内容。采用现代科学技术手段，把学习过程记录下来，进行评价、反馈，肯定正确、改正错误，这样进行多次反复操作，以达到提高教师教育教学能力的目的。

随着计算机网络技术的快速发展和摄像机远程控制技术的应用，以网络多媒体计算机为主要设备的数字化微格教学系统正逐步替代传统的模拟微格教学系统。基于网络的数字化微格教学系统实际上是一种依托学校校园网络环境，将计算机技术、网络技术、音视频数字压缩技术等整合到微格教学的系统。

1. 微格教学系统的组成

微格教学系统是一个可控制的实践系统，它一般由数字控制室、微格教室、观摩室 3 个部分组成。

（1）控制室

数字控制室的主要设备包括计算机、主控机、摄像头、监视器、监控台等。数字控制室可以实现数字摄像实时图形处理、数字非线性编辑直接压缩、实时（网络）播放；能进行千兆网络连接、软件集中控制、校园网络联网；采用数字摄像机可遥控、自动跟踪捕捉；采用数字化网络存储，便于网络点播；利用专业网络控制软件对系统进行总控、管理和分控，内置微格教学评估系统。

（2）微格教室

微格教室中的设备主要包括分控机、摄像头及其他教学设备。在微格教室中可以呼叫数字控制室，并与数字控制室对讲。微格教室中可以控制本教室的摄像系统，录制本教室的声音和图像，以便对讲课情况进行分析和评估。分控机可以遥控选择数字控制室内的某一台录像机、VCD 机等其他影像输出设备，并能遥控自己选择的设备的播放、停止、暂停、快进、快退。

（3）观摩室

观摩室是装有单向玻璃的微格教室或一个装有电视机的普通教室。把控制室中经视频切换器选择后的视频信号输送到电视机上，即可实时同步播放教学实况，供指导教师现场点评及学生观摩分析。

2. 微格教室的功能

（1）即时反馈功能。微格教室的主要优势就在于它具有即时反馈功能。录制受训人员在本教室内的活动并进行播放，能够使受训人员了解自己的表现，学会自我"诊断、治疗"，在自我反馈调节的过程中，自我实现，自我完善。

（2）即时指导功能。培训人员通过观看受训人员的表现，对其进行实时或事后的指导，使受训人员自身存在的不足得到更正。

（3）双向交流功能。双向交流功能支持本教室成员之间的交流、各教室成员之间的交流和指导人员与受训人员之间的交流。成员之间的交流，能够使他们看到别人和自己的长处及不足。在与指导人员的交流中，也可以使指导人员更全面、更深刻地了解受训人员，为更深入、更正确的指导打下基础。

（4）远程评价功能。在当今通信技术的支持下，微格教室不仅应实现本地的及时交流、反馈和指导，还应具有远程评价功能。传统的微格教室只能实现本地的交流，现在运用虚拟专用网络等计算机技术的微格教室还可实现远程的视频、音频传输，且安全性和准确性都较高，远程的评价人员可在异地实现评价。

3.3.5　自动录播系统

自动录播系统可在教师现场授课的同时，自动生成课堂教学实况录像，以完整地记录教师授课的全过程，如教师讲授的过程、板书书写的过程和使用多媒体教学课件的过程等均会按照授课的时间顺序自动编辑、生成授课实况录像；同时也可以以流媒体的方式在互联网上进行直播，使广大用户如在课堂现场一样，课后还可以在网上点播重放。

自动录播系统在整个课程录制过程中无须专人操作控制，下课后即时完成，彻底解决了"会教书的人不会编辑，会编辑的人不教书"的问题。此外，自动录播系统还可以应用于精品课程制作过程，用于制作大量的优质教学资源，实现优质教学资源的网上共享。

1. 自动录播系统的组成

自动录播系统一般由视音频信号采集系统、摄像跟踪定位系统、录播控制系统三大部分组成，其全自动智能性主要体现在摄像跟踪定位系统和智能自动编辑系统上，如图3-9所示。

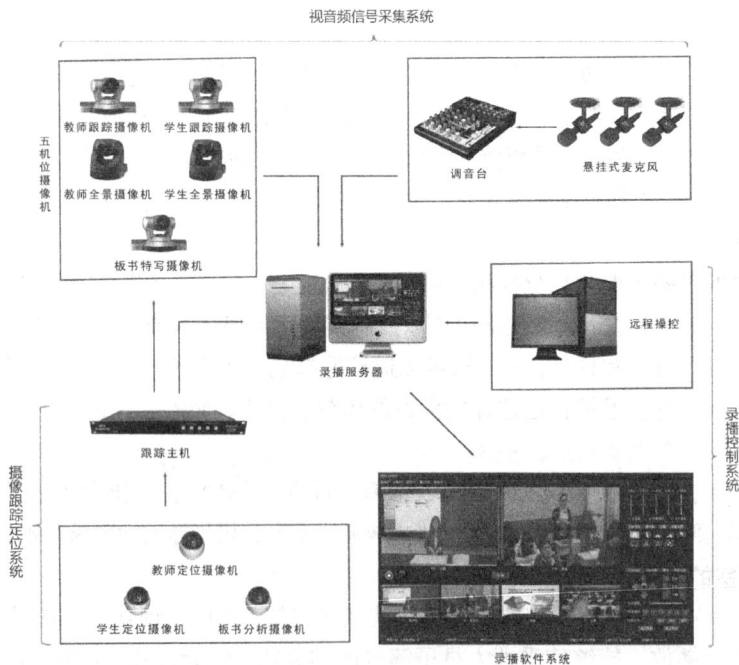

图3-9　自动录播系统

（1）视音频信号采集系统

视频信号采集系统由教师摄像机、学生摄像机和板书摄像机 3 种类型的摄像机组成，通常教师摄像机和学生摄像机都采用带有旋转云台的快速球形摄像机，分别对准跟踪拍摄目标。板书摄像机应能清晰拍摄黑板上书写的全部文字和图形，既能拍摄黑板的局部，又能拍摄黑板的整体。音频信号采集与视频信号采集一样，高质量采集和录制课堂现场教师讲课的声音和互动教学的师生声音非常重要，录播系统保证所采集信号的质量要好。

（2）摄像跟踪定位系统

摄像跟踪定位系统是多功能录播系统的"大脑"，可实现对教师、学生位置的智能跟踪，并根据讲课过程自动切换视频。跟踪控制系统的实现方式主要有：红外线控制方式、图像识别控制方式、超声波控制方式和声音识别控制方式。

（3）录播控制系统

录播控制系统包括录播软件、录播控制台和智能切换控制系统。录播软件能完成单画面、画中画、多画面模式的课件录制，自动生成片头与片尾。录播控制台设备可自动或允许手动控制设备协同工作，控制设备的切换、使用、参数调节，并通过显示、指示功能直观地得到结果。智能切换控制系统能实现智能剪辑、自动编辑功能，并提供多组输入和输出接口、自动切换镜头、实时录播。

2. 自动录播系统的功能

（1）录制功能。录制视频是录播系统最基本的功能，一般要满足实现全自动单画面模式、多画面资源录制模式等多种方式，并支持多路视频和 VGA 信号。这些信号有多种组合方式，能将场景内主讲教师的画面、电子文稿、教师板书、学生反应及声音信号通过摄像机、拾音器等设备录制下来，保留最完整的动态教学过程，形成可以点播的多媒体文件。

（2）编辑功能。考虑到录播系统在自动录制状态下不能"思考"的特性，其录制的视频难以满足较高的画面要求，有时需要对画面资源进行后期编辑处理。录播系统不但可对自动合成的视频进行后期编辑处理，还可以对录制下来的多路音视频资源进行编辑，如增加字幕、特效，使最终形成的文件内容更加丰满。

（3）自动跟踪定位。在教学活动中，教师和学生都是动态的。为了精准地捕捉教室内主要活动对象的行为，并有序展现各行为对象的不同镜头画面，录播系统必须采取有效的技术手段追踪行为对象的所在位置，避免出现空画面、空镜头、画面感不好等情况。

（4）场景自动切换。在全自动录制模式下，应根据需要对教师、学生、电子讲稿、教室场景等画面进行必要的切换。这种场景切换能较好地反映教学的动态全过程，尤其对教师的细节、学生的互动及板书有较精细的表现，使录制的视频画面更加生动、重点突出，以避免单幅画面的单调感与空洞感。

（5）网络直播点播。网络用户可以通过互联网、局域网等在线收看现场活动，也可以在线浏览录制的音视频文件。

3. 自动录播系统的应用

自动录播系统主要应用于精品课程资源库建设、精品课程课件与网络课件制作、精品课程示范教学、精品课程远程教学、数字微格教研评估、教学技能训练、专家报告会议录播、网上点播、自主学习等。

3.3.6 智慧教室

智慧教室是一种典型的智慧学习环境，是多媒体和网络教室的高端形态，它借助物联网技术、云计算技术和智能技术等构建而成。智慧教室包括有形的物理空间和无形的数字空间，各类智能装备可以辅助教学内容呈现、便于学习资源获取、促进课堂交互开展、实现情境感知和环境管理功能。智慧教室旨在为教学活动提供人性化、智能化的互动空间，通过物理空间与数字空间的结合、本地与远程的结合，改善人与学习环境的关系，在学习空间实现人与环境的自然交互，促进个性化学习、开放式学习和泛在学习。智慧教室将现代信息技术融入整个教学过程，让课堂变得简单、高效、智能，如图3-10所示。

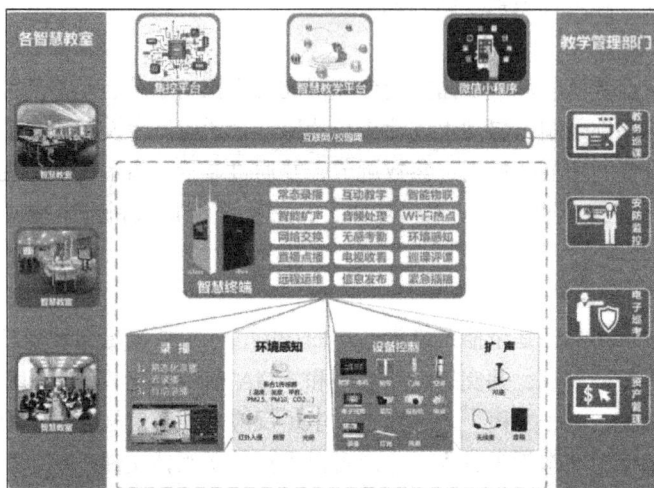

图3-10 智慧教室

1. 智慧教室的系统组成

智慧教室主要包括以下9个系统。

（1）教学系统。教学系统由内置电子白板功能的触控投影一体机、功率放大器、音箱、无线话筒、拾音器、问答器和配套控制软件构成。使用内置电子白板功能的触控投影机代替传统的黑板教学，实现无尘教学，保障师生的健康。利用教学系统，可以在投影画面上操作计算机；在每个桌位上配置问答器，实现师生交互式课堂教学。

（2）LED显示系统。LED显示系统由LED面板拼接而成，安装在教室黑板顶部，用于显示正在上课的课程名称、专业班级、任课教师、到课率和教室内各传感器采集的环境数据（室内温湿度、光照度、二氧化碳浓度等）。

（3）人员考勤系统。人员考勤系统由RFID考勤机、考勤卡和配套控制软件构成。在教室前后门各安装一个RFID考勤机，采用RFID标签（校园一卡通）对学生进行考勤统计，对进入教室的人员进行身份识别，对合法用户进行考勤统计，对非法用户进行告警。同时可通过Wi-Fi无线覆盖，远程对考勤情况进行监控、统计、存档和打印等。

（4）资产管理系统。资产管理系统由特高频RFID读卡器、纸质标签、抗金属标签和配套控制软件构成。在教室前后门各安装一个特高频RFID读卡器，对教室内的实验仪器、设备等资产（贴有RFID标签，标签上存储有设备的详细信息）进行监控与管理，对未授权用户把教室内资产带出教室进行告警，方便设备管理人员对教室设备的统一管理。

（5）灯光控制系统。灯光控制系统由灯光控制器、光照传感器、人体传感器、窗帘控制系统和配套控制软件构成。人体传感器用于判断教室内对应位置是否有人，此位置无人，则灯光控制系统及窗帘控制系统处于关闭状态；反之，处于工作状态。

（6）空调控制系统。空调控制系统由中央空调电源控制器、温湿度传感器和配套控制软件构成。温湿度传感器监测室内温度和湿度，根据软件预设值，当室内温度、湿度高于最高门限值时自动开启空调，当室内温度、湿度低于最低门限值时自动关闭空调，实现室内温度、湿度的自动控制。

（7）门窗监视系统。门窗监视系统由门窗磁模块及配套软件组成。门窗磁模块用于检测门和窗户的开关状态，并将状态信息及时上传至服务器；同时设置敏感时段，实施对窗户的自动监视和报警。

（8）通风换气系统。通风换气系统由抽风机、二氧化碳传感器和配套监控软件构成。二氧化碳传感器监测室内的二氧化碳浓度，根据软件预设值，当室内二氧化碳浓度高于软件门限值时自动开启抽风机来进行换气，通过补充室外空气来降低室内的二氧化碳浓度。

（9）视频监控系统。视频监控系统由 Wi-Fi 无线摄像头和配套监控软件构成。视频监控可为安防系统、资产出入库、人员出入情况提供查询依据。在教室前后门口各安装一个 Wi-Fi 无线摄像头监控人员和资产的出入库情况，在教室内安装一个 Wi-Fi 无线摄像头监控教室内部实时情况，所采集的影像经由远端射频单元传送至终端管理计算机，提供实时的监控数据。

2. 智慧教室的特点

（1）基于数据的教学。传统课堂主要依靠教师的个人教学经验对课堂上学生的学习行为进行判断和制定教学决策，智慧教室则根据学生学习行为大数据挖掘与分析来调整教学策略，用直观的数据来展示学生对知识掌握的水平，在课堂教学中实现了基于证据的教育新形态。

（2）高效的教学。利用现代信息技术打造智慧学习环境，用大数据构建高效课堂，极大提高了课堂教学效率。例如，使用情境感知、数据挖掘等方法可以提前预知学习者潜在的学习需求，在智慧教室中学习者可以通过资源订阅和智能推送的方式第一时间获取最新的学习资源，实现了教与学的立体沟通和交流。

（3）个性化学习。利用课前预习测评分析和课中随堂测验即时分析，能准确把握每名学生掌握知识的状况，实现对学生的个性化学习能力的评估，使老师对每一名学生的认知更清晰，有针对性地制定教学方案和辅导策略，推送个性化的学习资料，制作针对个人的"微课"，真正实现以学生为中心的"一对一"个性化教学服务。

（4）合作探究的学习方式。依据知识构建的需要，智慧教室中采取小组协商讨论、合作探究的学习方式，协作群组服务能够帮助有相同学习需求和兴趣的学习者自动形成学习共同体，就某个问题开展深入的互动交流，有利于实现对所学知识的意义建构。

（5）动态、开放的课堂。"动态生成"是新课标提倡的一个重要理念。课堂本质上是一个动态开放的系统，随着互联网、移动互联等新兴信息技术在课堂教学中的应用，课堂系统突破了时空限制。智慧教室不是主张机械地、封闭地传递和接受知识，而是鼓励课堂创新与开放，鼓励生成，积极为学生激发创新、发展智慧提供有利条件。

（6）机智、灵活的课堂。课堂教学是千变万化的，再好的预设方案也不能预见课堂上可能出现的所有情况。智慧教室要求教师要有随机应变的能力，根据教学进程中出现的新情况，基于动态学习数据分析和即时反馈，采取机智性行动，及时调整课前的教学设计，优化和改进课堂教学进程。

3.3.7　VR 教学环境

1．VR 的概念

VR，全称为 Virtual Reality，中文翻译为"虚拟现实"。虚拟现实技术是一种可以创建和体验虚拟世界的计算机仿真系统，它利用计算机生成一种模拟环境，是一种多源信息融合的、交互式的三维动态视景和实体行为的系统仿真，广泛应用于教育、娱乐、医疗、交通等各种行业。

虚拟现实是仿真技术的一个重要方向，是仿真技术与计算机图形学、人机接口技术、多媒体技术、传感技术、网络技术等多种技术的集合，是一门富有挑战性的交叉技术前沿学科和研究领域。虚拟现实技术主要包括模拟环境、感知、自然技能和传感设备等方面。模拟环境是由计算机生成的、实时动态的三维立体图像。感知是指理想的 VR 应该具有一切人所具有的感知。除计算机图形技术所生成的视觉感知外，还有听觉、触觉、运动等感知，甚至还包括嗅觉和味觉等，也称为多感知。自然技能是指人的头部转动、眼睛、手势或其他人体行为动作，由计算机来处理与参与者动作相适应的数据，并对用户的输入做出实时响应，分别反馈到用户的五官。传感设备是指三维交互设备。

2．VR 教学环境的特征

教学过程中，利用虚拟现实技术可以使学生产生身临其境的感觉，沉浸感和代入感极强。教师可以控制学生看到的内容，并实现同步和分布控制。VR 头盔里可以承载虚拟、实景等格式的全景画面。

与现实教育环境或设施相比，VR 教学的虚拟教育环境有如下特征。

（1）仿真性。VR 教学可以使学生通过虚拟设施进行训练，与在现实教学环境里同样方便。这是因为虚拟环境无论对于现实的环境或是对于想象的环境，都是虚拟且逼真的。VR 教学理想的虚拟环境应该达到使受训者难以分辨真假的程度，甚至比真的还"真"。

（2）可操作性。VR 教学中学生可通过使用设备，用人类的自然技能实现对虚拟环境的物体或事件进行操作，就像在现实环境里一样。可操作性是虚拟教育环境实际运用的必备特性，它使学生得以在学习中获得需要掌握的实际知识与技能，也使远程教育真正得以实现。

（3）开放性。VR 教学环境有可能给任何受训者在任何地点、任何时间里广泛地提供各种培训的场所。VR 教学环境具备可以进行类似于传统教学项目的环境，但它更擅长生成那种使学员置身于项目对象之中的逼真环境。凡是受训者可以通过有关器具操作来学习或掌握某种知识与技能的虚拟环境，都可以归于虚拟教学环境。

（4）对应性。VR 教学内容与虚拟环境密切对应。例如，学生要学习化学实验操作，那么虚拟环境就是化学实验室的模拟环境。另外，虚拟现实技术能按每名学生的基础和能力，对应性地开展个别化的教学。

（5）超时空性。VR 教学环境具有超时空的特点，它能够将过去世界、现在世界、未来世界、微观世界、宏观世界、宇观世界、客观世界、主观世界、幻想世界等拥有的物体和发生的事件单独呈现或进行有机组合，并可随时随地提供给学习者。例如，学生需要身临超越现实时空的环境，那么虚拟教学环境就可以提供历史环境或虚拟太空环境。

3．VR 教学的意义

（1）VR 技术使教学内容和教学活动更加"真实"。VR 教学适合对复杂、抽象的知识难点进行解答，如化学、天体运动、人类结构等。VR 技术可以通过在虚拟世界中建模的方式构造出抽象知识点的交互实例，从而让学生直观学习和了解这些抽象知识，还可以模拟出真实环境下难以实现的操作和直观的互动学习体验，让学生加深对知识的理解。

（2）VR 教学使学生有沉浸式交互体验。对于传统课堂的教学大纲和知识点，如烦琐的几何题、复杂的化学演示配比分析，如果仅是教师口头表达，学生不容易理解。VR 教学通过提供现场感强烈的虚拟现实"实操"机会，学生可以模拟触摸和操纵各种物品，还可以与数据集、复杂方程式、模拟化学配比进行互动。这种沉浸式交互体验提高了学生的学习效率。

（3）VR 教学更生动、有趣。传统课堂教学往往枯燥乏味，这是很多学生不爱学习的重要原因。VR 教学摆脱了单纯的文字和图片，学生沉浸在仿真环境中学习，能真正体验到学习的乐趣。

（4）VR 实验室更安全、实用。VR 技术让原本昂贵的实验材料得以循环利用，做到"随处可取"，有效降低了实验成本。在虚拟现实实验室，不用担心有毒物质危害师生健康，也无须害怕意外爆炸使师生受伤，实验教学更安全。

微课视频

扫描二维码，观看教学视频。

3.1 教学媒体概述		3.3 信息化教学环境	
3.2 新型教学媒体		3.4 拓展资源：录播系统	

练习与实践

一、练习

1. 填空题

（1）多媒体教室由＿＿＿＿＿＿、＿＿＿＿＿＿、＿＿＿＿＿＿、＿＿＿＿＿＿、＿＿＿＿＿＿和＿＿＿＿＿＿等设备组成。

（2）根据网络教室中学生机、教师机等网络设备的布局，多媒体网络教室可以分为＿＿＿＿＿＿、＿＿＿＿＿＿、＿＿＿＿＿＿、＿＿＿＿＿＿等。

（3）语音教室的类型可分为＿＿＿＿＿＿、＿＿＿＿＿＿、＿＿＿＿＿＿、＿＿＿＿＿＿、＿＿＿＿＿＿、＿＿＿＿＿＿、＿＿＿＿＿＿7 种。

（4）微格教学系统是一个可控制的实践系统，它一般由＿＿＿＿＿＿、＿＿＿＿＿＿、＿＿＿＿＿＿3 个部分组成。

（5）自动录播系统的主要功能有＿＿＿＿＿＿、＿＿＿＿＿＿、＿＿＿＿＿＿、＿＿＿＿＿＿、＿＿＿＿＿＿。

（6）智慧教室一般包括＿＿＿＿＿＿、＿＿＿＿＿＿、＿＿＿＿＿＿、＿＿＿＿＿＿、＿＿＿＿＿＿、＿＿＿＿＿＿、＿＿＿＿＿＿、＿＿＿＿＿＿、＿＿＿＿＿＿9 个系统。

2. 问答题

（1）教学过程中如何合理使用交互式电子白板、多媒体触控一体机和电子书包？

（2）选择教学媒体的主要依据是什么？

二、教学实践活动

参观多媒体教室、微格教室、多媒体网络教室，实地了解设备基本构成及相应的教学功能。

三、技术实践活动

（1）阅读液晶投影仪、数字视频展示台、交互式电子白板等设备的使用说明书，通过实际操作掌握多媒体设备的基本连接。

（2）熟悉各种多媒体设备的操作方法及使用注意事项。

第4章
信息化教学资源的获取与处理

学习目标

（1）记忆：图像、音频、动画和视频的不同类型和格式。

（2）理解：资源编辑软件的功能及作用。

（3）应用：①能够熟练应用相关软件对已收集的图像、音频、动画和视频等资源进行简单的加工和处理；

②能够通过有效的网络资源检索和收集优秀教学资源网站信息，为教学选择合适的素材资源。

知识结构

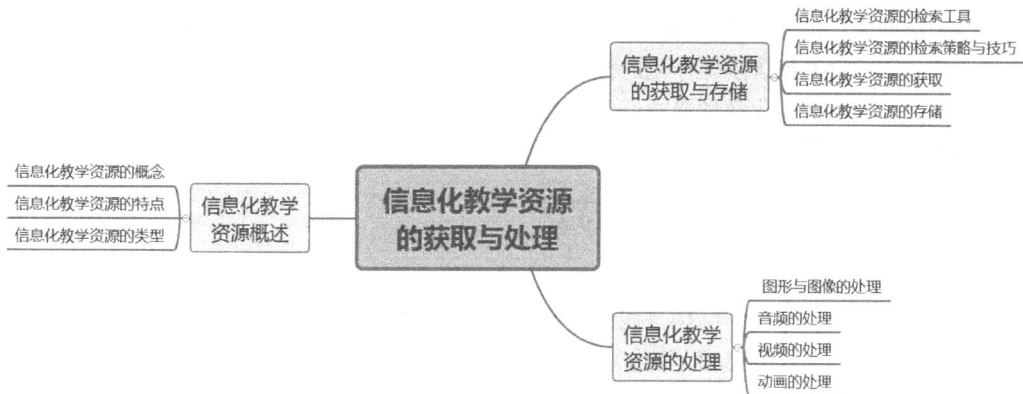

学习建议

本章主要介绍提高课堂教学效果的技术。这部分的内容强调边学边做，可以通过教师引导、学习者自学、动手尝试、小组讨论、全班交流的方式进行学习。建议学习者结合线上资源，通过小组交流，探讨更多自己喜欢的关于资源编辑加工的技术和技巧；建议学习者结合不同学科的具体教学内容和教学特点，深入研究如何将本章的教学资源运用在自己的学科学习活动中。

案例引导

信息化教学已经成为现代教育的重要辅助手段，对提高教学效率具有重要意义，而信息化教学资源的建设又是其中重要的一环。

教学媒体素材包含多种媒体信息元素，主要有文字、图形、图像、声音、动画、视频等。多媒体素材丰富多样，在具体的教学过程中要根据表现内容、学习者特征等因素恰当地进行素材的选用。一个好的多媒体教学课件与精致化的素材是分不开的，而间接得来的素材多数情况下不能达到预期的效果，所以需要对素材进行处理。

4.1 信息化教学资源概述

4.1.1 信息化教学资源的概念

信息化教学资源的概念，一方面随着信息化教育、信息化教学等概念的出现而出现，另一方面也随着数字技术对传统的教科书、报刊、幻灯、广播、录像、电唱机、电视、电影、激光视盘等资源的整合而产生。现在信息化教学资源的范围是非常广泛的，网络教学资源、网络学习资源、多媒体教学资源、信息化课程资源、现代远程教育资源等都称为信息化教学资源。

1. 教学资源的含义

资源是一切可被人类开发和利用的物质、能量和信息的总称。教学资源是一切可被师生开发和利用的，在教与学过程中使用的物质、能量和信息的总称。

2. 信息化教学资源的含义

信息化教学资源是以信息技术为基础和核心，蕴含了大量的教育信息，能够为信息化教学提供支持和帮助的所有有价值的及有作用的物质、能量和信息的总称。

信息化教学资源依据不同的标准可分为不同的类型。

依据表现形态，信息化教学资源可分为硬件资源和软件资源。硬件资源包含计算机、其他设备、场所等；软件资源包含多媒体化的教学材料与支持教学活动的工具性软件。

依据本质属性，信息化教学资源可分为人力资源和非人力资源。人力资源是指促进学习者学习的个体和促进学习者学习的群体；非人力资源是指教学信息、教学媒体、教学场所等。

4.1.2 信息化教学资源的特点

1. 组织的非线性化

传统的教学信息，其组织结构是线性而有序的；人的思维、记忆呈网状结构，可以通过联想选择不同的路径来加工信息。因此传统教育制约了人的智慧与潜能的调动，限制了自由联想能力的发展，不利于创新能力的培养；而多媒体技术具备综合处理各种多媒体信息的能力和交互特性，为教学信息组织的非线性化创设了条件。

2. 处理和存储的数字化

多媒体计算机的数字转换和压缩技术，能够迅速实时地处理和存储图形、文字、声音、图像等各种教学信息，从而增加信息容量，提高信息处理和存储的可靠性。

3. 传输的网络化

网络技术的发展与普及，特别是各级教育网络的建立，使教学信息传递的形式、速度、距离、范围等发生了巨大变化，从而为远程教育、虚拟实验室等新教育形式的产生和发展奠定了基础。信息化教学资源可通过网络终端和移动终端随时随地地获取，有利于实现个性化学习、协作式学习及跨时空的资源共享。

4. 教育过程的智能化

多媒体计算机教育系统具有智能模拟教学过程的功能，学生能够通过人机对话来自主地进行学习、复习、模拟实验、自我测试等，并能够通过实时地反馈实现交互，从而为探究型学习创设条件。

5. 资源的系列化

随着教学信息化程度的提高和现代教育环境系统工程的建立，现代教材体系也逐步成套化、系列化、多媒体化，这使得人们能根据不同的条件、不同的目的、不同的阶段，自主有效地选用相应的学习资源，为教育社会化、终身化提供了保障。

4.1.3　信息化教学资源的类型

信息化教学资源有多种类型，具体分为电子图书、媒体素材、教学课件、教学案例、网络课程、认知工具、仿真系统、教育游戏 8 种类型。

1. 电子图书

电子图书是指借助数字文件存在的，通过计算机、手机、平板电脑、电子阅读器等设备显示的图书。

2. 媒体素材

媒体素材是传播教学信息的基本材料单元，可分为文本类、图形/图像类、音频类、视频类、动画类。

3. 教学课件

教学课件是用来对一个或几个知识点实施相对完整教学的软件，根据运行平台不同可分为网络版课件和单机运行的课件。

4. 教学案例

教学案例是记录教育教学过程中的教学活动、各种媒体元素组合表现的具有现实指导和教学意义的代表性事件或现象的资源。

5. 网络课程

网络课程是通过网络表现某门学科的教学内容及实施的教学活动的总和，它包括按一定的教学目标、策略组织起来的教学内容和网络教学支撑环境。

6. 认知工具

认知工具是帮助学习者完成对信息搜集、整理、处理，且能有效促进学习者思考和认知的操作工具。

7. 仿真系统

仿真系统是运用虚拟仿真技术开发的用于特定技能训练的软件。

8. 教育游戏

教育游戏是根据教学需要，在一定的学习理论和游戏理论指导下开发的，兼顾教育特性和游戏特性，同时承载着一定的教育和娱乐目的，能够实现寓教于乐的计算机软件。

4.2　信息化教学资源的获取与存储

每位教师的信息化教学能力与教师的学习能力、研究能力密切相关，直接影响到教师的专业发展和教学水平的提高。能够熟练地在移动互联网时代获取新思想、新信息、新技术，在海量的互联网信息资源中高效率获取自己最需要的信息，并能够选择合适的存储方式来存储资源，对教师的专业成长至关重要。下面将对信息化教学资源的检索工具、资源检索策略与技巧、资源的获取及存储进行详细的介绍。

4.2.1　信息化教学资源的检索工具

1. 全文搜索引擎

现在最常用的信息检索工具是全文搜索引擎，它从互联网上提取各个网站的信息（以网页文字为主）而建立起数据库，并检索与用户查询条件相匹配的记录，然后按一定的排列顺序将结果返回给用户。

2. 目录搜索引擎

目录搜索引擎是由信息管理专业人员在广泛搜集网络资源与加工整理的基础上，按照某种主题分类体系编制的一种可供检索的等级结构式目录。

3. 元搜索引擎

元搜索引擎在接受用户查询请求时，同时在其他多个引擎上进行搜索，并将结果返回给用户。这种搜索引擎可以汇集多个搜索引擎结果，并拥有自动分类整理、自动去掉重复结果、网络收藏夹等功能，从而极大减少了整合资料的时间。

4. 全文数据库

电子文献资源是最常用的信息化教学资源之一。在获取电子文献资源时，可以直接登录各个专业电子期刊、电子图书、学位论文数据库进行检索。全文数据库集文献检索与全文提供于一体。

5. 教育专题网站

ERIC 教育资源信息中心、K12 中国中小学教育教学网、国家教育资源公共服务平台、精品开放课程共享系统、英特尔®未来教育项目。

4.2.2　信息化教学资源的检索策略与技巧

1. 常用的信息化教学资源检索的方法

（1）利用专业网站或专题网站进行检索

搜索教育教学专业网站和资源网站，可以高效地找到教学资源和素材。目前互联网上针对中小学各个学科都会有成百上千家教学资源网站，这类网站数量众多，既包括教育门户网站，又包括各种学科资源网、教学网、主题网站等。这类网站提供了大量的、适合的、高质量的教学资源，它们是我们找到合适教学资源的最佳场所。

常用的出版社教材资源网站和综合教育资源网站，如人民教育出版社网、北师大版基础教育教材网、西南师范大学出版社课标教材网、国家基础教育资源网和 K12 中国中小学教育教学网。

（2）利用搜索引擎搜索

搜索引擎是对互联网上的信息资源进行搜索、整理，供用户查询的数据库系统，它是一个优秀的检索工具。在大多数情况下，搜索引擎是用来查找明确信息的最佳手段，如百度搜索引擎、谷歌搜索引擎。搜索引擎的使用方法如下。

① 确定合适的搜索引擎：网络提供的多种搜索引擎在查询范围、检索功能等方面各具特色，用户应针对不同信息选用恰当的搜索引擎。

② 选择合适的关键词：关键词是反映主题概念的词或词组。搜索引擎会根据输入的关键词，自动检索出包含关键词的信息。关键词的选择决定了检索结果的相关性和有效性。为了提高查询

结果的相关性和有效性，关键词的选择应遵循以下原则。

准确性原则：关键词的准确选取是获得有效搜索结果的前提，因此，选取的关键词应能准确反映所要查找信息的主题概念，应避免选用含糊不清的词汇。

精简性原则：目前的搜索引擎并不能很好地处理自然语言，因此，在提交搜索请求时，应尽可能将搜索目标精练成一个或多个关键词。当使用多个关键词检索资源时，应运用搜索引擎的语法规则，输入恰当的检索表达式，这样可以缩小查找范围以提高检索的成功率。

2．几种常用的搜索技巧

（1）多个关键词的使用

输入多个词语搜索（不同词语之间用一个空格隔开）可以获得更精确的搜索结果。例如，想了解上海世博会的相关信息，最好先使用含义较广的词语开始搜索，然后逐步缩小范围。切记在搜索框中输入的关键词不是越多越好，关键词相当于限制条件，过多的关键字有可能导致检索到的内容太少，甚至检索不到。

（2）使用逻辑运算符

计算机化的搜索机制是建立在逻辑运算的基础上的，熟悉逻辑运算符的用法将有助于在网上查找资料。当可供选择的信息太多或者得到的是错误结果时，逻辑运算符可用来缩小范围。逻辑运算符有以下 3 种。

① AND：返回的结果满足每一个条件。

② OR：返回的结果满足其中一个条件。

③ NOT：返回的结果排除条件所要求的记录。

（3）使用高级搜索语句

① intitle：搜索范围限定在网页标题中。例如："资源　intitle:教育信息化"。

② site：搜索范围限定在特定站点中。例如："教学资源　site:wenku.baidu.com"。

③ filetype：搜索范围限定在特定的文件类型中。例如："教学资源　filetype:pdf"。

4.2.3　信息化教学资源的获取

信息技术已经融入生活、工作及学习，作为教师，要充分发挥好自身的信息技术优势，更好地利用信息技术解决自己遇到的问题。下面将对获取教学资源的途径进行一个简单汇总，以便快速找到教学所需资源，以此提高工作效率，全面提升教师的个人信息化教学能力。

1．图形、图像资源的获取方法

（1）网络下载图形/图像资源

利用互联网获取相应的图形/图像资源。

（2）屏幕图像的捕捉

① 利用 Windows 操作系统自带截屏功能截取。按"PrintScreen"键将当前屏幕上的内容复制到剪贴板，或按"Alt+PrintScreen"键将当前活动窗口复制到剪贴板，然后在 Word 软件中执行"粘贴"命令即可插入屏幕截图。

② 利用屏幕抓图软件截取。如利用 Hyper Snap 屏幕抓图软件截取需要的区域、当前活动窗口界面等，然后直接保存即可得到图像。

（3）用数码相机、手机或扫描仪获取

利用相机、手机拍摄所需的素材，或者用扫描仪对纸质资料进行扫描来获取素材。

（4）从视频中截取图像

利用爱奇艺万能播放器、QQ影音、Windows Media Player、豪杰超级解霸等软件截取视频中的图像。

（5）绘图软件绘制

利用画图、Painter、Photoshop、CorelDRAW、AutoCAD、Flash等软件进行所需素材的绘制。

2．音频资源的获取

（1）录制

可以用Windows操作系统自带"附件"中的"录音机"进行录制，也可以用一些专业的录音软件来录制，如Cool Edit Pro、Adobe Audition、Samplitude等。

（2）下载

在一些音频网站上下载音频，如淘声网、耳聆网。

（3）截取

利用音频编辑器截取相应的音频片段，如Adobe Audition CC、Sound Forge等。

（4）转换

利用文字转语音播音系统软件进行语音转换，如ChsToVoice文字转语音播音系统。

3．视频资源的获取

（1）网络下载视频资源

从网络下载视频资源是一种简单、快捷的资源获取方式，常用的下载视频资源软件有迅雷、电驴等。

（2）截取视频片段

常用的视频编辑软件有Premiere、Edius、会声会影、视频截取专家、视频剪切合并器、狸窝等，也可通过常用的视频播放器（暴风影音、QQ影音等）截取视频片段。

4．动画资源的获取

（1）网络下载动画资源

可通过互联网搜索并下载动画资源。

（2）动画制作开发工具

① 二维动画制作软件，如Adobe Flash。

② 三维动画制作软件，如3D Max、Maya。

③ GIF动画制作软件，如Ulead Gif Animator、GIF Movie Gear。

4.2.4　信息化教学资源的存储

信息化教学资源具有容量大、形式丰富多样等特点，典型的信息化教学资源存储方式有U盘存储、移动硬盘存储、刻录光盘存储和云盘存储4种。

1．U盘存储

U盘存储的优势如下。

（1）小巧便捷。

（2）存储容量大。

（3）价格便宜。

（4）性能可靠。

（5）防潮防磁。

（6）耐高温。

2. 移动硬盘存储

移动硬盘存储的优势如下。

（1）存储容量大。

（2）便捷轻巧，支持热插拔。

（3）存取速度快。

（4）可靠性好。

3. 刻录光盘存储

将数据刻录在光盘上永久保存是存储数据、备份数据的一种常用方法。进行光盘刻录需要刻录机、空白光盘等硬件设备，也需要相关刻录软件，如 Nero、ONES 等。

4. 云盘存储

云盘存储通过互联网为企业和个人提供信息的存储、读取、下载等服务。具体来说，它是为用户提供存储容量大、免费、安全、便捷、稳定的跨平台文件存储、备份、传递和共享服务。

4.3　信息化教学资源的处理

4.3.1　图形与图像的处理

1. 图形与图像

图形/图像作为多媒体课件中主要的多媒体元素，不仅可以反映多媒体课件的界面外观，而且可以表达设计思想。它们以真实的场景、人物等为素材，以极强的表现力与感染力来合理地表现课件中比较抽象、学生难以理解的知识内容，增强了多媒体课件的教学效果。

（1）图形

图形是指由轮廓线条构成的图，即由计算机等绘制的直线、圆、矩形、曲线等构成。它适用于描述轮廓不很复杂、色彩不是很丰富的对象，如几何图形、工程图纸、3D 造型等。

（2）图像

图像是指用扫描仪、摄像机等输入设备捕捉实际的画面产生的数字图像，它是由像素点阵构成的。它适合表现层次细致、色彩丰富、包含大量细节的对象。

根据图形/图像在计算机中表达与生成方法的不同，可以分为位图和矢量图两大类：位图是由描述图形/图像中各个像素点的强度与颜色的数位集合组成，适用于具有复杂色彩、虚实丰富的图像，如照片、绘画等。当位图文件尺寸被放大时，图像会被虚化。位图素材一般通过扫描机和数码相机等输入设备来获得，常见的处理软件有 Adobe Photoshop、ACDSee、光影魔术手、美图秀秀等。位图常用的格式有 BMP、JPG、GIF、PNG 等；矢量图是通过一组指令集来描述图形的，这些指令用来描述构成一幅图的所有直线、圆、圆弧、矩形、曲线等的位置、维数、大小和形状。矢量图文件尺寸被放大时，图像不会被虚化。矢量图素材一般是通过矢量图绘制软件或图形处理软件来获得，常见的软件有 CorelDRAW、Illustrator 等，矢量图常用格式有 CDR、AI、DWG、EPS 等。

2. 利用画图软件处理

画图软件是 Windows 操作系统自带的一个位图绘制程序。它提供了一些简单、实用的图像制作和编辑工具，使用该程序不仅可以进行绘画，还可以对已有图片进行修改处理，操作方便、简单易学。

（1）绘制简笔图画

在此以绘制一幅房子图为例，来了解一些常用画图工具的使用方法。

① 启动画图软件，选择【图像】|【属性】命令，根据需要修改画布的大小。

② 画房子。选择多边形工具，绘制梯形作为房顶。在绘制水平边的时候可以按住 "Shift" 键以保证线的水平。选择矩形工具，绘制房子、门、窗户和烟囱。选择椭圆工具绘制烟圈，烟圈一个比一个大。如果画错，可以通过选择【编辑】|【撤销】命令或者用擦除工具消除错误部分，或者用选择工具框选错误部分后按 "Delete" 键删除。

③ 填充颜色。选择填充颜色的工具，在颜料盒中单击选择合适的颜色，在各个形状内单击进行填充。注意各形状必须是封闭的，否则将对整幅图进行填充。完成后的效果如图 4-1 所示。

④ 绘制太阳。选择椭圆工具并按住 "Shift" 键绘太阳，选择直线工具绘制光线，这里光线为黑色，太阳铺淡灰色。彩绘时，光线可以选一种黄色系列的颜色绘制，给太阳填充黄色。如果颜料盒中没有所需颜色，可双击颜料盒打开【编辑颜色】对话框进行自定义，绘制效果如图 4-2 所示。

图 4-1　绘制并填充颜色后的房子　　　　　　　图 4-2　绘制太阳

⑤ 绘制云朵。选择椭圆工具绘制多个椭圆并交叉在一起，如图 4-3（a）所示。然后选择橡皮工具擦去内部的线条，保持外部轮廓线，如图 4-3（b）所示。擦除时可以选择放大工具将局部放大后再擦除，这样做不容易出现缺口。用同样的方法再绘制几片云朵。

⑥ 绘制树木。用绘制云朵的方法绘制树木。选择曲线工具，先拖出一条直线，然后在直线外单击并拖动形成曲线弧度，调整合适后再次单击确认，以此方法完成树干的绘制。最后绘制树冠并填充深灰色（彩绘时，可选深绿色）。整体效果如图 4-4 所示。

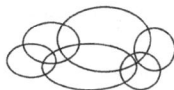

（a）交叉的椭圆　　（b）擦除后的云朵效果

图 4-3　绘制云朵　　　　　　　　　　　图 4-4　整体效果

（2）擦除笔画或修改线路图

制作课件经常会用到按笔画顺序书写一个字的动画效果，这需要提前把一个字分解制作成一张笔画图片，在画图软件中利用橡皮工具很容易实现。下面以 "冰" 字为例加以说明。

① 启动画图软件，选择文字工具，在画布上输入 "冰" 字，选中该字，在字体属性栏选择字体为楷体，输入字号为 200（参考值），按 "Enter" 键，选择【文件】|【保存】命令，将文件

命名为 "6"，默认格式为 BMP。

② 使用橡皮工具擦除最后一笔 "捺"。为了擦除得更精确，可以使用放大工具将文字放大后进行擦除，如图 4-5 所示。橡皮擦的大小可以根据需要在工具栏的样式栏里进行选择。擦除后，选择【文件】|【另存为】命令，将图片命名为 "5"，如图 4-6 所示。

图 4-5　放大 "冰" 字进行擦除　　　　　　　　图 4-6　擦除后保存

③ 重复上一步依次擦除其他的笔画并保存，直到第一笔 "点"。这样 6 张笔画图就制作完成了，如图 4-7 所示。

图 4-7　"冰" 字的笔画图

（3）制作物体的组成介绍图

在介绍一个物体的组成或者某个软件主界面的时候，需要将各组成部分用线条和文字标出，使用画图软件能够方便、快捷地实现。下面以视频展示台的组成介绍图为例进行说明。

① 搜索一张视频展示台的图片，如图 4-8（a）所示。打开图片并在图片上用鼠标右键单击，选择【复制】命令。启动画图软件，选择【编辑】|【粘贴】命令，将图片粘贴到画图软件中。

② 用直线工具和文字工具对各组成部分进行标识，标识后的效果如图 4-8（b）所示。

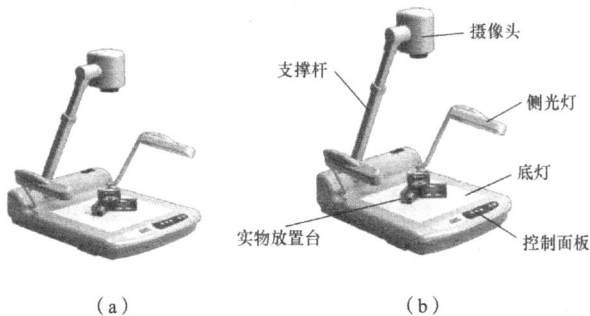

（a）　　　　　　　　　　　　　　（b）

图 4-8　视频展示台组成介绍

> **注意**
>
> 输入过程中要对文字进行移动时，可以将鼠标指针放置在文字输入边框上，变成 ✛ 形状时进行拖动。如果输入确定后，就只能通过选择工具框选文字后再拖动了。

3. 利用 Photoshop 软件处理

Photoshop 是美国 Adobe 公司开发的具有强大图像处理功能的平面设计软件。如果在制作教学课件时，收集到的图片素材不能直接应用于教学，或者需要制作一些特殊效果的文字或按钮，就可以用 Photoshop 来实现。

（1）Photoshop 的界面组成与主要的功能

Photoshop CS5 的界面如图 4-9 所示。菜单栏里包含了 Photoshop CS5 中几乎所有的命令；选项栏主要用于设置当前工具的基本参数，因此会随着工具的变化而变化；浮动面板允许随意组合，形成面板组，各浮动面板可根据需要设置显示与隐藏；Photoshop CS5 的工具栏尤其重要，对图像的操作都是通过相应的工具实现的。图 4-10 所示为 Photoshop CS5 的工具栏。

图 4-9　Photoshop CS5 的界面

① 选择工具用来绘制选区并对其进行处理，选择该类工具后在图像上拖动鼠标指针，即可确定所需的区域。选择工具有以下两种类型。

规则型选择：有矩形、椭圆形、单行和单列选框工具。

不规则型选择：有魔棒工具和套索类工具，魔棒工具选择的是相同颜色的范围，套索类工具可以选取任意形状的区域。

② 常用的画笔工具有画笔工具、历史记录画笔工具、钢笔工具和形状工具。画笔工具通过参数设置可以模拟画笔和铅笔在图像上绘制丰富的画笔效果。历史记录画笔工具可以对编辑和修改过的图像进行恢复。钢笔工具以路径形式自由绘制图形，并结合锚点增删、转换点工具对图形进行修改。形状工具可以创建各种规则的几何形状或路径。

常用的修饰工具有修复类工具（如污点修复画笔工具）、红眼工具和仿制图章工具。修复类工具可以对图像中有污点、划痕、破损的部分进行修复，使图像恢复原貌或更加美观。红眼工具可以去掉照片中的红眼现象。仿制图章工具是以某一定点为仿制基准点，对周围的图像区域进行复制（设置基准点时要按住 "Alt" 键并单击），然后松开 "Alt" 键并移动鼠标指针到想要仿制的位置，按住鼠标左键在该区域拖动鼠标进行仿制即可。

③ 图层操作是 Photoshop 的核心功能之一，图层就像一张张画有图像的透明胶片，它们叠加在一起形成一幅完整的图。图层的操作有新建、选择、删除、合并、添加图层样式、链接图层、

显示或隐藏图层等（见图 4-11），如对某一图层上的图像进行操作前就必须先选中该图层。图层最大的优点就在于修改某一图层不会影响到其他图层。

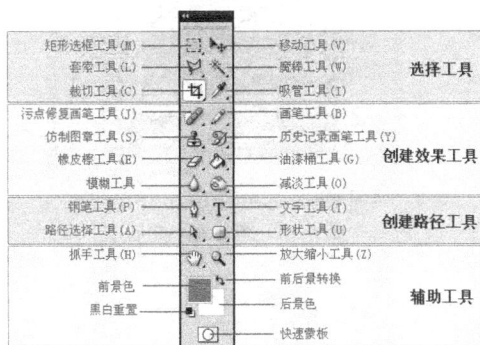

图 4-10　Photoshop CS5 的工具栏

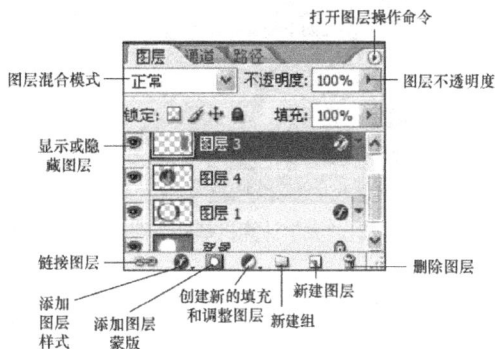

图 4-11　Photoshop CS5 图层面板的组成

④ 图像色彩调整命令可以通过选择【图像】|【调整】命令打开，常用的有色阶、色彩平衡、亮度/对比度、色相/饱和度、去色等。色阶可以对图像中的亮调、暗调和中间区域分别进行调整，通常用来调整图像对比度，校正图像偏色。色彩平衡可以通过增加某一颜色的补色来去除某种颜色，通常用来调整照片偏色。亮度/对比度可以调整图像的亮度和明暗对比程度。色相/饱和度可以改变图像的颜色种类、鲜艳程度和亮度。去色可以去除图像中的所有色彩，得到灰度图像效果。

⑤ 通道主要用来保存和调整图像色彩信息，它包括几种通道类型，但最常用的是颜色通道和 Alpha 通道。

颜色通道是保存图像颜色信息的通道。根据图像颜色模式的不同，颜色通道的种类也各异。如 RGB 模式的图像，包括红色、绿色和蓝色 3 个颜色通道，每个颜色通道显示的都是与之对应的颜色信息。

Alpha 通道的意思是"非彩色"通道。它最基本的功能用于保存选取范围。在 Alpha 通道中，白色表示选区，而黑色表示非选区。

⑥ Photoshop 的文字编辑和处理功能非常强大。除了可以输入文字和设置文字格式外，还可以使用路径修改工具和路径绘制工具随意对文字进行变形，根据路径绕排产生各种艺术字、变体美术字和文字图形效果。

（2）Photoshop 制作与处理实例

用 Photoshop CS5 设计、制作"大学计算机基础"课程的课件界面，其最终效果如图 4-12 所示。制作过程由两部分组成：一是左下角的计算机标志图片设置；二是课件界面整体设计与制作。

过程 1：计算机标志图片设置。

① 打开图片"计算机.jpg"，双击图层面板中的缩略图，出现"新图层"面板，输入"计算机"作为图层名称，其他保持为默认状态，单击【好】按钮。

② 选择"计算机"图层，选择【编辑】|【变换】|【缩放】命令，按住"Shift"键保持比例缩小图片，并将其移动到画布的中央，如图 4-13 所示。

③ 双击"计算机"图层的缩略图，打开【图层样式】对话框，选择【外发光】样式，分别设置混合模式、扩展、大小，发光颜色设置为浅青色，其他选项保持默认，单击【确定】按钮，如图 4-14 所示。得到计算机图片外发光的效果，如图 4-15 所示。完成计算机标志图片的设置，保存为"计算机标志图片.psd"。

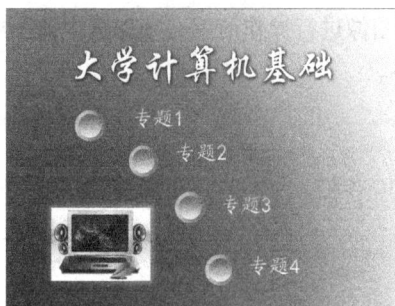

图 4-12 "大学计算机基础"课程的课件界面

图 4-13 图片缩小并居中

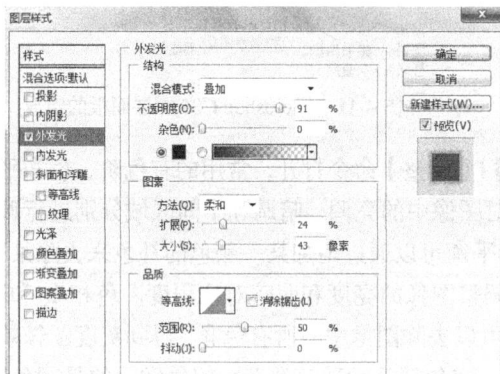

图 4-14 图层样式设置

图 4-15 外发光效果

过程 2：课件界面整体设计与制作。

① 新建一个 800px×600px（像素）的文件"界面"，分辨率设置为 300dpi，选择渐变填充工具，设置前景色由蓝色渐变到白色，然后用径向填充，加上黑色描边，宽度为 1 像素，效果如图 4-16 所示。

② 新建按钮图层，选择椭圆工具，按住"Shift"键在左下角画出一个小圆按钮，填涂绿色。在"样式"面板中，为小圆按钮选择"雕刻天空（文字）"样式，如图 4-17 所示。复制按钮图层 3 次，得到另外 3 个相同的按钮，并将它们重新排放在相应位置上，如图 4-18 所示。

图 4-16 填充效果

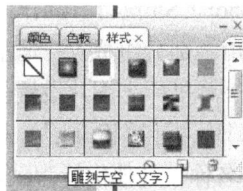

图 4-17 "样式"面板

③ 在界面的上部添加课程名称"大学计算机基础"，字体、字号为华文行楷、36 点，在【图层样式】对话框中选择【投影】样式，设置扩展为 10、大小为 20，其他选项保持默认，效果如图 4-19 所示。

④ 打开"计算机标志图片.psd"，用移动工具拖动图片到"界面"文件上，选择【编辑】|【变换】|【缩放】命令，把计算机标志图片放到"界面"的左下角，如图 4-20 所示。

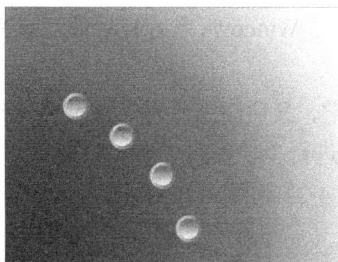

图 4-18　按钮效果

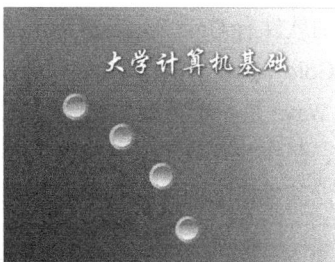

图 4-19　文字效果

⑤ 为 4 个按钮添加标题文字，并设置文字图层样式为渐变叠加，渐变颜色设置为白色到粉色过渡，最后观察整体效果，可以将"大学计算机基础"几个字适当调大，并居中放置，得到最终效果如图 4-21 所示。

图 4-20　计算机标志图片的位置

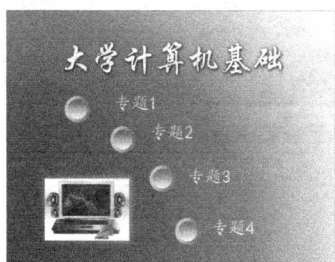

图 4-21　最终效果

4.3.2　音频的处理

声形并茂、声色俱佳的多媒体课件不仅能够活跃教学气氛，调动学生的学习积极性，还可以使教学更生动形象，达到事半功倍的效果。声音素材可以渲染和烘托气氛，对强调主题具有积极意义，合理地使用可以增加课件的感染力。

1. 声音素材的类型

一般教学中要用到的声音素材分为解说、音乐、音效 3 类。解说具有很强的逻辑性，能够系统、完整地表达概念和理论。在配合画面、传递信息、塑造形象、渲染气氛、抒发感情、组接画面和介绍知识等方面，解说可以发挥巨大的作用。音乐所表现的思想不能像文字那样具体、准确，不能像绘画那样清晰可见，但是它在感情上的概括能力是很强的。音效包括自然界中的声音，主要有风声、雨声、笑声、鸟鸣声、流水声等，这些声音可与画面融合在一起，模拟出一个真实的世界，有助于学生判断周围的环境。

2. 声音素材的格式

常用的声音素材格式有 WAV、MIDI、MP3 等。WAV 文件是一种波形声音文件，所需存储空间较大，适合存储简短的声音片断。MIDI 是数字音乐电子合成器的统一国际标准，MIDI 的数据量很小，适合存储背景音乐。MP3 是一种高压缩比的专门用于存储音乐的音频格式，能够在音质损失很小的情况下把文件压缩到很小，而且还非常好地保持原来的音质，是目前网上流行的音频格式。

3. 声音素材的采集与处理

声音素材可以通过录制、网上下载或从 CD、VCD、DVD 中截取的方法收集。常用的录制和处理声音的软件有 Gold Wave、Cool Edit Pro、Audio Editor、Windows 系统自带的"录音机"等。

（1）Gold Wave

Gold Wave 是一个典型的音频编辑处理软件，简单易学，其功能主要有声音录制、声音剪辑、合成声音、制作特殊效果、转换保存等。Gold Wave 只能进行单轨编辑，所以只能做一些简单的音效处理。其操作界面由音频编辑器和播放器组成，如图 4-22 和图 4-23 所示。

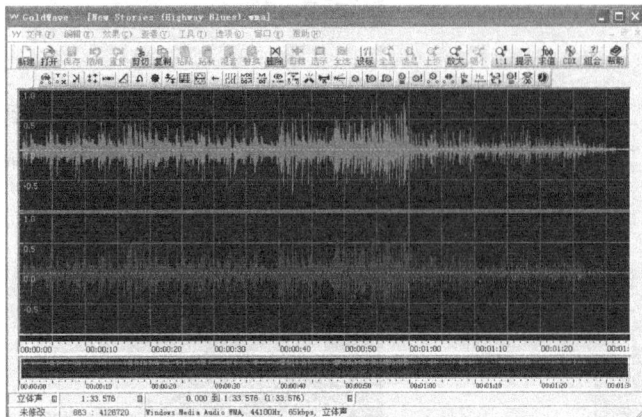

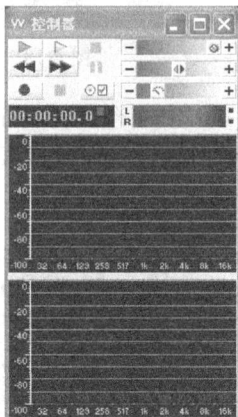

图 4-22　Gold Wave 音频编辑器　　　　　　　　图 4-23　Gold Wave 播放器

① 利用 Gold Wave 制作回声效果

步骤一：打开要进行编辑的声音文件"心愿.mp3"，如图 4-24 所示。

步骤二：在工具栏中单击【回声效果】按钮 ，打开【回声】对话框，如图 4-25 所示。

步骤三：设置选项包括回声数、延迟时间、回声音量及反馈效果，并随时单击对话框中的【试听】按钮进行效果监听，直到满意为止。

步骤四：保存文件。

图 4-24　打开文件效果　　　　　　　　　　　图 4-25　【回声】对话框

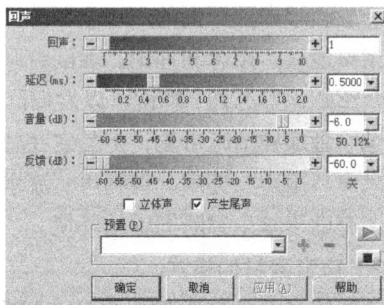

② 利用 Gold Wave 录制配乐诗朗诵

步骤一：　打开背景音乐文件，为其制作淡入效果。选定要进行淡入的选区，如图 4-26 所示。单击 按钮，打开【淡入】对话框，如图 4-27 所示。对淡入效果进行设置，单击【确定】按钮得到淡入效果波形，如图 4-28 所示。

步骤二：为背景音乐制作淡出效果。选定要进行淡出的选区，如图 4-29 所示。单击 按钮，打开【淡出】对话框，如图 4-30 所示。对淡出效果进行设置，单击【确定】按钮得到淡出效果波形，如图 4-31 所示。

步骤三：打开诗朗诵文件。

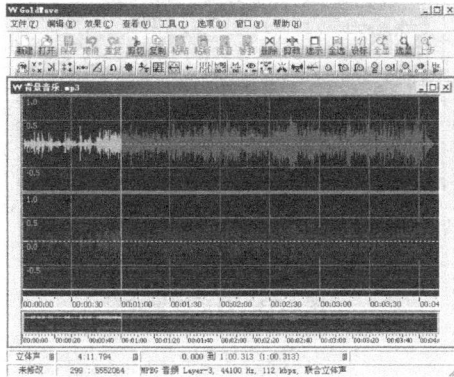

图 4-26　淡入选区

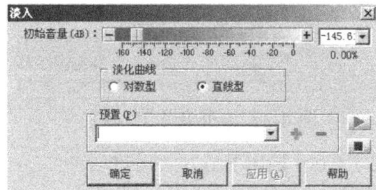

图 4-27　【淡入】对话框

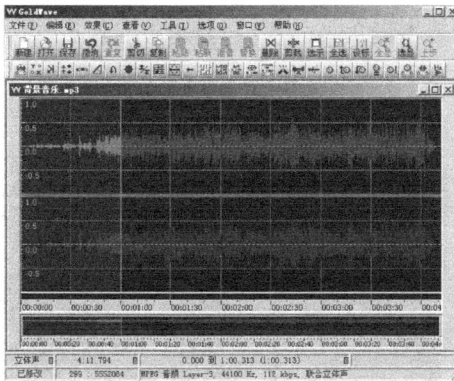

图 4-28　淡入效果波形

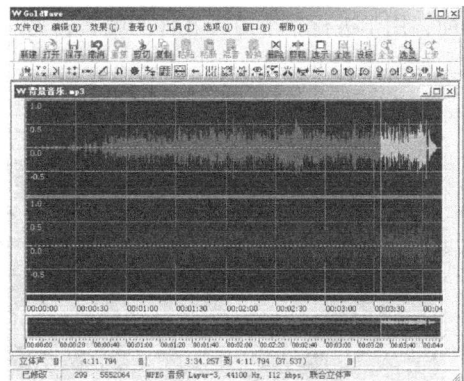

图 4-29　淡出选区

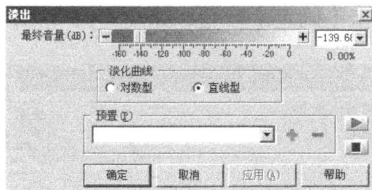

图 4-30　【淡出】对话框

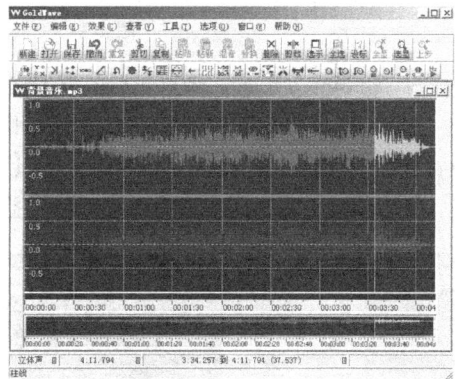

图 4-31　淡出效果波形

步骤四：在背景音乐窗口中，选定适当的位置，然后选择【编辑】|【混音】命令，打开【混音】对话框，如图 4-32 所示。根据监听效果进行设置，单击【确定】按钮。

最后效果如图 4-33 所示。

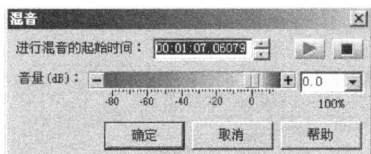

图 4-32 【混音】对话框

图 4-33 最后效果波形

（2）Cool Edit Pro

Cool Edit Pro 是专业的音频编辑软件，功能非常强大，具有声音录制、混音合成、编辑特效等功能，可以进行多轨录音和音频处理。Cool Edit Pro 2.0 有两个工作界面：一个是单轨波形编辑界面，用于进行单个声音文件的编辑；另一个是多轨编辑界面，用于进行多个声音文件的混音处理，如图 4-34 所示。

图 4-34 Cool Edit Pro 2.0 的两个工作界面

① 删除部分声音。拖动鼠标，选择要删除的声音波形，按"Delete"键。

② 效果调整。幅度调整，利用"效果"菜单功能可以方便地更改波形文件的音量大小。选择声音波形，选择【效果】|【波形振幅】|【渐变】命令，在弹出的对话框中选择【恒量改变】选项卡，在【预置】列表框中选择要衰减或增益的幅度，单击【确定】按钮，如图 4-35 和图 4-36 所示。

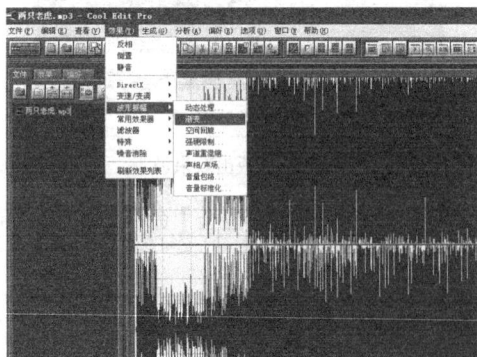

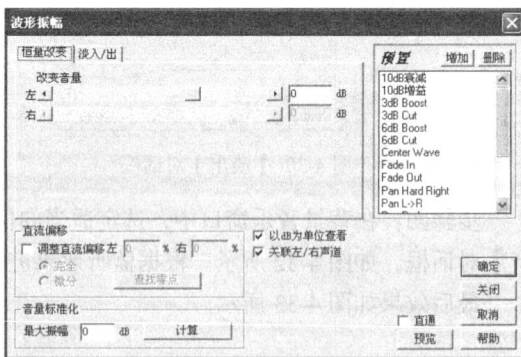

图 4-35 幅度调整 1

图 4-36 幅度调整 2

③ 淡入淡出调整。选择声音波形，选择【效果】|【波形振幅】|【渐变】命令，在弹出的对话框中选择【淡入/出】选项卡，在【预置】列表框中选择淡入或淡出，单击【确定】按钮，如图 4-37 所示。

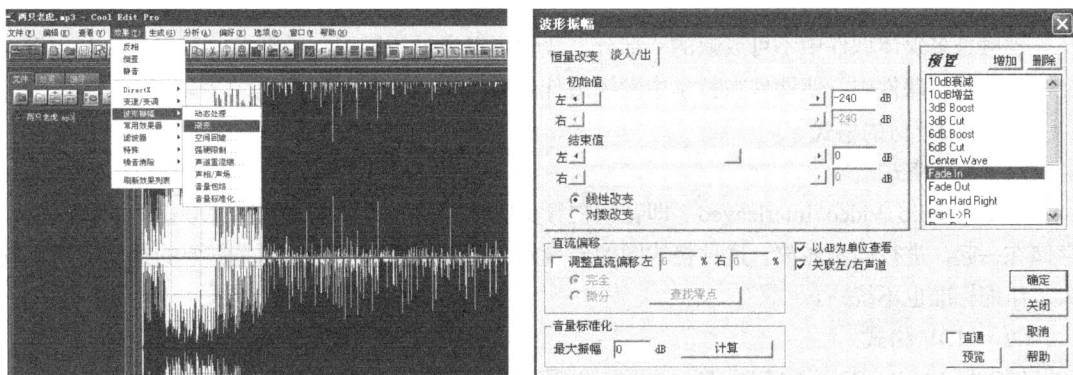

图 4-37 淡入/淡出调整

④ 降噪处理。降噪是将声音文件中的某个固定波段的噪声消除。它需要先用采样的方式得到噪声频率数据，然后以此为标准进行噪声消除。具体方法是：选择文件中的小段噪声波形，选择【效果】|【噪声消除】|【降噪器】命令（见图 4-38），在弹出的对话框中单击【噪声采样】按钮，单击【关闭】按钮；选中整个波形文件，再调出【降噪器】，直接单击【确定】按钮。

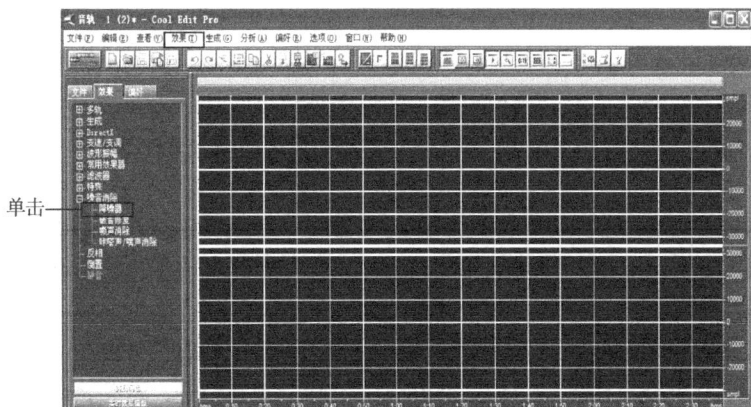

图 4-38 降噪调整

⑤ 混音操作。在自己制作录音教材时，经常需要做些混音的处理，例如把课文朗读的声音和优美的背景音乐适当地混合在一起。利用 Cool Edit Pro 2.0 中的【编辑】菜单可以完成此项操作，具体步骤为：选择一段朗读波形，选择【编辑】|【复制】命令，打开背景音乐文件选择适当的插入点，再选择【编辑】|【混合粘贴】命令，在弹出的对话框中设置参数，单击【确定】按钮，如图 4-39 所示。

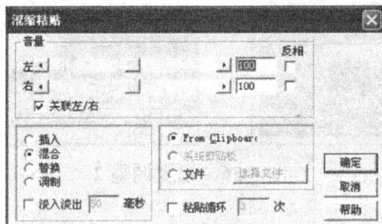

图 4-39　混音操作

4.3.3　视频的处理

视频是多媒体课件中不可或缺的一部分，我们可以通过视频素材的获取、截取和合并，将其恰当地应用到课件中，使课件在教学中发挥最佳效果。

1. 视频素材的格式

（1）AVI 格式

AVI（Audio Video Interleaved）即音频视频交错格式。它可以将音频和视频信号混合交错地存储在一起，进行同步播放。这种格式图像质量好，可以跨平台使用，但是需要的存储空间比较大，压缩标准也不统一。

（2）MOV 格式

MOV（Movie Digital Video Technology）是美国 Apple 公司创立的视频文件格式，具有较高的压缩率和较好的视频清晰度，可以同时支持 MacOS 和 Windows 平台，既适用于本地播放也适用于网络传播。

（3）MPEG 格式

MPEG（Moving Picture Expert Group）即运动图像专家组格式，是运动图像压缩算法的国际标准，主要包括 MPEG-1、MPEG-2 和 MPEG-4。

（4）WMV 格式

WMV（Windows Media Video）是 Microsoft 公司推出的可以直接在网上实时观看视频节目的文件压缩格式，采用独立编码方式。WMV 格式支持本地或网络回放，支持多种语言，具有可伸缩的媒体类型、扩展性等。

（5）ASF 格式

ASF（Advanced Streaming Format）是 Microsoft 公司开发的可以直接在网上观看视频节目的一种典型的流媒体文件格式。ASF 格式使用了 MPEG-4 压缩算法，故采用该格式可以得到比较高的压缩效率和比较完美的图像质量。

除此之外，常见的视频格式还有 RM、RMVB、FLV、F4V、MP4、3GP 等，但在课件制作中应用较少。常用于课件的视频格式是 AVI、MPEG、MOV、WMV 等，这些格式在课件中的兼容性较好。

2. 视频素材的编辑

编辑视频素材的软件很多，如绘声绘影、Camtasia Studio、Movie Maker、Premiere 等。绘声绘影和 Movie Maker 比较简单易学，常用的基本功能比较齐全，但很难完成一些复杂的音视频编辑任务；Premiere 相对更专业，功能更突出，可以提供不限制数量的音频、视频轨道，创建更加丰富的视频特效，充分满足了大型视频编辑项目对编辑轨道的需要。

（1）Premiere 的操作界面及合并实例

① 工程窗口：用于输入和存放原始编辑素材片段。

② 监视器窗口：用于对视频片段进行剪辑和预览，以及在"时间线"窗口合成影片时进行监视和预览。

③ 时间线窗口：用于编辑、合成工程窗口中的各种素材片段，如图 4-40 所示。

图 4-40　Premiere 的操作界面

Premiere 视频合并实例的操作步骤如下。

① 选择【文件】|【新建工程】命令，在【预装工程设置】对话框的【可用的预设】列表框中，选择【Multimedia Video For Windows】选项，单击【好】按钮。

② 选择【文件】|【导入】|【文件】命令，打开【导入】对话框。在对话框中选择 Premiere 安装目录下的 Sample Folder 文件夹，按住"Ctrl"键，依次单击选中"Boys.avi"和"Cyclers.avi"两个素材文件，然后单击【打开】按钮，将它们导入工程窗口。

③ 将工程窗口中的"Boys.avi"拖动到时间线窗口中的"视频 1 A"轨道，将"Cyclers.avi"拖动到"视频 1 B"轨道，并使两个片段在时间上有重叠部分。

④ 选择【窗口】|【显示转换】命令，在出现的转换窗口中打开 Slide 分类夹，选择"Mutlti-Spin"。用鼠标指针拖动"Mutlti-Spin"到"转换"轨道上，并位于"Boys.avi"和"Cyclers.avi"之间，如图 4-41 所示，Premiere 软件会根据重叠的时间自动调整转换时间。

⑤ 选择【文件】|【另存为】命令，保存合并的视频文件。

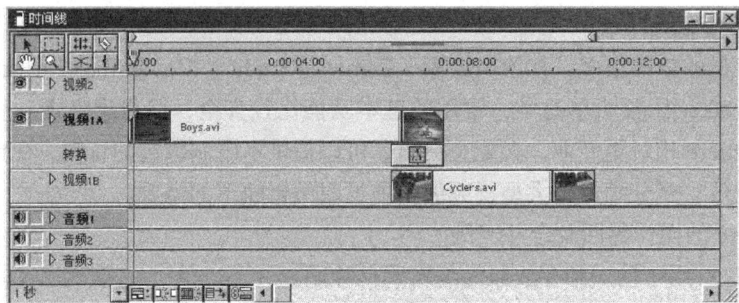

图 4-41　时间线效果

（2）Camtasia Studio 的视频处理

Camtasia Studio 是一款集录制屏幕和剪辑视频功能于一体的软件，其界面分为菜单栏、视频预览窗口、工具区、编辑区 4 个主要部分，如图 4-42 所示。

图 4-42　Camtasia Studio 界面

① 录制屏幕功能

单击左上角的【录制】按钮，在桌面上打开录制窗口，开始录制后，计算机屏幕上的所有内容和操作过程都会被录制下来。

② 剪辑视频功能

单击"媒体箱"中的【导入媒体】按钮，可以导入视频、音频和图片等素材。导入后，在"媒体箱"中可以看到所有添加的素材，将视频等素材拖动到下方的轨道中，每一个素材会占据不同的轨道。完成后就可以在预览窗口看到添加的素材，同时在轨道中对素材进行编辑。

轨道上方的时间轴显示的单位为毫秒，在轨道中添加素材后，指针对应的时间位置就是当前预览窗口显示的内容。需要注意的是指针分为 3 个小的滑块，其中，灰色滑块定位时间轴上当前的播放时间点，绿色滑块定位时间轴上准备进行编辑的开始时间，红色滑块定位时间轴上准备进行编辑的结束时间，绿色和红色滑块间的区域即为选中的区域，可以对该区域进行剪切、分割等操作。在定位时间时，有时需要选择精准的毫秒级时间点，有时需要选择时间跨度较大的时间段，可以通过编辑区的放大工具将时间轴的时间刻度放大或缩小，便于进行选择。

可以添加标注进行美化加工。只需将时间定位在需要添加标注的画面，在预览区调整标注的位置和大小，设置标注出现的效果即可实现标注功能。

③ 视音频导出

视音频编辑完成后需要导出，单击右上角的【分享】按钮，选择 MP4 格式，其中 480p、720p、1080p 的清晰度依次增加，这里选择的视频导出格式及规格如图 4-43 所示。然后按照向导提示，依次操作即可导出。

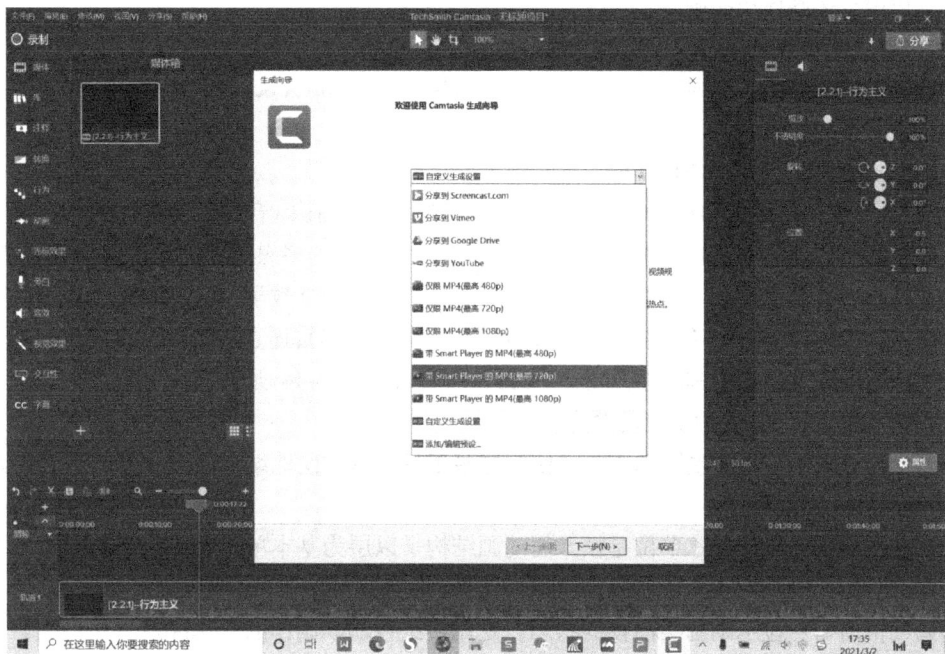

图 4-43　视频导出格式及规格

目前教师使用的编辑软件中，Camtasia Studio 是大家公认的功能强大、操作方便的工具，能基本满足教学中对视频处理的各种需求，因此，其是学校教育教学中非常普及的一款视频编辑软件。

4.3.4　动画的处理

动画比普通的静态图像更富有表现力，它可以充分发挥人的想象力和创造力，给人们展现一些客观不存在或者难以实现的奇妙情境，带给人们视觉享受和视觉冲击力。

1. 动画素材的格式

动画素材的格式有多种，如 GIF 格式、SWF 格式、FLC 格式、MOV 格式和 QT 格式等。这里主要介绍教学中常用的 3 种动画格式。

（1）GIF 格式

GIF（Graphics Interchange Format）格式的文件由于采用了无损数据压缩的方法，文件数据量较小，因此该格式常被广泛采用。GIF 格式的文件可以同时保存多幅连续的静止画面，这些画面自动循环播放就形成了连续的 GIF 动画。目前 Internet 上大量采用的彩色动画多为这种格式。

（2）SWF 格式

SWF 格式是 Macromedia 公司出品的动画制作软件 Flash 生成的矢量动画格式。这种格式的动画能用较小的数据量表现丰富的多媒体信息，并且可与 HTML 文件达到一种"融为一体"的境界。Flash 动画是利用矢量技术制作的，不管将画面放大多少倍，画面仍然清晰流畅，不会失真，所以特别适合描述几何图形组成的动画，再辅之 MP3 音乐，用于教学演示和线上播放恰到好处。

（3）FLC 格式

FLC 格式是 Animator Pro 动画制作软件生成的文件格式，每帧采用 256 色，画面分辨率从 320 像素×200 像素到 1600 像素×1280 像素不等。该动画文件格式采用数据压缩格式，通用率较高，被广泛地应用于多媒体作品中。

2. 动画素材的制作工具

动画素材的制作工具有 Macromedia Flash、Adobe Photoshop、Focusky、Macromedia Fireworks、光影魔术手、美图秀秀等。

（1）Flash 简介与 Flash 应用实例

Flash 是矢量图形编辑和动画创作的专业软件，它可以将图像、音乐、声效、动画融合在一起，并嵌入交互功能，创造出高品质的课件。采用 Flash 软件制作的多媒体课件具有形象性、多样性、新颖性、趣味性、直观性、丰富性等特点，能够有效地配合课堂教学，引导、促进教学情境的发展，渲染教学气氛。Flash 具有支持交互、文件体积小和效果丰富逼真等特性，并且不需要媒体播放器的支持，因此其应用范围非常广泛。Flash 的主界面如图 4-44 所示。

菜单栏：包含了 Flash 中所有的命令。

工具栏：提供了编辑矢量图的工具，使用这些工具可以方便地编辑动画元素而不需要调用其他外部程序。

层、帧：动画播放的基本单位是帧，而动画结构是以层为基本单位的，一个精彩的动画往往需要很多的层。

动画编辑窗口：显示动画当前帧的状态，是用户进行动画制作的工作区。

各种面板：右侧的各种面板是辅助工具，可以方便动画的编辑。

时间轴：层和帧显示在时间轴中，因此时间轴用来显示动画的播放过程及不同层之间的关系。

属性工具栏：显示当前状态下的各种属性。

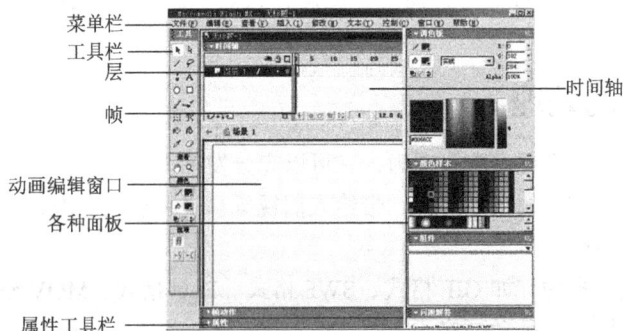

图 4-44 Flash 的主界面

制作物体移动动画，下面以小球沿路径运动为例进行介绍。

① 启动 Flash，选择【文件】|【新建】命令，建立一个新的 Flash 文档。

② 将绘制的小球放在第 1 帧的某一位置，在第 30 帧创建关键帧并创建补间动作动画。在时间轴面板中单击【添加运动引导层】按钮，创建一个运动引导层，如图 4-45 所示。

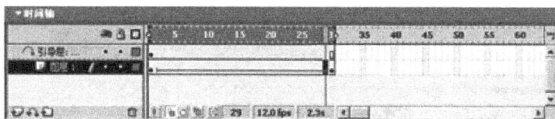

图 4-45　添加运动引导层

③ 使用工具面板中的铅笔工具，在运动引导层中绘制出一条运动路径。

④ 捕捉对象的中心点，在起始帧把小球中心点移到路径的起点，在结束帧把小球中心点移动到路径的终点。

⑤ 在时间轴面板中双击第 2 个关键帧左侧的结束帧，选中补间动画的全部帧，然后在属性面板中选中【调整到路径】复选框，如图 4-46 所示。

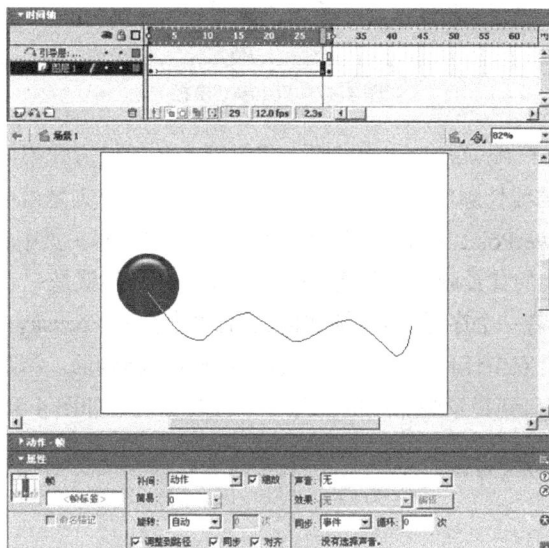

图 4-46　绘制运动路径

⑥ 选择【文件】|【保存】命令，给文件命名为"小球运动"，保存文档。选择【控制】|【测试影片】命令，测试动画播放效果。

找到 Flash 文件保存的位置，会看到两个文件"小球运动.fla"和"小球运动.swf"，其中 SWF 格式的文件就是我们通常上传到网络上的 Flash 动画或生成的课件成品。

（2）Focusky 动画演示大师的操作

Focusky 既是一款新型多媒体幻灯片制作软件，又是一款动画制作的软件，其操作便捷性和演示效果优于 PowerPoint，主要通过缩放、旋转、移动动作使演示变得生动有趣。Focusky 与传统 PowerPoint 不同，其采用整体到局部的演示方式，以路线的呈现方式模仿视频的转场特效，加入生动的 3D 镜头缩放、旋转和平移特效，像一部 3D 动画电影，能带来强烈的冲击力。对于不想动用专业大型软件制作视频和微课件的教师来说，Focusky 可以说是很方便了。

① Focusky 提供了近 3000 种在线模板，对于初学者来说，使用模板并在模板中填写内容是最快速的制作方法。在选择模板的时候要根据所讲知识点的特点，挑选能够体现知识结构、知识

情境的模板。Focusky 模板如图 4-47 所示。

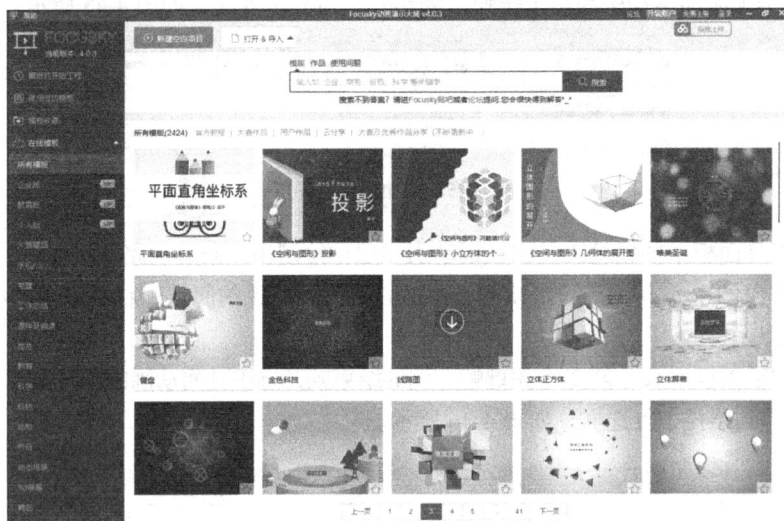

图 4-47　Focusky 模板

② 添加帧。帧类似于 PowerPoint 中的页，只是两者的切换方式不同，PowerPoint 播放是按照第 1 页、第 2 页这样的线性顺序播放的，而 Focusky 中的播放则是由整幅图中的一个位置切换到另外一个位置。在 PowerPoint 中以"页"为单位，内容放在某一页中；而在 Focusky 中，选择一个模板后，会有一个大的背景画布，在这个图中选择一个局部就是一"帧"，相当于 PowerPoint 中的一"页"。"帧"的前面有一个序号，表示帧在播放时的顺序。在 Focusky 中也有类似于 PowerPoint 的缩略图，显示在左侧，双击任何一个缩略图就可以进入该帧画面。添加每一帧时，可以通过拖拽左上角带有"+"的窗口到背景画布中的任意一个位置实现，如图 4-48 所示。

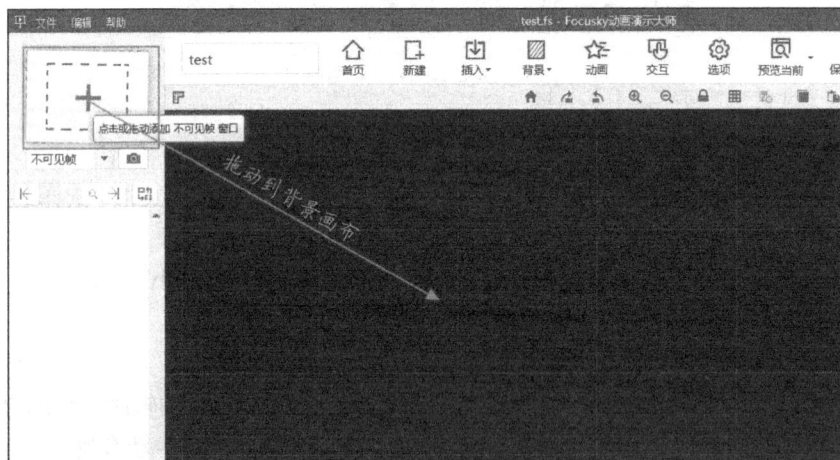

图 4-48　Focusky 添加帧

③ 在帧中添加内容。双击 Focusky 左侧的帧缩略图时，就会在 Focusky 右侧窗口中显示当前帧对应的画面。此时，我们就可以在画面中插入图形、图片、文本、动画、视频、音乐、超链接等常用对象。另外还特别提供了"角色"，例如可以向课件添加一个正在说话的小人，可以帮助我们提升微课的视觉吸引力，如图 4-49 所示。

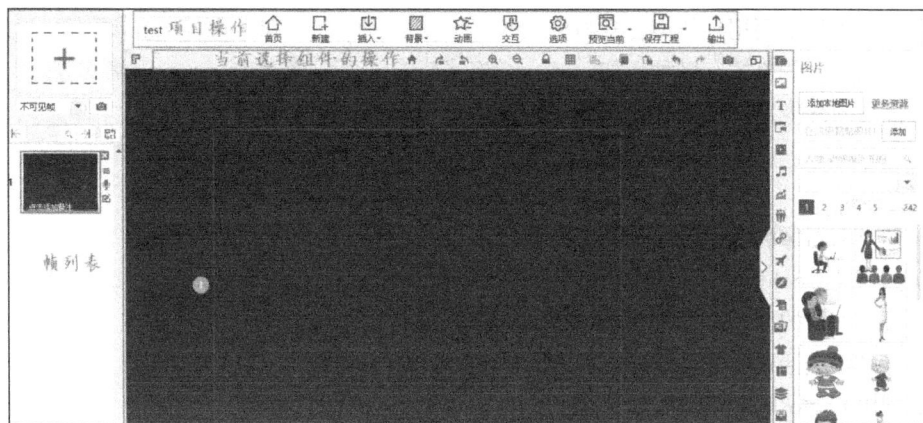

图 4-49　在帧中添加内容及动画效果

微课视频

扫描二维码，观看教学视频。

4.1 信息化教学资源的概述	4.3 音频资源的处理
4.2 图像资源的处理	4.4 视频资源的处理

练习与实践

一、练习

1. 选择题

（1）多媒体计算机是综合处理声音、文字、图形、图像等信息的设备。多媒体计算机的主要特征是多样性、交互性、（　　），这是区别于传统计算机的特征。

A. 多样性　　　　　　B. 友好性　　　　　　C. 集成性　　　　　　D. 易操作性

（2）关于位图与矢量图的比较，下列说法正确的是（　　）。

A. 对于复杂图形，位图比矢量图显示速度更快

B. 对于复杂图形，位图比矢量图显示速度更慢

C. 位图与矢量图占用空间相同

D. 位图比矢量图占用的空间少

（3）下列（　　）文件是波形声音文件。

A. WAV　　　　　　B. MIDI　　　　　　C. MP3　　　　　　D. AIF

2. 填空题

（1）_____称为教学媒体。这些教学媒体包括文本、_____、动画、_____和声音等。

（2）一般教学中要用到的声音素材分为＿＿＿＿＿＿＿、＿＿＿＿＿＿＿和＿＿＿＿＿＿＿。

（3）动画素材的格式有多种，如＿＿＿＿＿＿格式、＿＿＿＿＿＿格式、＿＿＿＿＿＿格式等。

（4）图形与图像素材的获取方式除了软件生成，还有扫描仪捕获、＿＿＿＿＿＿＿＿＿＿＿、照相机摄取、＿＿＿＿＿＿＿＿＿＿、＿＿＿＿＿＿＿＿＿＿等。

3．问答题

（1）图形和图像的区别是什么？

（2）如何在 Cool Edit Pro 中进行混音操作？

（3）视频素材的格式有哪些？常用于课件中的是哪几种？

二、教学实践活动

（1）利用 Photoshop 或其他画图软件设计一门课程的课件首页。

（2）假定上课地点为多媒体教室，请设计两学时的授课安排，授课内容自拟。

三、技术实践活动

（1）将两个声音素材（一个是背景音乐，另一个是解说词）合成在一起。

（2）从网站上下载一首自己喜欢的歌曲。

（3）利用 Photoshop 给一幅黑白图像上色，并添加文字效果。

（4）利用 Focusky 软件制作一个与本专业相关的教学课件。

第 5 章
多媒体课件的设计、制作与评价

学习目标

（1）记忆：熟悉多媒体课件和微课的概念。
（2）掌握：①多媒体课件的设计理念与流程；
　　　　　　②多媒体课件的制作方法与步骤；
　　　　　　③多媒体课件的评价方法。
（3）应用：①运用多媒体课件制作工具制作与学科相关的课件；
　　　　　　②从不同角度评价多媒体课件和微课。

知识结构

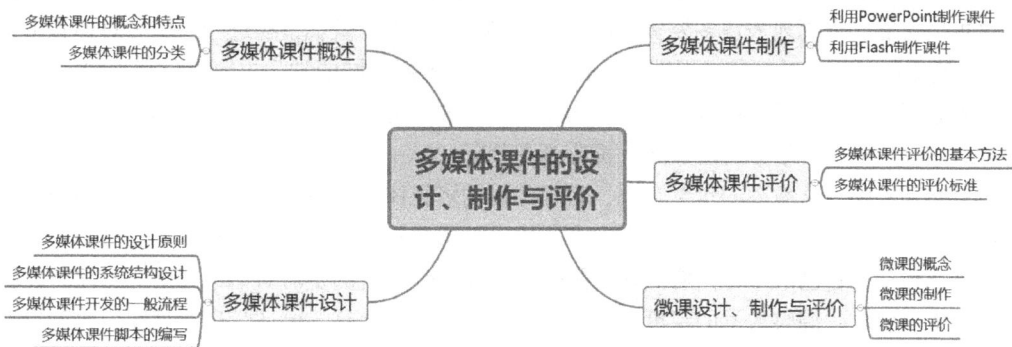

学习建议

　　本章内容是理论和实践相结合的内容，建议结合线上资源进行学习。首先要了解多媒体课件和微课的概念、特点、分类及设计原则，然后熟悉多媒体课件和微课的开发流程，能够设计和制作具有一定水平的多媒体课件和微课。

案例引导

　　计算机辅助教学（Computer Assisted Instruction，CAI）是计算机多媒体技术在教学领域的直接应用。它利用先进的计算机软件、硬件资源，辅助或替代教师进行教学，对学习者进行形象、生动的知识传授和技能训练。在新课改的要求下，我国教育领域大力开展教育信息化，多媒体课件和微课在教学中被广泛应用。知名的在线教育平台中国大学 MOOC 官网上有多门关于多媒体课件和微课设计与制作的课程，由此可见人们对这种信息化教学技能的迫切需求。××中学在教学督导检查中发现，老师们采用的多媒体课件普遍存在文字过多、画面拥挤、内容表达缺乏逻辑性和条理性、素材与技术滥用、信息超量、违反认知规律、限制学生思维等情况，如何走出多媒体课件制作的误区，使其真正发挥优化课堂结构、提高教学效果的作用，成了当前信息技术在教学应用中迫切要解决的问题。

计算机辅助教学的研究与应用始于1958年，至今已有60多年的历史。它的迅速发展对教育教学改革产生了深远的影响，其中多媒体教学课件是计算机辅助教学的主要表现形式。多媒体课件把文本、图形、动画、影像、声音等媒体有机地结合在一起，使学习处于一种情景化的多媒体综合环境中，达到了传统教学无法比拟的优化效果。

5.1 多媒体课件概述

5.1.1 多媒体课件的概念和特点

1. 多媒体课件的概念

多媒体课件是在现代教育理论和学习理论的指导下，运用多媒体计算机及其相关技术，根据教学目的对教与学的过程和资源进行设计与开发，将文字、声音、图形、动画及视频等多媒体信息融为一体的多媒体计算机辅助教学工具。它最重要和最本质的特性是教学性。

2. 多媒体课件的特点

（1）丰富的表现力。多媒体课件具有呈现客观事物的时间顺序、空间结构和活动特征的能力。它不仅可以自然、逼真地表现多姿多彩的视听世界，还可以对微观事物进行模拟，对抽象事物进行生动、直观的表现，对复杂过程进行简化和再现等。根据不同的教学内容充分利用图片、声音、动画、视频等多媒体手段，可以将静态变为动态、化抽象为形象，充分表现教学内容，突出教学重点和难点，从而提升学习者的认知，提高学习效果。

（2）交互性强。从教师的角度来看，教师能控制多媒体课件的演示，并能够以教师的意愿来呈现信息。从学生的角度来看，学生利用多媒体课件进行学习时，可以根据自己的兴趣和已有知识水平来选择适合自己的学习内容。学生的学习是在与计算机的交流对话中完成的，同时计算机会按照学生的要求，调整教学的深度和广度，提供新的教学信息，保证学生获得知识的可靠性与完整性。

（3）共享性好。随着高速信息网的不断发展，多媒体课件可以通过网络自由传递和共享，知识的传播不再受时空的限制，师生均可拥有无限的信息资源。

（4）有利于知识的同化。多媒体课件可以强化信息传播的强度，各种媒体相互补充，使知识信息的表达更充分，更容易理解。

5.1.2 多媒体课件的分类

1. 按照使用对象

多媒体课件可分为助教型和助学型。助教型多媒体课件侧重教师教学，可以辅助教师更好地完成课堂教学任务。助学型多媒体课件则侧重于学生使用的有效性，具有相对完整的知识结构，能反映一定的教学过程和教学策略，具有良好的人机交互界面和环境。

2. 按照学习环境

多媒体课件可分为单机型和网络型。单机型课件在独立的计算机中运行，人和计算机具有良好的交互性，但与外界相对封闭。网络型课件是指采用 Web 等技术开发，用于在网上运行的多媒体课件，能够突破时间和地域限制，资源丰富，互动性强。

3. 按照表现形式

多媒体课件可分为演示型和交互型。演示型课件一般是为了解决某一学科的教学重点与教学难点开发的，注重对学生的启发、提示，反映问题解决的全过程，主要用于呈现教学内容，通常是在多媒体教室通过投影屏幕展示给学生的，一般由学科教师本人完成。与演示型课件正好相反，交互型课件从学习者的角度设计，一般具有完整的知识结构，能够反映一定的教学过程和教学策略，提供相应的形成性练习，供学习者学习评价，具有良好的交互性。

5.2　多媒体课件设计

5.2.1　多媒体课件的设计原则

1. 科学性原则

科学性原则是指课件所涉及的内容科学无误，概念描述要科学，问题表述要正确，资料引用要准确。各种演示、示范及绘制的图表、书写的公式和字幕都应规范化、标准化，不允许任何华而不实、违背科学准则的情况出现。各个知识点之间应建立一定的联系，以形成具有学科特色的知识结构体系。解说词精练、准确无误，音响效果逼真、音乐合理。

2. 教育性原则

教育性原则是指课件设计必须以教学大纲为依据，根据教学目的与要求，发挥计算机多媒体图文并茂、形声并举的优势来表现教学内容；用交互性手段来实施教学，教学策略要恰当合理，在方法、方式上能够满足教与学的需要；对学生获取知识、发展能力、培养品德能起到良好的教育作用，有益于学生的个性发展。

3. 技术性原则

技术性原则是指课件在其制作和编辑技巧上要达到特定的标准，运行流畅、可靠，跳转灵活，视听同步，有交互性界面，方便用户使用。

另外，课件的运行环境也不能忽视。课件制作完成后，应该能在一般的计算机上运行，并且能脱离制作平台，具有可移植性或可兼容性，做到课件的开发环境与运行环境无关。

4. 艺术性原则

艺术性原则是指课件的画面、声音等要素的表现要符合审美规律。在不违背科学性和教育性的前提下，内容的呈现要有艺术的表现力和感染力，易于激发学习者的学习兴趣并使其主动参与。课件的艺术性原则是挖掘教学内容的亮点，巧妙地运用动画、字幕及富有表现力和感染力的人机交互界面将其展现出来。解说词和背景音乐悦耳、协调，声音处理要和画面造型相辅相成，视听同步。

5.2.2　多媒体课件的系统结构设计

1. 课件系统的信息组织结构

多媒体课件的系统结构实质上就是多媒体教学信息的组织与表现方式。它定义了课件中各部分教学内容的相互关系及其发生联系的方式，反映了整个课件的框架结构和基本风格。

传统教学内容的信息组织结构都是线性的，即信息是按单一的顺序编排的。这种按线性结构组织的教材客观上限制了人类自由联想能力的发挥。多媒体课件的信息结构采用非线性的超文本方式，采用类似人类联想记忆的非线性网状结构来组织信息。它提供的材料没有固定的顺序，也不要求按一定的顺序来提取信息。当前多媒体 CAI 课件中较常采用的信息组织结构方式有以下 4 种。

① 线性结构：学生顺序地接受信息，从一帧到下一帧，是一个事先设置好的序列。

② 树状结构：学生沿着一个树状分支展开学习活动，该结构由教学内容的自然逻辑形成。

③ 网状结构：超文本结构，学生在内容单元间自由学习，没有预置路径的约束。

④ 复合结构：学生可以在一定范围内自由地学习，但同时受主流信息的线性引导和分层逻辑组织的影响。

2. 课件的总体结构

从外在表现结构来看，多媒体课件很像一本书或一部带有交互性的电影，由多幅画面组成。在多媒体课件中这些画面被称为框面。根据表现的教学内容，这些框面又分为封面、扉页、菜单、内容、说明（帮助）、封底 6 个部分。

① 封面。运行课件时出现的第一幅框面，一般呈现制作单位的名称或课件的总名称，常以几秒钟的视频或动画形式表现，如图 5-1 所示。

② 扉页。封面后的下一个框面，常呈现课件的名称和目录，如图 5-2 所示。

图 5-1　封面

图 5-2　扉页

③ 菜单。菜单类似书的目录，供学习者选择学习内容，可以有多处菜单存在，如图 5-3 所示。

图 5-3　菜单

④ 内容。这是课件的主要框面部分，呈现教学内容，如图 5-4 所示。

⑤ 说明（帮助）。为了帮助使用者使用课件，课件中应该设计一些提供如何使用课件的帮助信息框面，如图 5-5 所示。

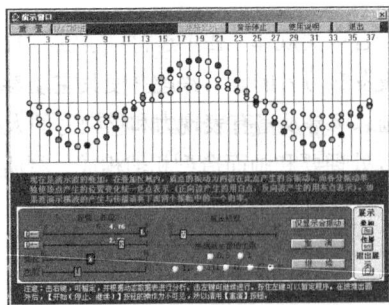

图 5-4　教学内容

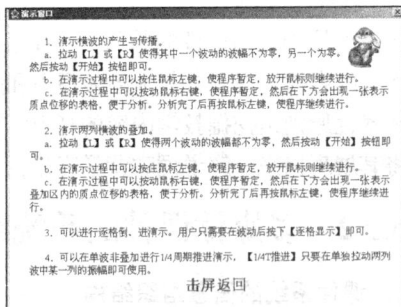

图 5-5　说明（帮助）

⑥ 封底。封底是制作课件的人员名单框面，如图 5-6 所示。

图 5-6　封底

3. 课件的内容结构

课件内容的一种标准化结构形式由引入、指导和练习 3 个部分构成。根据需要指导和练习的部分又可分为主要成分和补充成分。

（1）引入部分

引人部分可以使学习者顺利地进入后面的学习，从而达到预定的教学目标。引入部分主要包含以下的内容。

① 确认学习者是否具备完成本单元学习的基础。

② 给出本单元学习的基本目标和主要学习项目。

③ 进行预备性测试。这是一种用于调查学习者学习基础的测试。如果通过测试发现学习者为完成本单元的学习还需补充某些学习内容，那么学习流程将转向辅助学习系统。

（2）指导部分

指导部分包括主指导和补充指导。

① 主指导：用于概念、法则、理论等基本内容的学习，是必须学习的内容。

② 补充指导：用于对主指导的学习进行某种补充，可以是基础内容、标准内容或提高内容。

（3）练习部分

练习部分包括主练习成分和补充练习成分。

① 主练习成分的主要目的是让学习者对个别指导中学习的计算方法、解题方法或者单词、文法实现有效的掌握，并提高这方面的技能。

② 补充练习成分与主练习成分具有相似的目的，若学习者在主练习中对基础练习还未有效地掌握，或认为练习量不足，则可进行补充练习。根据主练习中的测试结果，补充练习可设基础内容、标准内容和提高内容 3 个方向的分支，让不同特点、不同能力的学习者分别进行练习。

4. 课件的控制策略

多媒体课件的内容组织方式应该服从于教学控制策略，基本上有以下 3 种不同的教学控制策略。

（1）计算机主动控制

教学流程完全由计算机控制，每一教学步骤都由计算机决定向学生呈现什么内容。以程序教学方式创建的课件大多采取这种控制策略，此类课件主要侧重于教的方面。

（2）学生主动控制

教学流程完全由学生控制，任凭学生在教学信息空间自由学习。以超文本或超媒体方式建立的课件正是采取这种控制策略，此类课件主要侧重于学的方面。

（3）计算机—学生混合主动控制

教学流程受计算机和学生双方交互活动的共同影响，允许学生与计算机进行较为自由的对话，此类控制策略主要用于智能多媒体课件系统。

在实际应用中，可以在一定程度上将计算机主动控制策略与学生主动控制策略结合起来，以满足不同学习者的信息需求。

5.2.3 多媒体课件开发的一般流程

1. 多媒体课件的开发概述

多媒体课件是在多媒体教学中用于执行教学任务的多媒体软件，也是多媒体教材。作为教材，基于学习理论和教学理论对课件的教学内容、教学过程进行设计是课件设计的核心；作为软件，采用软件工程的思想和方法是进行设计与开发的保证。

多媒体 CAI 课件开发的一般流程包括需求分析、概要设计、详细设计、课件开发及评价与修改 5 个阶段，如图 5-7 所示。

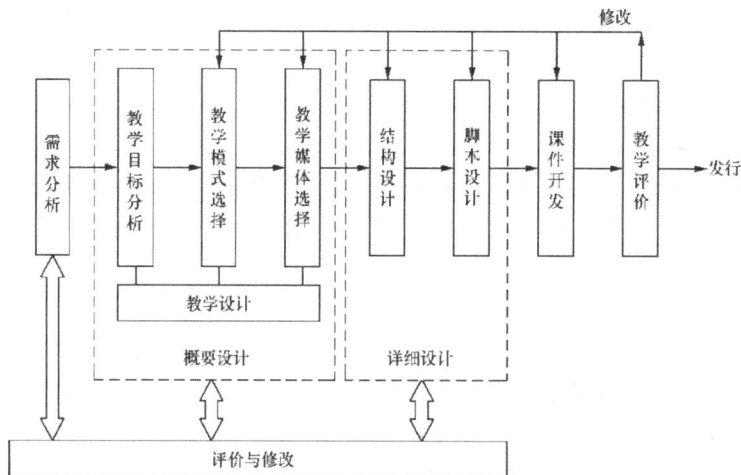

图 5-7 多媒体 CAI 课件开发的一般流程

2. 需求分析

需求分析是课件设计的第一阶段，该阶段要明确使用多媒体课件的原因、教学内容、教学对象、设备条件、开发条件等。

3. 教学设计

教学设计阶段对原始教材进行再创造，将原来静止的教学材料转变成一系列教学交互活动。

（1）教学目标分析。为了实现总的教学目标，将总任务分解成若干具体任务，以便一步步展开教学，把每课的教学内容分解成许多合适大小的教学单元。

（2）教学模式选择。根据教学目标、学生特点、目标受众、实际设计约束等因素，选择合适的教学模式。

（3）教学媒体选择。教学媒体要做到与教学目标统一、与教学方法相协调、与学生认知水平相符。

4. 详细设计

（1）结构设计

结构设计是对各部分教学内容的相互关系、呈现形式及整个课件框架结构的设计。

（2）脚本设计

脚本设计是设计、制作多媒体课件的重要环节，以教材为基本依据，对教学内容的选择、结构的布局、视听形象等表现人机界面的形式、解说词的撰写、音响和配乐的手段等进行周密的考虑和细致的安排，确定内容结构、表现形式及教学顺序。脚本不仅要规划出各项内容显示的顺序和步骤，还要描述分支路径和衔接的流程，以及每一步骤的详细内容。

① 多媒体课件的交互界面设计。具有良好的人机交互界面的设计不仅能有效地实现个别化教学，还能通过人机会话引导学生思维纵向发展，使学生在良好的心理状态下进行积极主动的学习。交互界面设计包括色彩的配置、画面间的变换、动画和声音的处理，以及解说词的设计。

② 脚本设计。脚本是课件的开发依据。脚本设计是将课件的教学内容、教学模式进一步细化，具体到课件的每一个框面的呈现信息、画面设计、交互方式和学习过程的控制。

5. 课件开发

多媒体课件设计中包含的文本、图形、图像、动画、音频、视频等各种媒体素材的获取、创作和加工是整个制作过程中耗费时间和人力较多的一个环节。

开发多媒体课件最核心的环节是制作合成，其主要任务是根据脚本的要求和意图将各种多媒体素材整合起来，制作成界面友好、操作简单、使用方便、导航清晰、交互性强的多媒体课件。

6. 评价与修改

课件的评价包括形成性评价与总结性评价。形成性评价与修改存在于课件开发的各个环节，只有通过评价才能进入下一个环节，否则就需要对方案进行修改。当课件开发完成后，最后对课件的评价称为总结性评价，这个评价是对课件质量、等级的总评定。

5.2.4　多媒体课件脚本的编写

1. 文字稿本的创作

文字稿本是按照教学过程的先后顺序，用于描述每一环节的教学内容及其呈现方式的一种形式，它通常包括稿本说明和一系列的稿本卡片等内容。

稿本说明主要用于对课件设计、课件制作和课件使用中的各种考虑、各种策略和注意事项进行说明，为课件的制作、使用提供指导性的原则和方法，也为改写制作脚本提供依据。稿本说明在教学设计的基础上给出，既用于指导稿本编写，又是对教学设计结果的说明。

卡片式稿本是一种被广泛使用的文字稿本形式，它以卡片为单位进行编写，之后计算机专业人员可以以卡片为基础将其改编为制作脚本。每一张卡片对应一帧画面。根据教学内容的先后顺序综合起来对卡片进行排序，形成一定的系统。文字稿本体现了教学设计的情况，一般由学科教师按照教学内容的联系和教育对象的学习规律编写，并由具有学术水平和教学经验的学科专家进行审查。

2. 制作脚本的编写

制作脚本不是直接、简单地将文字稿本形象化，而是要反映设计的各项要求，还要给出显示的各种内容及其位置的排列，基于学习者学习情况的各种处理和评价，显示的特点、颜色、动画声像同步的方法，以及编程的指示和技巧等，为制作提供直接的依据。

制作脚本对多媒体课件的制作有着很重要的意义，高质量的制作脚本简洁清晰、表达明确，能够清楚且直观地将屏幕外观设计、各元素的内部关系和人机交互机制这 3 项内容表达出来，是课件开发成功的保障。

5.3 多媒体课件制作

5.3.1 利用 PowerPoint 制作课件

1. 利用 PowerPoint 制作课件的原则

（1）内容简洁

内容简洁是指幻灯片的每页只保留必要的内容，以提纲形式出现，只强调一个要点，做到要点强化、文字简练、重点突出。注意不要将所有内容全部写在幻灯片上。

（2）制作规范

制作规范包括文字格式和页面设置两方面。字体选择简洁大方、大小适中。一般情况，标题采用黑体、44 号或 44 号以上字号。正文多以庄重为宜，通常选用宋体、24～32 号字，行间距、字间距疏密设置合理，尽量少用装饰性字体。每页只有一个主题，页面四周应留出 1/3 左右的空白，一行字数为 20～25 个，尽量不超过 7 行，以便突出主题，有助于阅读。

（3）风格统一

风格统一是要求演示文稿中所有幻灯片上的背景、标题大小、颜色、版面空间分配等尽量保持一致。这样可使作品整体感强，便于阅读。

（4）排版一致

排版一致是指在设计时应注意构图的合理性，使整个画面尽量做到均衡和对称，突出内容主题。同类型的文字或图片应使用相同的版式，以便阅读和清楚了解各部分之间的层次关系。

（5）配色协调

课件要求配色协调、视点明确、主题突出，前景色与背景色的对比明显、搭配美观。背景简单、柔和，文字颜色鲜明。例如，蓝底白字的对比效果好，蓝底红字的对比效果相对较差。而如果采用红色作为白字的阴影色放在蓝色背景上，则会非常醒目和美观。

（6）图表简明

根据信息接受效果来看，图表更易被人接受。因此在设计中可以遵循"用图不用表，用表不用字"的原则。图表的内容要与表达的内容有关，且注意每页图表风格的统一，尽量不添加或少添加没有意义的装饰性图案，避免页面凌乱。

（7）衔接合理

衔接性的好坏直接关系到该课件制作是否成功。通常各页面的链接设置在固定的文字和按钮上，便于使用者记忆和操作，避免复杂层次之间的转换，保证各页面之间层次分明、思路清晰明了。

2. 利用 PowerPoint 制作《光的折射》课件

以人教版初中《物理》第一册的内容《光的折射》为例，制作一套完整的演示文稿，说明利用 PowerPoint 制作课件的步骤。

（1）准备工作

先根据多媒体课件的设计原则，进行课件的系统结构设计，再按照课件开发的一般流程，编写脚本，搜集课件中所用素材。

（2）制作过程

① 制作第一张幻灯片。在"单击此处添加标题"处，输入文字"第一节　光的折射"。

② 制作第二张幻灯片。插入一张新幻灯片，根据已经做好的教学设计，第二张幻灯片的内容将要呈现整个教学过程的教学目标，因此选择"标题和内容"版式，在"单击此处添加标题"处输入"光的折射"，在"单击此处添加文本"处输入"一、什么是光的折射　　二、光的折射定律"，如图 5-8 所示。

③ 制作第三张幻灯片。插入一张新幻灯片，选择"仅标题"版式，并在"单击此处添加标题"处输入"一、光的折射"；然后选择【插入】|【图片】命令，插入一张准备好的"铅笔折射"图片，调整图片的大小和位置。在图片下方插入横排的文本框，输入文字"铅笔怎么折断了？"并设置动画效果为【进入】中的【出现】，【效果选项】为【播完动画后隐藏】。用同样的方法插入一张"问号"图片并设置动画效果为【进入】中的【淡出】，在图片下面输入文字"为什么插在水中的铅笔好像断了一样？"并设置动画效果为【进入】中的【飞入】，如图 5-9 所示。

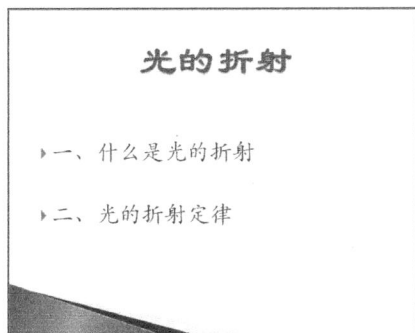

图 5-8　第二张幻灯片

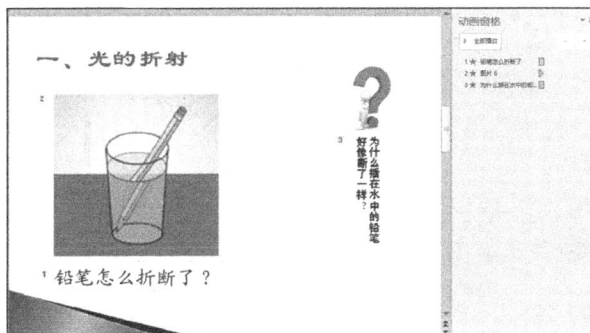

图 5-9　第三张幻灯片

④ 绘制第四张幻灯片。插入一张新幻灯片，选择"空白"版式，选择【插入】|【形状】|【基本形状】命令，单击【梯形】按钮，在幻灯片右下方绘制"梯形"，并把它垂直向下翻转，同时设置【形状填充】及【形状效果】，直到合适为止。若想改变形状，选中图形，将鼠标指针放于小方块手柄处，拖动手柄就可以改变图形的高低或宽窄了。选择【插入】|【形状】|【线条】命令，单击【直线】按钮，鼠标指针变成"十"字形，在杯子正中画一条垂直于杯口的直线；再将其选中，选择【格式】|【形状轮廓】|【虚线】选项，将实线变为虚线，在虚线右侧添加文本框，输入文字"法线"。按照相同的方法，依次绘制入射光线和折射光线并添加文字说明。选择【插入】|【形状】|【线条】命令，单击【曲线】按钮，在入射光线和法线之间画出入射角，并添加文字"i"；用同样的方法画出折射角，并添加文字"r"。最后在幻灯片左上方插入标题"演示实验并思考"和"问号"图片，在标题下方插入文本框并输入内容，可以自己设置一些动画效果，如图 5-10 所示。

⑤ 制作第五张幻灯片。插入一张新幻灯片，选择"标题和内容"版式，在"单击此处添加标题"处输入第二个知识点"二、光的折射定律"，然后在"单击此处添加文本"处输入折射律的具体内容，完成的效果如图 5-11 所示。

⑥ 制作第六张幻灯片。插入一张新幻灯片，选择"空白"版式，依照第三张幻灯片的做法，将池底小球的图片和文字添加到幻灯片的左侧。在幻灯片右侧插入文本框，输入"思考：小球的实际位置到底在哪儿？"，再插入图片，并设置一些动画效果，效果如图5-12所示。至此，6张幻灯片就制作完了。

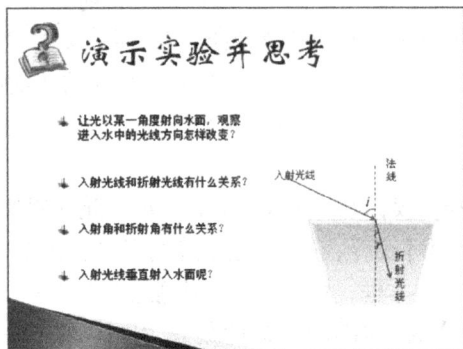

图 5-10　第四张幻灯片

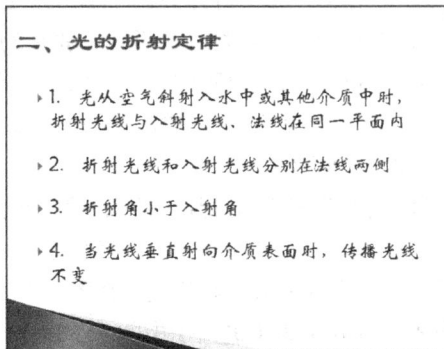

图 5-11　第五张幻灯片

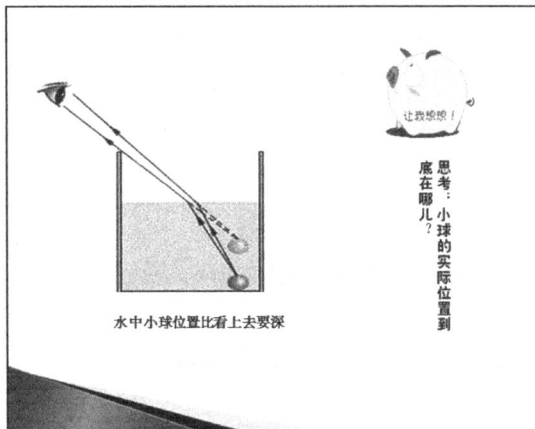

图 5-12　第六张幻灯片

（3）演示过程

创建交互式演示文稿。制作了独立的幻灯片后，如果只是想按顺序播放就算完成了。但大多数情况下，人们希望图片能按照自己的设想进行链接，而且播放的顺序也按照一定的教学思路进行，所以就涉及对这些独立的幻灯片进行播放顺序的设置和各个幻灯片之间的链接设置，也就是常说的创建交互式演示文稿。

下面对前面完成的6张幻灯片添加动作按钮，以方便交互操作。

选择【插入】|【形状】|【动作按钮】|【动作按钮：前进或下一项】按钮，鼠标指针变成"十"字形，在幻灯片右下方适当位置按住左键拖动鼠标指针再松开，出现【动作设置】对话框，在【超链接到】下方的下拉列表里选择【下一张幻灯片】，单击【确定】按钮。同理，在其他幻灯片上设置动作按钮，并添加返回按钮，步骤如上所述。

也可以在演示文稿中创建超级链接，单击该超链接跳转到指定的幻灯片、其他文档、某个网站等位置。

创建演示文稿中的超链接。首先在第二张幻灯片中将光标定位于文字"一、什么是光的折射"

后面并输入两个空格，然后选择【插入】|【链接】|【超链接】命令，出现【插入超链接】对话框，选择【本文档中的位置】，在【要显示的文字】文本框中输入"图1"，在【请选择文档中的位置】列表框中选中"一、光的折射"，最后单击【确定】按钮即可，如图 5-13 和图 5-14 所示。

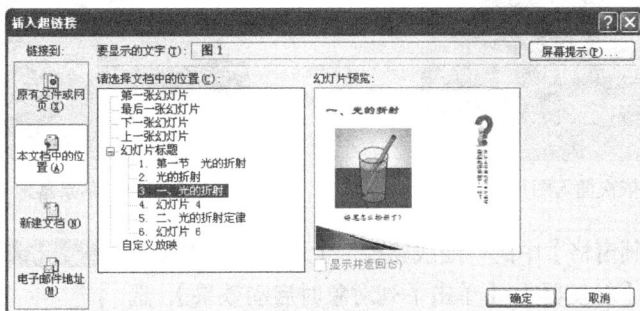

图 5-13 设置超链接

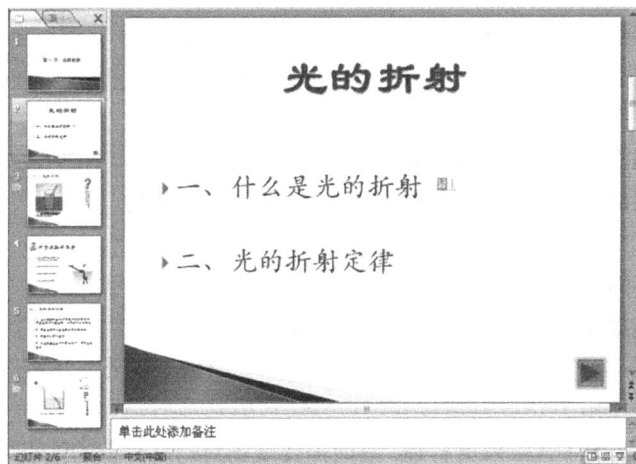

图 5-14 设置好超链接的幻灯片

3. 利用 PowerPoint 制作摘苹果特效

利用 PowerPoint 的触发器动画效果，辅助教学中的生字或单词学习，能获得很好的教学效果。方法是把树上的一个苹果和本课中的一个生字或单词绑定，摘苹果过程是没有顺序的，存在很大的随机性。单击苹果树上任意一个苹果时，苹果就落地并消失，具体过程如下。

① 制作素材。在网上下载一张苹果树图片并保存，再分别制作出对应本课中生字的苹果图片并放置在苹果树的合适位置。

② 新建幻灯片并插入图片。选择【插入】|【图片】命令，依次按图片文件名顺序插入同一张幻灯片中，如图 5-15 所示。

③ 单击任意一个苹果和生字的组合将触发该组合的自定义动画序列。以一个组合名为"图片框 3"（苹果生字"大"）为例，说明触发器动画的制作过程，其他的依此类推。

④ 选中组合"图片框 3"，选择【动画】|【动作路径】|【自定义路径】命令，绘制苹果落地的曲线，此时自定义动画"曲线路径"设置完成，如图 5-16 所示。播放查看动画效果，幻灯片按照时间顺序播放实现了苹果的落地过程，但我们需要的是单击苹果和生字的组合（图片框 3）时才让苹果落地。

图 5-15　依次插入图片

图 5-16　苹果落地"曲线路径"

⑤ 在右侧【动画窗格】中的"曲线路径"上右击并选择【效果选项】|【计时】|【触发器】|【单击下列对象时启动效果】，选择下拉列表中的"图片框 3"，单击【确定】按钮，如图 5-17 所示。

⑥ 播放查看效果实现了单击组合苹果落地，但发现落地的苹果并没有消失，所以还需要添加一个"消失"的动作，选中组合（图片框 3），选择【动画】|【添加动画】|【退出】|【消失】命令，拖动此动作到自定义序列的触发之后执行，并选择【开始】|【上一动画之后】命令，制作完成，放映查看效果。

至此，单击苹果和生字组合时苹果落地后并消失的触发器动画制作完成。

图 5-17　【计时】选项卡设置

4. PowerPoint 的使用技巧

（1）幻灯片快速放映与结束

快速放映需使用"F5"键；快速结束放映，除了按"Esc"键外，还可以按"-"键。

（2）彩色粉笔的使用

放映演示文稿时，为了让效果更直观，有时需要现场对幻灯片上的重点内容做标记，如圆圈、下画线、箭头或其他标记等，以强调要点或阐明关系。这时，需要在打开的放映演示文稿中单击鼠标右键，选择【指针选项】下的【笔】和【荧光笔】之一。按住鼠标左键并将其拖动，即可在幻灯片上书写或绘制。按键盘上的"Esc"键即可退出。

（3）黑屏和白屏的显示

在用 PowerPoint 演示幻灯片时，有时需要学生自己看书讨论，这时为了避免屏幕上的图片影响学生的学习注意力，按"B"键或"."键即可让屏幕黑屏。学生自学完成后再按"B"键或"."键即可恢复正常。当然，也可以按"W"键或","键，使屏幕出现白屏的效果，再按一次"W"键或","键，即可结束白屏显示。

（4）快速定位幻灯片

在播放 PowerPoint 演示文稿时，如果需要快速定位到某张幻灯片，默认的方式是滚动鼠标的滚轮或连续按上下方向键翻页，但这样速度慢、演示乱，影响上课效果。快速定位方式为：在键盘上按需定位幻灯片的编号，再按"Enter"键。例如，需要翻页到第 5 页幻灯片，则仅需要按"5"数字键，然后按"Enter"键即可实现快速翻页。

（5）鼠标指针的隐藏与显示

幻灯片放映时，要使鼠标指针隐藏，可以单击鼠标右键，在弹出的快捷菜单中选择【指针选项】|【箭头选项】|【永远隐藏】命令。如果需要"唤回"鼠标指针，选择【可见】命令。如果选

择【自动】（默认选项）命令，鼠标停止移动 3 秒后则会自动隐藏鼠标指针，直到再次移动鼠标时才会出现。按 "Ctrl+H" 组合键隐藏鼠标指针，按 "Ctrl+A" 组合键再现隐藏的鼠标指针。

（6）防止被修改

选择【文件】|【信息】|【权限】|【保护演示文稿】|【用密码进行加密】命令，打开【加密文档】对话框，设置修改权限的 "密码"，即可防止 PowerPoint 文档被人修改。

（7）PowerPoint 文件编辑、放映两不误

一边播放幻灯片，一边对照着演示结果对幻灯片进行编辑是一种比较理想的编辑方式。只需按住 "Ctrl" 键，选择【幻灯片放映】|【开始放映幻灯片】|【从当前幻灯片开始】命令或者单击状态栏中的【幻灯片放映】按钮 即可，此时幻灯片将演示窗口缩小至屏幕左上角。修改幻灯片时，演示窗口会最小化，修改完成后按 "Alt+Tab" 组合键再次切换到演示窗口即可看到相应的效果。

（8）演示者视图

备注详细地记录了 PowerPoint 页面的解释，目的是提醒用户。在演讲的时候，教师难免会忘记内容，除了使用提示卡外，还可以使用演示者视图，演示者视图是采用屏幕扩展功能实现的。以 Windows XP 操作系统为例，按图 5-18（a）中的功能键，或者在桌面上单击鼠标右键，选择【属性】命令，打开【显示 属性】对话框，选择 "将 Windows 桌面扩展到该监视器上"，实现一个主机带两个监视器；然后在 PowerPoint 2010 中选择【幻灯片放映】|【设置】|【设置幻灯片放映】命令，在打开的【设置放映方式】对话框中设置幻灯片放映在监视器 2 中并选中 "显示演示者视图"，这样就实现了学生观看投影器上的幻灯片，而教师边看幻灯片边看备注里面的内容，如图 5-18 所示。

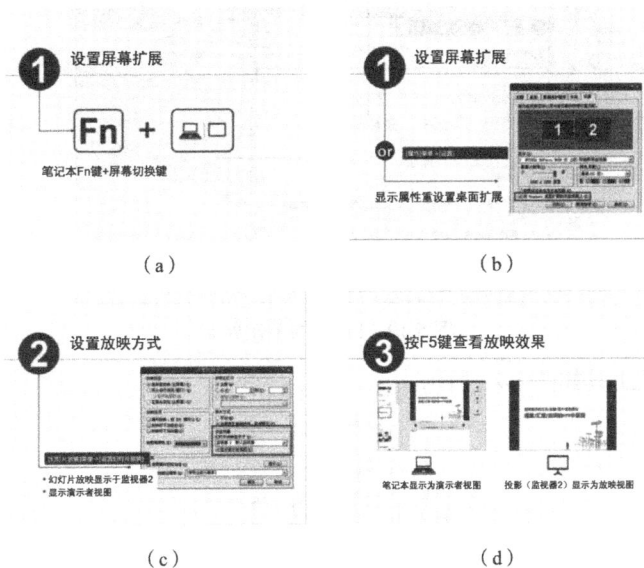

图 5-18　实现演示者视图

5.3.2　利用 Flash 制作课件

1. Flash 的基本概念

Flash 是 Macromedia 公司推出的优秀矢量图形编辑与动画创作专业软件，广泛应用于网页设计与制作、广告与动画设计、多媒体创作等领域。

① 层（layer）是 Flash 为了制作复杂动画而引入的解决手段。层像透明胶片一样，可以一层层地向上叠加，用于帮助组织文档中对象。这样，我们便可以在层上绘制和编辑对象，而不会影

响其他层上的对象。由于层重叠将得到几个对象合在一起的形式，因此可以在 Flash 中将一个大型的动画分成很多个在各个层上的小动画。

② 帧（frame）是构成 Flash 动画的基本元素，帧在时间轴上用小矩形的方格表示，一个方格表示一帧，为该动画各个时刻播放的内容。

③ 时间轴用于组织和控制文档内容在一定时间内播放的层数和帧数；用于组织和控制动画在一定时间内的播放效果，使动画随着时间进行变化。时间轴的主要组件是层、帧和播放头。

④ 舞台是为电影中各个独立的帧组合内容的地方，用户可以在舞台上直接绘制图形，也可以安排导入的图形，用户可以根据需要改变舞台的显示比例或移动舞台。

⑤ 场景是 Flash 作品中相对独立的一段动画内容。一个 Flash 作品可以由很多个场景组成，场景之间可以通过交互响应进行切换。正常情况下，动画播放时将按场景设置的前后顺序播放。

Flash 制作的动画类型有逐帧动画、形状补间动画、动作补间动画、路径动画和遮罩动画。本小节主要讲解这几种动画类型的制作。

2. Flash 的界面认识

① Flash 的工作界面如图 5-19 所示。

图 5-19　Flash 的工作界面

② Flash 的绘图工具如图 5-20 所示。

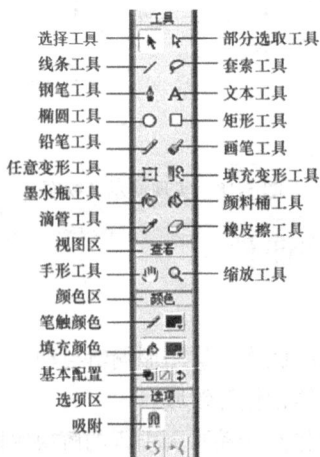

图 5-20　Flash 的绘图工具

③ Flash 的时间轴窗口如图 5-21 所示。

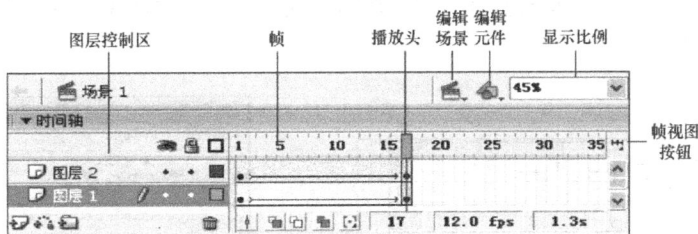

图 5-21　Flash 的时间轴窗口

3. 制作逐帧动画

逐帧动画是通过一帧帧相互连续的画面按时间顺序连续播放而产生的动画类型，创建步骤如下。

① 新建 Flash 文档，大小为默认尺寸即可，即 550px×400px，然后在打开的编辑窗口中使用工具栏上的文本工具，输入文字"现代教育技术"，文本类型为"静态文本"，文字大小为 45，字体为宋体，颜色为黑色，字符间距（A\V）为 8，使用选择工具将文本放置于舞台适当位置，本例将其放置在舞台中央，如图 5-22 所示。按"Ctrl+B"组合键对整行文本内容进行打散，拆分成各自独立的单个字符，如图 5-23 所示。

图 5-22　输入文字

图 5-23　打散后的文字

② 单击舞台空白处结束文本选中状态，使用选择工具选择除"现"外的其他文本，并按"Ctrl+X"组合键进行剪切操作。这时图层 1 对应舞台中便只有"现"字了。接着，单击时间轴下方图标创建图层 2，并分别将"图层 1""图层 2"重新命名为"现""代"（双击名称即可重命名），在"代"层中右击舞台并选择【粘贴到当前位置】命令，如图 5-24 所示。

③ 重复步骤②，使每个字各占一层，并在当前位置粘贴，如图 5-25 所示。

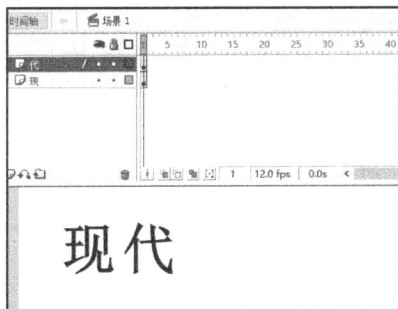

图 5-24　制作好的图层 1 和图层 2

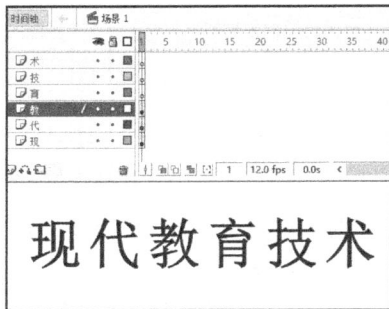

图 5-25　制作好的所有图层

④ 为了产生"逐字显现"的效果，必须利用逐帧动画的原理。利用选择工具依次选择时间轴上的第 1 帧，并按顺序向后拖曳，为了使动画最后停止运动，需要在每一层的第 20 帧处插入帧，如图 5-26 所示。动画制作完毕，可以按"Enter"键观看效果。

⑤ 此外，也可以使用第二种方法制作以上相同效果，即在打散文本的情况下直接在图层 1 中依次插入 5 个关键帧（即第一层共 6 个关键帧）。然后根据一帧出现一个文字的逐帧原理，分别

对第 1 帧、第 2 帧、第 3 帧、……、第 6 帧中的多余文字进行删除即可。此法简单、方便，即在第 1 帧中删除除"现"字外的所有文字，在第 2 帧中删除除"现代"两字外的所有文字，依次类推，如图 5-27 所示。

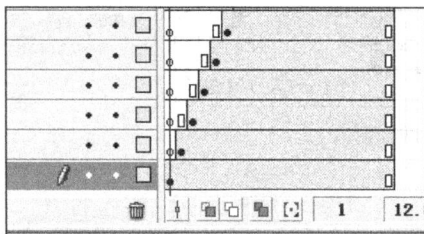

图 5-26　不同图层的逐帧动画

图 5-27　同一图层的逐帧动画

⑥ 选择【文件】|【导出】|【导出影片】命令，输入文件名并保存为 SWF 格式的文件。

4．制作形状补间动画

形状补间动画是一种基于两个关键帧之间的补间动画类型，但它针对的是形状，即先对关键帧中的形状指定属性，然后在后续关键帧中修改形状或者绘制另一个形状。下面将使用形状动画制作一面飘扬旗帜的动画效果，制作过程如下。

① 新建一个 Flash 文档，大小默认即可。然后，在图层 1 中使用矩形工具，并在其工具栏【颜色】面板中选择【填充色】，再单击【去色】按钮，即只保留轮廓为黑色，以便旗帜外形的调整。同时将其【属性】内边框设为 1，线型为"实线"。在舞台中央适当位置拖曳鼠标指针绘制一个大小合适的矩形，注意保留旗杆的位置。

② 使用选择工具，把鼠标指针移至矩形上边框，单击并向上拖曳鼠标指针，完成后，将鼠标指针自图形外向图形右侧拖曳以对顶边的部分线段进行局部选择，这时便会看到顶边虚点的部分即是被选中的线段，接着移动鼠标指针靠近顶边右半侧线段，当出现提示时单击并拖曳鼠标指针向下移动，即产生图 5-28 所示的"S"形曲线，具体弧度可自行调整，直到满意为止。

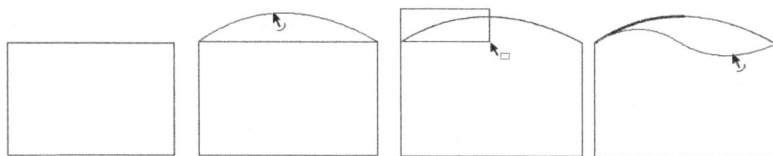

图 5-28　产生的"S"形曲线

③ 同理，对底边、右边轮廓也进行同上的操作，不同的是拉伸的方向和弯曲的部位有所变化，如图 5-29 所示。

④ 完成后，单击【图层 1】|【第 1 帧】并在其【属性】|【补间】选项中选择【形状】，帧将变成淡绿色，这时形状动画类型就添加成功了。但想要达到飘扬的动画效果还需接着对旗帜的外形进行调整，在第 5 帧处单击鼠标右键，选择【插入关键帧】命令，这时在第 1 帧和第 5 帧之间就会产生一个实线的箭头指向，这说明此前的形状动画添加成功，如图 5-30 所示。

⑤ 修改第 5 帧舞台中的图形状态使其与先前的曲线形态正好相反，即将顶边与底边的各自高点与低点分别进行对调调整。

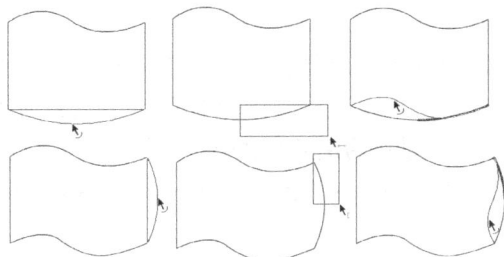

图 5-29　变形好的旗帜

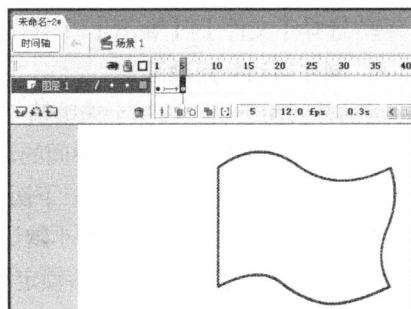

图 5-30　添加的形状补间动画

⑥ 用鼠标右键单击【图层 1】|【第 1 帧】并选择【复制帧】命令，然后在第 10 帧单击鼠标右键并选择【粘贴帧】命令，其目的是在 Flash 播放器中循环播放时无缝衔接，即完成一个完整的飘动动画周期，而这只是最后过程的第一步。接着，对第 10 帧中的图形进行适当的形变微调，即在第 5 帧和第 10 帧中的两个图形之间进行一个细微的过渡衔接操作，使终点的顶边曲线略微下调，底边曲线略微上调，从而使其在和起点第 1 帧衔接时能够更加顺畅，这一步骤非常重要，如图 5-31 和图 5-32 所示。按 "Enter" 键预览初步效果。

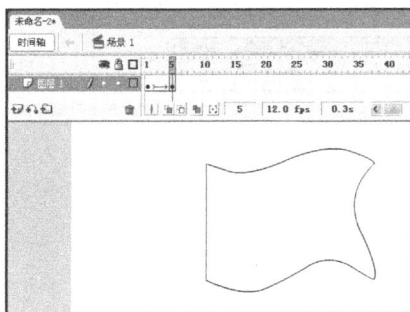

图 5-31　调整好的旗帜

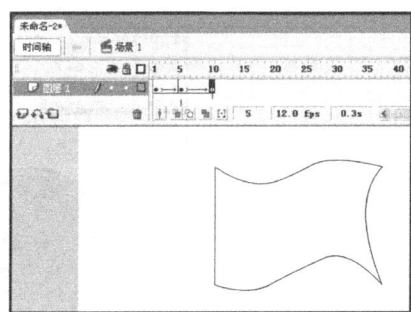

图 5-32　第 10 帧处理结果

⑦ 选择颜料桶工具，在颜色面板中将 "填充色" 设为 "红色"，然后分别选择图层 1 中的第 1 帧、第 5 帧和第 10 帧中创建的轮廓图形，并对其进行色彩填充，只需将鼠标指针移到图形内单击即可，如图 5-33 所示（要点：必须将每个关键帧中的图形进行相同的色彩填充操作，按 "Enter" 键进行效果测试）。

⑧ 给旗帜加上一个旗杆，可直接选择线条工具，设置宽度为 3，颜色为黑色并新建图层 2，然后直接在靠近旗帜的左侧位置拖曳出直线，长度可根据画面需要适度调节，如图 5-34 所示。

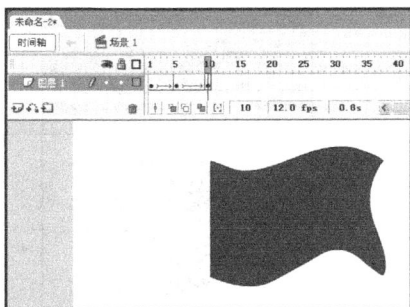

图 5-33　填充好颜色的旗帜

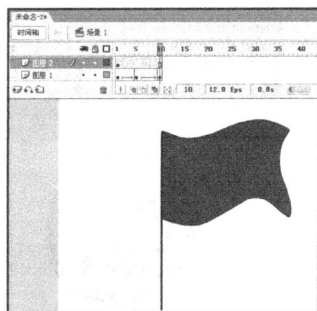

图 5-34　制作完成的效果图

⑨ 选择【文件】|【导出】|【导出影片】命令，输入文件名并保存为 SWF 格式的文件。

5. 制作运动补间动画

运动补间动画是一种基于关键帧与关键帧之间而产生的动画类型，只需设定起始关键帧和结束关键帧，Flash 将会自动完成中间的动画部分。Flash 还可以实现补间图形的移动、旋转、缩放、变色、透明度降低或提高等效果。下面以"旋转的指针"动画为例说明这种动画类型的制作过程。

① 新建一个 Flash 文档，大小默认即可。选择椭圆工具，在舞台上绘制一个圆，并填充颜色（自己选颜色）作为表盘，完成后锁定图层 1。

② 新建图层 2，选择直线工具，设置宽度为 3，并设置颜色，然后在表盘内 12 点图示位置按"Shift"键，单击并拖曳鼠标指针，绘制出一条笔直的线段用其代表时钟指针。

③ 光标移至图层 1 第 20 帧处并插入帧，返回图层 2；选择图层 2 的第 1 帧，用鼠标右键单击并选择【创建补间动画】命令，这时会发现时钟指针上出现了一个很小的"十"字形小白点，它是时钟指针图形的中心点位置，如图 5-35 所示，而这种图标的出现意味着此图形可能已经创建了补间动画的图形。其初始图形的散点状态也将变成类似群组的状态，若修改其外观则需要双击此图形后才可进行。选择任意变形工具激活指针的图形中心，然后将鼠标指针移至此图形中心并单击，将其拖曳至圆形的坐标中心使其成为时钟指针即将使用的旋转中心。在对图层 2 的第 1 帧进行动作动画创建的同时，对其指针的中心点与圆形表盘的中心进行居中的对齐操作。

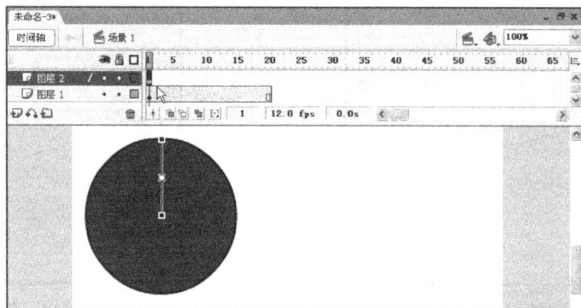

图 5-35　创建补间的结果

④ 将光标移至图层 2 第 10 帧并插入"关键帧"，同时对其舞台内的时钟指针进行顺时针旋转操作。当鼠标指针移至时钟指针顶点偏上的地方并在出现旋转符号时进行拖曳旋转，移动至提示位置即可，不得超过 180°，否则指针会出现反向旋转的效果。同上，在图层 2 第 20 帧处再次插入关键帧，并将其时钟指针旋转至图 5-36 所示的位置，即靠近 12 点起点的地方，在此需要注意的是旋转的角度依然不能超过 180°，而最后的这一步操作主要是为了 Flash 在播放时能够更好地衔接。这样整个静态及动态的设计与制作就基本结束了，如图 5-37 所示。

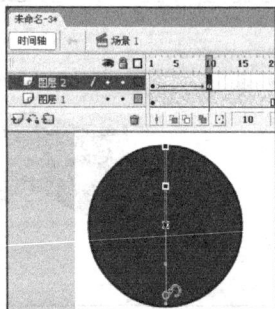

图 5-36　旋转的指针

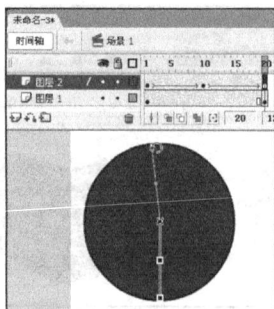

图 5-37　最后效果

⑤ 选择【文件】|【导出】|【导出影片】命令，输入文件名并保存为 SWF 格式的文件。

6．制作路径引导动画

路径引导动画是一种用于控制运动补间动画中的对象位置移动情况的动画类型。使用运动引导层可以绘制路径，补间实例、组或文本块可以沿着这些路径运动；可以将多个层链接到一个运动引导层，使多个对象沿同一条路径运动。链接到运动引导层的常规层就称为被引导层，当然也可以通过拖曳层的方式使其脱离引导层的控制。

下面通过一个被抛出的球的动画来说明引导动画的作用和用法，制作步骤如下。

① 新建一个 Flash 文档，尺寸默认即可，帧频设置为 24 帧/秒，导入蝴蝶图形，在第 50 帧处单击鼠标右键并选择【插入关键帧】命令。

② 单击【添加运动引导层】按钮，这时出现了第二层，即 "引导层"，同时图层 1 会向后退一格位置，与刚刚建立的引导层形成引导与被引导的层从属关系。然后锁定图层 1，单击引导层第 1 帧开始进行路径的绘制与调整。这里选择铅笔工具，从舞台的左侧到右侧绘制一条曲线。在引导层第 50 帧处单击鼠标右键并选择【插入帧】命令，即预设 50 帧的动画长度，如图 5-38 所示。

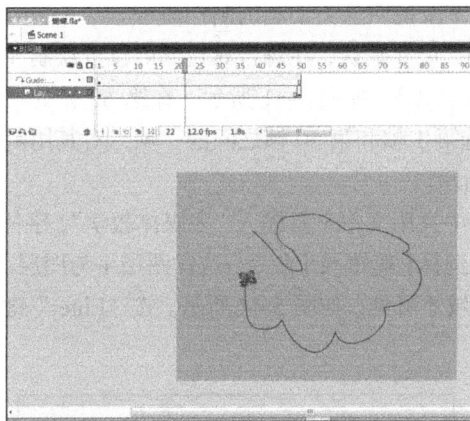

图 5-38　添加的引导层及绘制的曲线

③ 选择图层 1 第 1 帧并对其用鼠标右键单击，选择【创建补间动画】命令，如图 5-39 所示。这时图层 1 中的蝴蝶造型会自动吸附在引导层的路径上，单击第 50 帧，拖动蝴蝶到路径的结束点上。

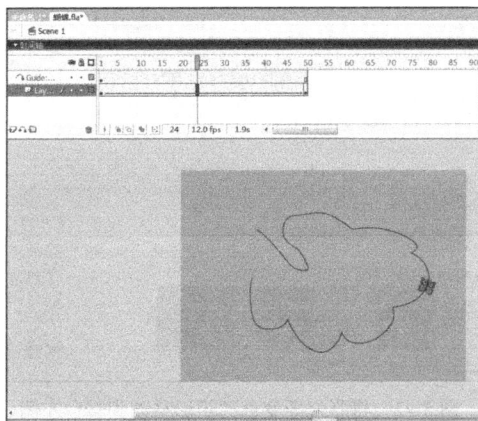

图 5-39　创建的补间动画

④ 单击图层 1 第 1 帧至第 50 帧之间的任意一帧，并对其【属性】进行设置，【旋转】设置为自动，勾选【调整到路径】复选框、【同步】复选框、【对齐】复选框，如图 5-40 所示。调整完后，蝴蝶的路径引导动画就基本完成了，可以按"Enter"键预览。

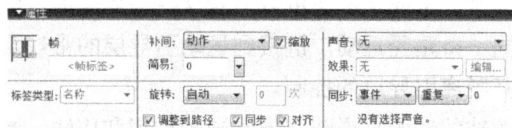

图 5-40　属性设置

⑤ 选择【文件】|【导出】|【导出影片】命令，输入文件名并保存为 SWF 格式的文件。

7. 制作遮罩动画

此类动画类型必须创建一个遮罩层，其特点是只有被遮罩的舞台区域中的画面才能被看到，而没有被遮罩的区域画面则不可被看到。其与路径动画不同的是：遮罩动画的遮罩层或者被遮罩层中的图形实例均可进行动作动画的创建与制作，而路径动画只有在被引导层中才可创建动作动画。下面通过制作闪动的文字来说明这类动画的制作流程。

① 新建一个 Flash 文档，尺寸默认，在舞台靠右侧的位置绘制 570px×105px 大小的矩形，填充彩虹渐变，按"Ctrl+G"组合键，如图 5-41 所示。在第 60 帧处添加关键帧，将矩形移到舞台左侧，如图 5-42 所示。任选第 1 帧和第 60 帧之间的一帧，对其用鼠标右键单击并选择【创建补间动画】命令，如图 5-43 所示。

② 新建图层 2，在舞台中央用文本工具输入"多媒体教学"，字体大小为 40 号，颜色为蓝色。在图层 2 处单击鼠标右键并选择【遮罩层】命令，这样图层 1 与图层 2 就建立了遮与被遮的关系，其中，只有被遮盖的图形区域才可见，如图 5-44 所示。按"Enter"键，播放遮罩效果，如图 5-45 所示。

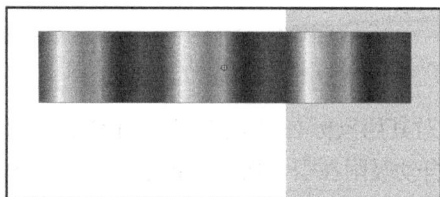

图 5-41　绘制彩虹渐变色的矩形

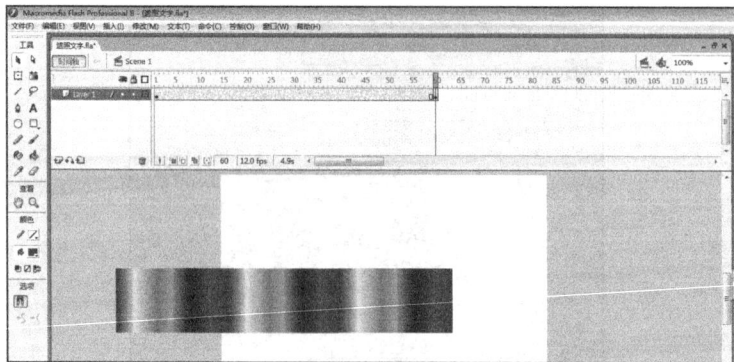

图 5-42　将彩虹渐变色的矩形移动到舞台左侧

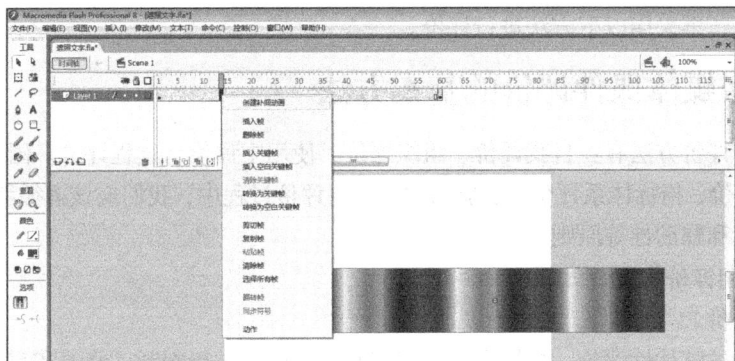

图 5-43　创建补间动画

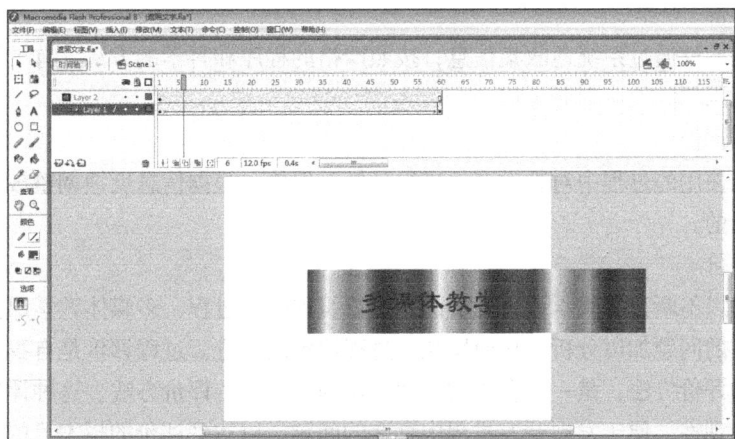

图 5-44　创建遮罩层

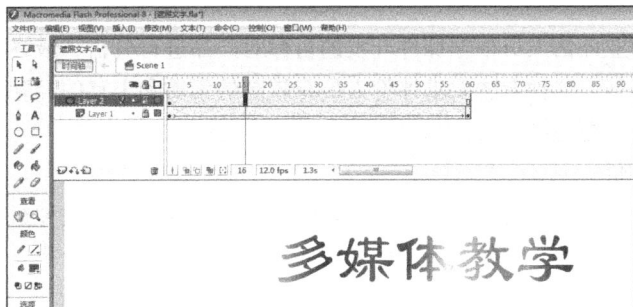

图 5-45　闪动的文字效果

5.4　多媒体课件评价

　　多媒体课件在教学中的应用优化了教学结构，提高了教学效果，激发了学生的学习兴趣，促进了教育信息化，所以对多媒体课件进行评价意义深远。科学、合理地评价多媒体课件对完善和优化多媒体课件非常重要。多媒体课件首先应该做到无政治性错误、无知识性错误、打包后无病毒、链接正确、运行流畅，有一定的教育性、科学性、技术性和艺术性，使用环境通用化、大众化。在此基础上，再采用以下方法进行评价。

5.4.1　多媒体课件评价的基本方法

国内常用的评价方法有：自我评价、组织评价、使用中评价、过程评价。国外常用的评价方法有：分析式评价、指标体系评价、实验法评价。在评价过程中，我们应该遵循科学性、教育性、技术性、艺术性和辅助性等原则。

1．国内常用评价方法

（1）自我评价

自己对内容的整体性评价，根据自己的理解对教学课件进行判断、修改和完善。自我评价是自我行为的主要调节器，广义上来说，积极的自我评价有助于提高自身专业水准。

（2）组织评价

组织评价是一种通过系统地收集信息，按照严格的程序和科学的方法，有计划、有组织地进行关于对象较为深刻的价值判断过程。

（3）使用中评价

该方法是在使用的过程中对教学课件进行分析、评价，根据信息反馈调整教学课件，以达到改善、提高的目的。

（4）过程评价

过程评价是以不断完善教学课件为目的，对组织评价的过程、多媒体教学课件应用过程及其开发过程中存在的问题加以分析，从而反映出过程评价的改进。过程评价是自我评价的丰富和使用中不断完善的评价方法，是一种合理的、明确化的、科学的评价方法。这种评价方法使评价结果更能体现出客观性，便于发现开发过程中存在的问题，以达到评价的根本目的。

2．国外常用评价方法

（1）分析式评价

要求教学课件专业评估人员根据课件开发的目标对产品进行分析，最终根据评价人员的经验撰写一份总体评价报告。这种方法要求评价人员有较高的素质和丰富的经验，需要专门的人员培训以对产品进行专业、合理的评价。

（2）指标体系评价

由权威机构经过科学的研究提出一整套对教学课件评价的指标，这种指标又可细分为若干个可操作的描述和问题，评价人员根据指标体系对多媒体课件进行测试分析，然后按照评价指标体系进行评分，最后给出总的评价意见。

（3）实验法评价

评价人员根据多媒体课件设计的目标，对使用者进行实验研究，通过抽样选取课件设计针对的教学对象（即学习者）进行前测、后测、记忆保持测试等，然后分析学习者使用多媒体课件辅助教学后掌握教学知识点的情况，并与对照组进行差异显著性检验，从而保证评价课件的作用和有效性。

5.4.2　多媒体课件的评价标准

多媒体课件评价不仅要看内容的准确性，还要考虑内容的表现方式、反馈设置及媒体特性的体现等，其评价标准可以从科学性、教育性、技术性和艺术性等方面来综合考虑。

1．科学性

（1）知识描述的科学性：知识内容准确无误，多媒体素材的运用准确、科学。

（2）问题表述的准确性：课件中所有表述的内容要准确无误。

（3）引用资料的正确性：课件中引用的资料要正确无误。

（4）认知逻辑的合理性：课件的设计要符合现代教育理念。

2．教育性

（1）目的性：教学目的明确，符合教学大纲要求，符合教学原则和认知规律，适合学生的年龄特点和认知水平。

（2）直观性：课件直观、形象，利于学生理解知识。

（3）趣味性：有利于调动学生学习的积极性和主动性。

（4）新颖性：课件的设计新颖，能进一步激发学生的学习热情。

（5）启发性：课件在课堂教学中具有较大的启发性。

（6）针对性：课件的针对性强，内容完整。

（7）创新性：支持合作学习、自主学习或探究式学习模式。

3．技术性

（1）多媒体效果：制作工具选择恰当，素材运用充分，能体现媒体特征。

（2）交互性和实用性：操作界面友好，便于操控和交互，适合日常教学使用。

（3）稳定性和可移植性：运行稳定、可靠，可移植性高，能够移植到网络或不同配置的计算机上正常运行。

（4）维护交流：可以方便地更新维护，方便交流。

4．艺术性

（1）画面艺术：画面制作具有较高的艺术性，整体标准相对统一；表现形式多样，具有较大的吸引力；页面布局简洁、美观；画面色彩搭配合理，有一定的审美性。

（2）语言文字：语言文字规范、简洁明了、逻辑性条理清晰。

（3）视听效果：视觉、听觉和谐优美，画面流畅，悦耳动听。

5.5　微课设计、制作与评价

5.5.1　微课的概念

微课的全称是微型视频课程，微课是以微型教学视频为主要呈现方式，针对某个学科知识点（如重点、难点、疑点、考点等）或教学环节（如学习活动、主题、实验、任务等）而设计开发的一种情景化、支持多种学习方式的新型在线网络视频课程。微课既不同于传统单一的课件、教案、课例、试题等资源类型，又是在传统教学资源基础上发展的一种新的资源类型和应用方式。

5.5.2　微课的制作

1．制作流程

（1）确定选题

微课的选题是微课制作最关键的一环，恰当的选题是制作优秀微课的基础，重点、难点或疑点是最好的选择。一个微课仅需要选取一个知识点作为主题，并且5~10分钟能够讲解透彻，其内容要适合使用多媒体来表达，适合加入丰富的图形、图像、精美的动画和音频效果。

（2）信息化教学设计

优秀的微课离不开优秀的信息化教学设计。根据选题及教学要求，精心设计并编写信息化教学设计，做到能有效地解决教学中的实际问题，并有针对性地解惑，能调动学习者学习的主动性。信息化教学设计在第6章有详细的阐述，在此不做讲解。

（3）编写脚本

编写脚本是教学活动开展和操作演示进行的依据，是微课录制的指南，也是视频后期编辑的依据。所以脚本的编写应该非常详尽，可以包括各个环节的录制时长、展示内容、如何面向学生操作演练等。好的脚本应该简洁明了，并具有明确而清晰的指导性，内容包括：片头→导入→过程→总结→片尾。微课脚本参考模板如表5-1所示。

表5-1　　　　　　　　　　　　　微课脚本参考模板

学校名称		系列微课名称			
授课教师姓名		性别		职称	
本节微课名称		视频长度		录制时间	
知识点来源	□学科：　　　　年级：　　　教学版本：　　　章节：　　　页码： □不是教材内容，自定义：				
知识点描述					
教学类型	□讲授型□问答型□启发型□讨论型□演示型□实验型□练习型□表演型□自主学习型 □合作学习型□探究学习型□其他类型				
适用对象					
制作环境/媒体/技术					
设计思路及制作完成形式					

教学过程							
步骤	教学内容	画面	教学方法	教学手段	学生活动	拍摄手法/全景/特写	时长（秒）
一、片头		第 张至 张幻灯片					20秒以内
二、正文讲解							秒
							秒
	……						……
三、结尾							20秒以内

（4）课件制作

准备教学素材与练习测试，结合微课程知识点，充分运用图形、声音、图像、动画等多媒体元素制作相应的课件，配合讲授不容易理解的知识点，辅助教师现场讲授。

（5）微课录制

微视频是微课的核心，微课的录制可以选择不同的录制方法，但要保证画面清晰、图像稳定、声音清晰、声音与画面字幕同步。在整个录制过程中，教师要适当注意镜头，与摄像头或者摄像机有眼神交流。特别是采用屏幕录制的时候，要利用鼠标指针的单击和移动配合解说，适当使用画笔功能。知识点、题目等讲解不照本宣科，表述应有自己的见解。

（6）后期编辑与发布

后期编辑主要是对已经录制好的微课视频进行编辑、美化和保存，如把视频片头和片尾的空白部分分割移除，并重新制作视频的片头和片尾，配上背景音乐等。发布是指最后生成导出 MP4 或 FLV 高清视频格式文件，确保视频画面导出后不变形。

（7）评价、反思与修改

微课制作完成后，要及时听取学生、同行和专家观看后的感受与反馈，并不断修改和完善，实现制作微课为师生解惑、启发教学的初衷。

2. 制作方法与发布

（1）录播教室录制

录播教室系统是一种同时满足多画面处理、无缝切换、高清录制和直播等多种功能需求的设备，通常可以在录播教室里录制高质量的、专业的微课视频。

具体录制方法：进入录播系统管理平台，设置相关视频的画面、音频参数，选择自动录制或手动录制即可进行微课录制。录制完成后，还可以利用系统自带的编辑功能完成视频的后期加工。

这种方法的优点是：自动跟踪定位，场景自动切换。

（2）DV 录制

DV 是相对比较专业的录制设备，在微课制作过程中经常被使用，通常在拍摄过程中需要配置三脚架，以防止拍摄画面抖动。具体录制方法：选择光线充足和安静的场所，调整好三脚架的高度和水平位置，教师可利用黑板或白板开展教学。为保证画面清晰、突出讲课内容，拍摄时可适当改变景别，教师要注意尽量避免身体挡住 DV，以保证画面完整。录制完成后，可用视频编辑软件进行后期编辑。

这种方法的优点是：可以录制教师教学过程的完整画面，板书内容与教师可以同时出镜。

（3）手机录制

手机录制微课简单易学，易于实现。录制前需要准备手机支架、笔、直尺、白纸、红色胶带和耳机麦克风。

具体录制方法：找一个相对安静的环境，放置好支架，将手机固定在支架上，并调整好位置，手机镜头对准桌面；根据手机录制的范围，在桌面上用红色胶带标记出定位框，将白纸放在定位框内，就可以开始录制了；录制时应注意头部不能过低，以免遮挡镜头，也应注意书写不能超出定位框，以免画面移出镜头，还应注意教师手上不要戴饰品，以减少无关信息的干扰。录制完成后，可用视频编辑软件进行后期编辑。

这种方法的优点是：简单易学，方便操作，录制工具易得，成本较低。

（4）软件录制

用来录制微课的软件有很多，常用的有 PowerPoint、Camtasia Studio、嗨格式录屏大师等。

① PowerPoint 录制

PowerPoint 是最常用的办公软件之一，这里以 PowerPoint 2016 为例来说明其自带的录屏功能。打开 PowerPoint 2016，选择【插入】|【屏幕录制】命令，录屏界面如图 5-46 所示。

此时页面变灰暗，页面上方中部出现录屏工具栏。将鼠标指针置于工具栏的不同按钮上，会呈现快捷键提示语。该工具栏中共 5 个按钮可供选择：【录制】、【停止】、【选择区域】、【音频】、【录制指针】。

图 5-46 PowerPoint 的录屏界面

这里需要注意的是，开启音频后，并不能录制系统内软件播放的声音，只能录制麦克风输入的声音。用鼠标指针拖动红色虚线框，选择需要录制的屏幕区域。单击工具栏中的【选择区域】按钮，可将已选区域取消，然后重新选择。比较遗憾的是，录制不支持识别软件窗口。单击【录制】按钮，出现红色的倒计时窗口，同时提示"按 Windows 徽标键＋Shift＋Q 停止录制"，此时就开始录制屏幕区域的所有内容了。如果不用上述组合键停止录屏，也可以将鼠标指针移动到屏幕正上方，临时窗口则会重新显示出来，可以选择暂停或停止。停止录制后，录制的视频就会自动被插入 PowerPoint 中了。如果要保存它，就在视频上单击鼠标右键，选择【将媒体另存为】命令，如图 5-47 所示。还可以选中视频，选择裁剪视频。在裁剪视频的窗口上，移动绿色和红色的时间游标，就可以裁剪掉视频的前面或者后面部分。

图 5-47 PowerPoint 保存录屏视频

② Camtasia Studio 录制

录屏前将屏幕分辨率调整到合适的大小，并测试麦克风音量，调整好摄像头位置，然后在桌面上用鼠标右键单击 Camtasia Studio 的快捷方式，选择【以管理员身份运行】命令，选择【新建录制】，在打开的对话框中分别设置录制区域、摄像头的开关、声音的选项，Camtasia Studio 可以同时录制屏幕和讲解者，以及系统和麦克风输入的声音。设置完成后，单击红色的录制按钮【rec】就可以开始录制了，如图 5-48 所示。录制完成后可自动存入媒体库，并可以进行后期编辑。编辑完成后，选择【分享】|【自定义生成】|【新建自定义生成】命令，设置发布格式、参数、保存路径等即可完成微课录制，如图 5-49 所示。

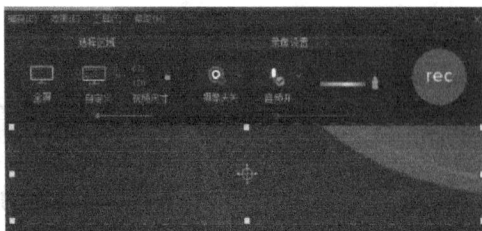

图 5-48 录制视频界面

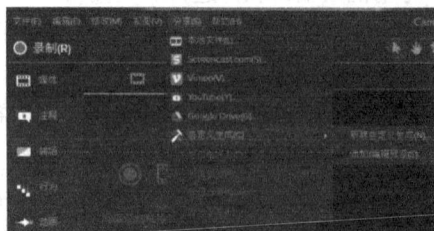

图 5-49 保存视频

（5）软件编辑

用来编辑微课的软件有很多，常用的有 PowerPoint、Camtasia Studio、CourseMaker、万彩动

画大师等。

下面以万彩动画大师为例，说明用软件编辑视频的方法。万彩动画大师的特色功能是：提供了多种角色人物，并且每个角色里面有各种动作；语音合成（输入文字即可转换为普通话、各地方言、英语等语音形式）；可为加入的元素（如文字、图片等）设置多种动画效果；可实现手绘，其动画特效能灵活应用到动画视频中。具体操作如下。

① 把微课内容分为几个场景，制作成 Word 文档。

② 启动万彩动画大师，单击【新建空白项目】按钮，进入工作页面，单击【新建场景】按钮创建第一个场景，可以选择使用场景模板或者不用，新建工程界面如图 5-50 所示。

③ 若不用场景模板，单击页面下方背景栏的"+"号，选择背景。

④ 加入字幕及语音。单击【字幕】图标会出现字幕栏，同样单击"+"号可以新建字幕（一个场景内所有的字幕都会在这一栏）；如果要添加语音，可以选择自己录音或者语音合成，语音合成可以调节音色、音量和语速；如果要加一条字幕并配一段语音，从前期准备好的 Word 文档上复制文字即可，注意字幕持续的时间和语音要同步。

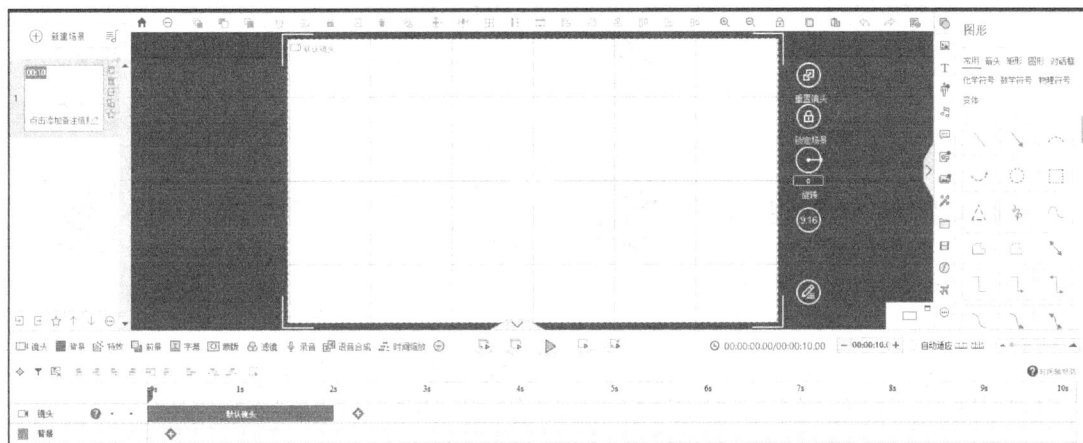

图 5-50　万彩动画大师新建工程界面

⑤ 添加人物。选择页面右边的【人形】图标，选择一个人物后选择动作，并且将动作延长到要持续的时长。

⑥ 添加文本。单击右边的【T】图标，即可加入文本或者加入模板文本。

⑦ 给素材添加特效。例如给人物或者文本添加出现或消失特效，双击特效即可。

⑧ 场景转换。一个场景不要太长，否则素材会有很多层，操作不便，并且分场景还会有场景之间转换的动作。在页面左上方场景列表上，单击每个场景下面的符号，可以选择动作。

⑨ 动画完成后，可以选择视频下方工具栏左边的第一个【预览】按钮，预览几个场景结合在一起的效果。

⑩ 编辑完成后，保存并发布，保存时可以加水印或者设置封面。

5.5.3　微课的评价

微课应符合最新颁布的国家课程标准、教学实践要求，以及具体教学内容和教学目标要求，能够帮助学生掌握课堂教学中单个知识点，具体评价指标和要素如表 5-2 所示。

表 5-2　　　　　　　　　　　　　　微课的评价指标和要素

评价指标	评价要素
教学设计	体现新课标的理念，主题明确，重点突出； 教学策略和教学方法选用恰当，合理运用信息技术手段
教学行为	教学思路清晰，重点突出，逻辑性强； 教学过程深入浅出、形象生动、通俗易懂，能充分调动学生的学习积极性
教学效果	教学和信息素养目标达成度高； 注重培养学生的自主学习能力
创新与实用	形式新颖，趣味性和启发性强； 视频声画质量好； 实际教学应用效果明显，有推广价值

微课视频

扫描二维码，观看教学视频。

5.1 多媒体课件的设计	5.3 微课设计与制作
5.2 多媒体课件设计与制作提高篇	5.4 拓展资源：基于多媒体教学环境的教学组织

练习与实践

一、练习

1. 选择题

（1）PowerPoint 中，下列说法中错误的是（　　　）。

A. 可以动态显示文本和对象

B. 可以更改动画对象的出现顺序

C. 图表中的元素不可以设置动画效果

D. 可以设置幻灯片切换效果

（2）在 PowerPoint 中，如果想切换到幻灯片母版时应该（　　　）。

A. 单击【视图】|【母版视图】|【幻灯片母版】按钮

B. 按住"Alt"键的同时单击【幻灯片视图】按钮

C. 按住"Ctrl"键的同时单击【幻灯片视图】按钮

D. A 和 C 都对

（3）下列关于 Flash 软件说法正确的是（　　　）。

A. 它是一个专门制作位图的软件

B. Flash 软件只能制作动画

C. Flash 是一个矢量图软件，但不能做网页

D. 它是一个矢量图软件，可以制作动画、网页

（4）Flash 软件保存格式为（　　　）。

A. AI　　　　　　　　B. PNG　　　　　　　C. FLA　　　　　　　D. PND

（5）Camtasia studio 录屏时能录制（　　　）。

A. 系统和麦克风声音　　　　　　　　B. 仅麦克风声音

C. 屏幕和讲解者　　　　　　　　　　D. A 和 C 都对

2. 填空题

（1）PowerPoint 中，在_____视图中，可以精确设置幻灯片的格式。

（2）要使幻灯片在放映时能够自动播放，需要为其设置_____。

（3）如果要从一张幻灯片淡入下一张幻灯片，应使用【幻灯片放映】下的_____命令进行设置。

（4）_____视图方式下，显示的是幻灯片的缩略图，适用于对幻灯片进行组织和排序、添加切换功能和设置放映时间。

（5）Flash 中补间用来产生两个关键帧之间的过渡图像，用户只需要建立一个_____和一个_____，即可通过补间来填充中间的过程。

3. 问答题

（1）多媒体课件的设计原则是什么？

（2）微课的设计流程是什么？

（3）利用 Flash 可以制作哪些类型的动画？

（4）常用的多媒体课件开发工具有哪些？

二、教学实践活动

选择一个本专业的且熟悉的知识点，设计一个使用多媒体课件进行教学的情境。

三、技术实践活动

（1）多媒体课件的设计与制作。要求：页数最少 6 页，添加母版、动作按钮、幻灯片切换效果、自动播放，尽量应用到所学多媒体课件制作的不同技术。

（2）微课的设计与制作。要求：时间 5～10 分钟，选取与自己本专业相关的一个知识点，尽量应用到所学微课制作的不同技术。

第6章
信息化教学设计

学习目标

（1）记忆：教学设计的基本步骤；信息化教学设计的基本类型。

（2）理解：信息化教学设计的内涵；目标导向、问题导向、任务驱动和翻转课堂的信息化教学设计的内涵。

（3）应用：能够设计信息化教学方案，并在教学实践中实施信息化教学。

知识结构

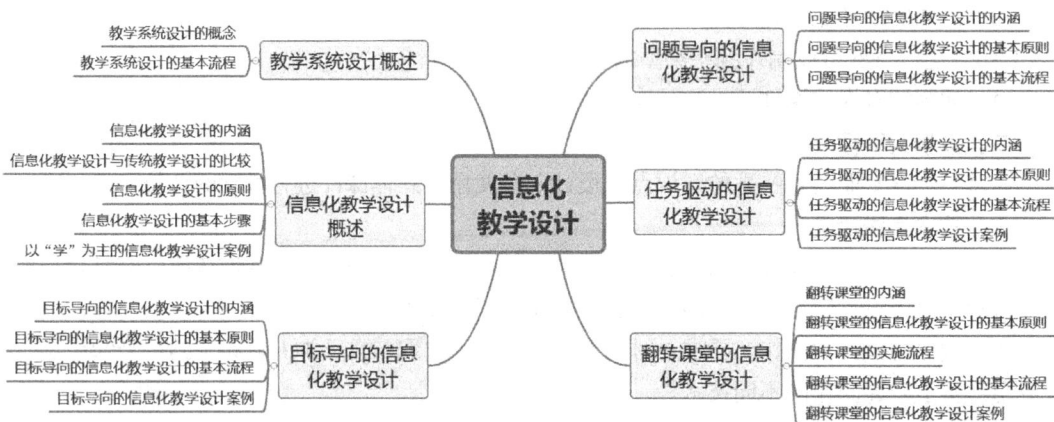

学习建议

建议学习者在学习过程中注意归类比较，厘清思路，掌握不同模式教学设计的异同和使用对象；观摩优秀教师的教学设计和课堂组织，结合"现代教育技术"网络课程中提供的大量教学设计案例，分析其教学流程，领会信息化教学设计的内涵，以便创新信息化教学设计模式。

案例引导

在教学过程中有学生曾提出这样的问题：过去没有"现代教育技术"这门课，也没有"教学设计"这样的内容，一些教师凭借多年的经验，照样把课讲得很精彩，我们只要在教学实践中不断积累经验同样能成为一名"好"老师，为什么要学教学设计呢？针对部分同学提出的这一质疑，我们开展了"为什么要学习教学设计"的讨论。经过讨论，大家取得了以下共识。

一是教学设计使教师关注新型教学媒体的运用，然后选择和利用新型媒体提高教学质量。

二是教学设计有利于保证教学工作的科学性。传统教学以课堂为中心、书本为中心、教师为中心，教学上的许多决策都凭教师个人的经验和意向做出，有经验的教师凭借这种模式也能取得较好效果，这是具有教学艺术的表现。但运用这门艺术的教师毕竟有限，而且教学艺术很难传授。教学系统设计克服了这种局限，将教学活动的设想建立在系统方法的科学基础上，用可以复制的技术作为教学的手段。只要懂得相关的理论，并掌握了科学的方法，一般教师都能实际操作。因此，学习和运用教学设计的原理是促使教学工作科学化的有效途径。

三是有利于教学理论与教学实践的结合。教学设计起到了结合教学理论与教学实践的作用，教学设计为了追求教学效果的优化，在解决教学问题的过程中，注意把个别教师的教学经验升华为便于广大教师掌握和运用的教学科学，注意把已有的教学研究理论成果综合应用于教学实践，使教学理论与教学实践紧密地连接起来。

四是有利于科学思维习惯和能力的培养。例如，在教学内容或学习任务分析这个设计环节中，要求设计者将总的教学目标分解成单元教学目标和更具体的使能目标，建立一个教学目标群，然后根据每一个具体目标拟定策略。这与现代管理学中目标管理的思路是相同的。因此，学习与运用教学设计原理和方法，可以培养有关人员科学思维的习惯，提高他们科学分析问题、解决问题的能力。

6.1　教学系统设计概述

教学系统设计的过程实际上就是为教学活动规划蓝图的过程。通过教学设计，教师可以对教学活动的基本过程有一个整体的把握，可以根据教学情境的需要和教育对象的特点确定合理的教学目标，选择适当的教学方法、教学策略，采用有效的教学手段，创设良好的教学环境，实施可行的评价方案，从而保障教学活动的顺利进行。另外，通过教学设计，教师还可以有效地掌握学生学习的初始状态和学习后的状态，从而及时调整教学策略、方法，采取必要的教学措施，为下一阶段的教学奠定良好的基础。从这个意义上说，教学设计是教学活动得以顺利进行的基本保障。好的教学设计可以为教学活动提供科学的行动纲领，使教师在教学工作中事半功倍，取得良好的教学效果。忽视教学设计，则不仅难以取得好的教学效果，还容易使教学"走弯路"，影响教学任务的完成。

6.1.1　教学系统设计的概念

教学系统是教育系统的子系统，是为了实现某种教学目的，由各教学要素（教师、学生、教学媒体、教学内容）有机结合而成的具有一定教学功能的整体。

教学系统设计也称教学设计，是以学习理论、教学理论和传播理论为基础，运用系统论的观点和方法，分析教学中的问题和需求，从而找出最佳解决方案的一种理论和方法。

从概念的表述上，可归纳出教学系统设计的基本内涵。

（1）教学系统设计是对教学活动的过程和操作程序的设计。教学系统设计是连接教学理论与教学实践的"桥梁"。将教学理论运用于教学实践是教学系统设计研究的核心问题。教学系统设计主要研究解决教学问题的方案、程序，以及各种具体的教学方法、教学策略、教学媒体的运用和教学效果的评价方法等。简言之，就是研究教师怎么教、学生怎么学、师生如何互动的过程。

（2）教学系统设计以系统方法为指导。教学系统设计把教学过程中的各要素看成一个系统，探索"教"与"学"系统中各要素之间、要素与整体之间的本质联系，分析教学问题和需求，确立解决问题的程序，使教学效果最优化。

（3）教学系统设计以学习理论、教学理论、传播理论为理论基础，现已形成了其自己的理论体系。它以系统方法为指导，将其应用于解决教学实际问题，形成经过验证、能实现预期功能的"教"与"学"系统，也可以直接应用于教学过程。

（4）教学系统设计的目标是教学效果最优，目的是促进学生更有效地学习。教学系统设计主要运用系统方法，以帮助每个学习者进行学习为目的，系统设计的教学将创设有利的学习环境，促进学习者自身的发展，实现教学效果的优化。

6.1.2 教学系统设计的基本流程

教学系统设计的基本流程如图 6-1 所示。

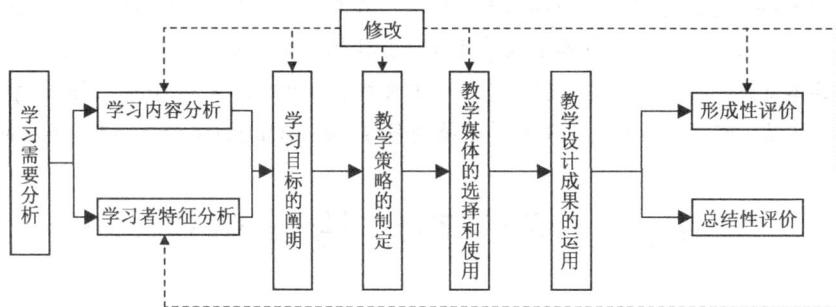

图 6-1　教学系统设计的基本流程

1. 教学系统设计的前期分析

教学系统设计前期分析的任务是深入实际教学工作，通过细致的调查研究来确定学习需要、学习内容和学习者的特征，并以此作为教学设计的依据。前期分析包括学习需要分析、学习内容分析和学习者特征分析。其中，学习需要分析是教学设计的第一步，分析以后将得到总的教学目标，这个总目标规定了学生经过学习后能够达到的水平，标明学生将获得的终点能力。学习内容分析、学习者特征分析之间虽然没有先后顺序，但有内在的联系，进行学习者特征分析可以明确学生的初始能力，进而确定学习起点，并为选择教学策略提供依据。学习内容分析需要根据前面两项分析的结果确定学习内容，促使学生从起始能力向终点能力转化，确保总的教学目标能够实现。

（1）学习需要分析

学习需要是教学系统设计中的一个特定概念，它是指学习者学习方面目前的状况与所期望达到的状况之间的差距，也就是学习者目前水平与期望学习者达到的水平之间的差距。期望达到的状况是指学习者应当具备什么样的能力素质。目前的状况是指学习者群体在能力素质方面已达到的水平。差距指出学习者在能力、素质方面的不足，指出教学中实际存在和需要解决的问题，这正是经过教育或培训可以解决的学习需要问题。可以说没有差距就没有需要，也就无从谈论要解决什么了。

学习需要分析是一个系统化的调查研究过程，这个过程的目的就是揭示学习需要发现的问题，分析问题产生的原因以确定问题的性质，并判断教学系统设计是否是解决这个问题的合适途径；同时它还分析现有的资源及约束条件，以论证解决该问题的可能性。所以学习需要分析的实质就是分析教学系统设计的必要性和可行性。

（2）学习者特征分析

学习者特征分析就是了解学生的学习准备状态和学习风格。学习准备包括初始能力和一般特征两个方面，初始能力是指学生在学习某一特定的课程内容时，已经具备的相关知识与技能的基础，以及他们对这些学习内容的认识和态度；学生的一般特征指的是在学习过程中影响学生的心理、生理和社会特点，包括年龄、性别、年级、认知程度、智力才能、学习动机、个人对学习的期望、生活经验、文化、社会、经济背景等因素。学习风格是指对学生感知不同事物，并对不同事物做出反应这两方面产生影响的所有心理特征。

学习者特征分析的目的主要是了解对教学设计产生重要影响的学习者特征，为后续的教学系统设计提供依据。学习者特征涉及很多方面，但对教学系统设计产生重要影响的特征主要涉及智力因素和非智力因素两个方面。与智力因素有关的特征主要包括个体认知发展的一般特征、知识基础、认知能力等；与非智力因素有关的特征则包括兴趣、动机、情感、学习风格、焦虑水平、意志、性格及学习者的文化和宗教背景等。

（3）学习内容分析

学习内容分析是根据总的教学目标去规定学习内容的范围和深度，并揭示学习内容中各个组成部分之间的联系，以实现教学效果的最优化，即解决"学什么"的问题。学习内容分析以学生的学习结果为起点，并以学习起点为终点，是一个逆向分析过程。也就是说，学习内容分析从学习需要分析所确定的总教学目标开始，通过反复提出"学生要掌握这一水平的技能，需要预先获得哪些更简单的技能"这样的问题，并一一回答，一直分析到学生已具有的初始能力为止。

2．教学目标分析

教学目标是师生活动的重要依据。教学是一个受多种因素影响的复杂活动，需要有一系列明确、具体的教学目标作为教学活动的参考，指明教学活动的方向。它让教师知道学习者应学习哪些内容，学到何种程度；它还能引导学习者的活动，使他们明确要掌握的内容，减少学习中的盲目性。

教学目标也是建立学习评价标准的依据。确定了教学目标后，经过教学活动，教师需要依据教学目标检查自己的教学工作，评价学习者的学习水平，了解学习者是否完成了学习任务或达到了目标。

从整体上看，教学目标是一个有着层次区分和领域划分的体系。从层次上看，它包括教学总目标（教育目的）、学校教育目标（学校或专业的培养目标）、课程目标（一门学科或课程的教学目标）、单元目标（章、节、课题教学目标）和课时目标（一堂课的教学目标）。从领域上看，它可划分为认知领域的目标、情感领域的目标、动作技能领域的目标等。

（1）教学目标陈述的要求

第一，教学目标陈述的是预期的教学结果，它包括认知、情感和动作技能 3 个领域。

第二，教学目标要反映学习者的能力水平。教学目标不仅要规定学生要"干些什么"，还要表明学生"能干什么"，即表明学生在不同层次或难度水平上要完成的心智的和行为的活动。

第三，教学目标陈述必须具体、准确。教学目标要规定学习者通过学习后所取得的结果，这些结果必须可以被观察和测量。

第四，教学目标陈述应达到可测量的程度。学习是一种复杂的心智和行为变化过程，其结果有许多明显的、可测量的变化，也有许多潜在的、不易观察和测量的变化。一般而言，长期目标的陈述可以笼统一些，近期目标的陈述要具体和精确。课程目标的陈述可笼统一些，单元目标、课时目标的陈述要具体和准确。

（2）教学目标的陈述方法

教学目标的陈述方法有行为目标陈述法、内部过程与外显行为结合法、三维教学目标陈述法等。新课程标准明确提出，课堂教学要实现"三维目标"，即知识与技能、过程与方法、情感态度与价值观，构建起课堂教学比较完整的目标体系，由以知识本位、学科本位转向以学生的发展为本，真正地对知识、能力、态度进行有机整合。

知识与技能目标：主要包括人类生存所不可或缺的核心知识和学科基本知识，以及基本能力（获取、收集、处理、运用信息的能力）、创新精神和实践能力、终身学习的愿望和能力。

过程与方法目标：主要包括人类生存所不可或缺的过程与方法。过程是指应答性学习环境和交往、体验。方法包括基本的学习方式（自主学习、合作学习、探究学习）和具体的学习方式（发现式学习、小组式学习、交往式学习等）。

情感态度与价值观目标：情感不仅是指学习兴趣、学习责任，更重要的是指乐观的生活态度、求实的科学态度、宽容的人生态度。价值观不仅强调个人的价值，更强调个人价值和社会价值的统一；不仅强调科学的价值，更强调科学的价值和人文价值的统一；不仅强调人类价值，更强调人类价值和自然价值的统一。学生内心要建立起对真、善、美的价值追求，以及人与自然和谐、可持续发展的理念。

3. 教学策略的制定

教学策略是为完成特定教学目标而采用的教学顺序、教学活动程序、教学方法、教学组织形式和教学媒体等因素的总体考虑。教学策略主要解决教师"如何教"和学生"如何学"的问题。

（1）教学策略制定的依据

教学策略制定的依据主要包括：教学的具体目标与任务、教学内容的特点、学生的实际情况、教师本身的素养、教学策略的适用范围和使用条件、教学时间和效率的要求。

不同的教学目标与教学任务需要不同的教学策略去实现和完成。教学目标不同，所需采取的教学策略也不同，即使是同一学科的教学也是如此。知识掌握的策略、技能形成的策略、激发动机的策略、行为矫正的策略等，显然是针对不同的目标和任务的。如果不明确目标和任务，一概选择某一种策略，那么这一种策略一定不会取得实效。如果是传授新知识，就要制定和选择掌握知识的策略；如果是培养技能，就要制定和选择技能形成的策略，这样才会达到目的。

一般来说，不同学科性质的教材，应采用不同的教学策略；而某一学科中具体内容的教学，又要采用与之相适应的教学策略。

教师的教是为了学生的学，教学策略要适应学生的基础条件和个性特征。所以制定和选择教学策略时要考虑学生对某种策略在智力、能力、学习态度、班级学习氛围等诸多方面的准备水平，要能调动学生积极的学习兴趣和态度。如自学辅导教学策略和探究研讨教学策略，要求学生对所学知识要有一定的知识基础，并掌握初步的自学方法和思维方法，如果把它们应用于小学低年级，就不会有效，而放在高年级就会达到教学目的。

教学策略的运用要通过教师来实现，每个教师在制定和选择教学策略时，都要考虑自身的学识、能力、性格及身体等诸方面条件，尽量扬长避短，选择最能表现自己才华、施展自己聪明才智的教学策略。当然，作为一名人民教师，应努力学习，提高自己的教学能力和水平，掌握多种教学策略。

每种教学策略都有各自的适应范围和使用条件，同时又有各自的优点和局限。某种教学策略对某种学科或某一课题是有效的，但对另一课题或另一种形式的教学可能是完全无用的。例如，传授新知识的谈话策略，是以学生的知识准备和心理准备为前提条件的；离开了这个条件，用谈话策略去传授新知识是困难的,不会有满意的效果。又如,讲授策略能保证学生在短期内获得大量的系统知识,便于发挥教师的主导作用,但是它不容易发挥学生的主动性、独立性和实践性。探究发现策略、研讨策略能调动学生的积极性和主动性,培养学生独立学习的能力,但它又受到时间等条件的限制,它必须与谈话、讲解等策略配合使用才能有良好的效果。

教学策略研究的一个重要目的是提高教学效率与教学质量,实现教学的最优化。教学的最优化指以最少的时间取得最佳的教学效果。所以实际教学中,制定和选择某种教学策略,还应考虑教学过程的效率,做到省时高效。好的教学策略应是高效低耗的,至少能在规定的时间内完成教学任务,达到具体的教学目的,并能使教师教得轻松、学生学得愉快。

(2)教学策略的运用

制定和选择了适当的教学策略,还要能够在教学实践中正确地运用。虽然教学策略有明确的指向性和一套实施的操作程序,具有可模仿性,但由于具体的教学活动过程中存在着许多变量,因此教学策略的运用并不能照搬照抄、机械套用,而要在运用中有变化、有所创造。

在教学策略的运用过程中要树立正确的教学指导思想,要树立完整的观点,要坚持以学生的主动、自主学习为主,要寻求教学策略的多样化配合和变通运用。

(3)几种常见的教学策略

教学策略的设计是最能体现教学设计创造性的环节。目前,以教为主的教学策略有先行组织者教学策略、五段教学策略、九段教学策略、假设-推理教学策略、示范-模仿教学策略等。

① 先行组织者教学策略。奥苏贝尔认为能促进有意义的学习的发生和保持的最有效策略是利用适当的引导性材料对当前所学的新内容加以定向与引导,以便建立新、旧知识之间的联系。这种引导性材料就称为"组织者"。由于这种组织者通常是在介绍当前学习内容之前呈现的,所以又称为"先行组织者"。先行组织者的作用是将学习者认知结构中"原有观念"用适当的语言文字、媒体或两者的结合表述或呈现出来。先行组织者教学策略的实施步骤为:首先确定先行组织者,然后设计教学内容的组织策略。根据先行组织者类型(上位、下位、并列)的不同,对教学内容的组织也有相应 3 种不同的策略:"渐进分化"策略、"逐级归纳"策略和"整合协调"策略。渐进分化是指首先讲授最一般的,即包容性最广、抽象概括程度最高的知识,然后根据包容性和抽象程度递减的次序逐渐将教学内容逐步分化,使之越来越具体、深入。逐级归纳是指先讲授包容性最小、抽象概括程度最低的知识,然后根据包容性和抽象程度递增的次序逐级将教学内容逐步归纳,每归纳一步,包容性和抽象程度即提高一级。渐进分化和逐级归纳正好是互逆过程。当先行组织者和当前教学内容并无上位关系或下位关系时,可通过整合协调策略的运用,使学习者原有认知结构中的有关要素被重新整合,以便把当前所学的新概念纳入认知结构的某一层次中,并归属于包容范围更广、抽象概括程度更高的概念系统之下,从而得到新的稳定而协调的认知结构形式。

② 五段教学策略。这种教学策略的主要步骤是:激发动机→复习旧课→讲授新课→运用巩固→检查效果。它来源于赫尔巴特学派的"五段教学法"(预备、提示、联系、统合和应用),后经凯洛夫的改造而传入我国,是一种接受学习策略。该策略的优点是能使学生在较短时间内掌握较多的系统知识,能体现"教学"作为一种简约的认识过程的特性;缺点是学生在这种教学过程中往往处于被动地位,不利于学习主动性的发挥。奥苏贝尔认为"接受学习"不一定是机械、被动的,关键是能否使新知识与学生原有认知结构建立有意义的联系,能否激发学生主动地从自身的认知结构中提取有关的旧知识来同化新知识。

③ 九段教学策略。这是美国教育心理学家加涅将认知学习理论应用于教学过程的研究而提

出的一种教学策略。加涅认为，教学活动是一种旨在影响学习者内部心理过程的外部刺激，因此教学程序应当与学习活动中学习者的内部心理过程相吻合。根据这种观点，他把学习活动中学习者内部的心理活动划分为9个阶段，相应的教学程序也包含9个步骤：激发学习兴趣与动机→阐明教学目标→刺激回忆→呈现刺激材料→提供学习指导→诱导反应→提供反馈→评价表现→促进知识保持与迁移。

④ 假设-推理教学策略。这是一种着眼于培养学生逻辑思维能力的教学策略。它的主要步骤是：问题→假设→推理→验证→结论。在"问题"阶段，教师应提出难易适中的问题，并使学生明确问题的指向性；在"假设"阶段，教师应运用问题情境引导学生通过分析、综合和比较努力提出各种假设，并围绕假设进行"推理"，从而逐步形成当前教学目标所要求掌握的概念；在"验证"阶段，应由教师或学生自己进一步提出事实来说明刚获得的概念；在"结论"阶段，由教师引导学生回顾教学活动，分析思考过程，总结学习收获。这种策略的优点是有利于发展学生的逻辑思维能力，不足之处在于比较局限于数理学科的教学内容。

⑤ 示范-模仿教学策略。这种策略特别适合实现动作技能领域的教学目标。它的主要步骤是：定向→参与性练习→自主练习→迁移。在"定向"阶段，教师既要向学生阐明动作要领和操作原理，还要向学生做示范动作；在"参与性练习"阶段，教师指导学生从分解动作开始做模仿练习，并根据每次练习结果给予帮助、纠正和强化，使学生基本掌握动作要领；在"自主练习"阶段，学生由单项动作与技能的练习转向合成动作与技能的练习，并逐步减少甚至脱离教师的现场指导；在"迁移"阶段，要求学生不仅能独立完成动作技能的操作步骤，还能将习得的技能应用于其他类似的情境。

（4）教学方法的选择和运用

教学活动是教师和学生为了达到教学目标，在教学理论与学习理论的指导下，借助教学手段（工具、媒体或设备）和教学方法而进行的师生交互活动。在教学活动中，选择与运用恰当的教学方法是实现优化教学的重要前提。教学实践中创造出来的教学方法相当多，而且随着教学理论、教学媒体的发展，新的教学方法还将继续出现。

① 教学方法的类型。按照期望获得的学习结果可以将教学方法分为三大类：一是与获得认知类学习结果有关的教学方法，如讲授法、演示法、谈话法、讨论法、练习法、实验法和实习作业法等；二是与获得动作技能有关的教学方法，如示范-模仿法、练习-反馈法等；三是与情感态度有关的教学方法，如直接强化法和间接强化法等。

② 教学方法的选择与运用。在各种各样的教学方法中，哪些是教学系统设计应优先考虑的方法，这些方法又如何有机地结合在一起，这些是选择教学方法的基本考虑因素。一般认为应该根据教学目标、学生特征、学科特点、教师特点、教学环境、教学时间、教学技术条件等因素选择教学方法。教学方法的整体效应与多种教学方法在教学过程中的相互联系、相互作用有关。这种联系和作用可以是并列的，即同时采用几种教学方法，如教师演示实物、用词语描述它、画出它的结构图、写出每部分的名称，学生也进行相应的活动；也可以是连贯式的，即一种活动方式结束之后再开始另一种，如"演示→讨论→讲授"的组合法、"讲授→实验→讨论"的组合法、"谈话→讲授→练习"的组合法等。教师可以在熟悉各种教学方法特点的基础上，根据不同的教学目标、教材、学生和环境，组合出不同的教学方法与方案。

4. 教学媒体的选择和运用

当确定了教学目标、选择与组织好教学内容后，教师就要考虑组织教学活动去实现目标。在教学活动的组织中，要做的一项重要工作就是对教学媒体的选择。如何才能在众多功能各异的教学媒体中选择出恰当、适宜的媒体来开展教学活动呢？这需要我们既要了解影响教学媒体选择的因素，又要掌握选择教学媒体的方法。

（1）影响选择教学媒体的因素

对教学媒体的选择一般考虑各种教学媒体的功能特性和教学的实际需要，将两个方面结合起来加以分析，决定取舍。首先，要考虑教学目标、教学任务和教学内容的要求。在教学中，不同的教学目标常需使用不同的媒体去呈现教学信息，不同的任务要求教师采用不同的媒体和方法去完成，不同性质的教学内容对教学媒体也有不同的要求。其次，要考虑学生的需要和水平，不同年龄阶段的学生有着不同的认知能力和思维特点。再次，要考虑教学媒体的功能，每种媒体都有不同的功能和特点，它们应用在不同的教学环境时会产生不同的教学效果。此外，对教学媒体的选择还要考虑一定的教学条件，如技术问题、经费问题和教学环境问题等。

（2）选择教学媒体的方法

对教学媒体的选择除了考虑上述影响因素外，还可以参照一些具体的方法、程序或模型。

问卷式方法：这种方法是列出一系列有关媒体选择中的问题作为问卷内容，教师通过答题对这些问题进行逐一深入的考虑，来确定适用于一定教学情境的媒体。

流程图：这种方法是在问卷式程序的基础上建立起来的。它把选择过程分解成一系列有序排列的步骤，每一步骤就是一个问题，每一个问题都紧跟前一个问题，排列成流程图的形式。媒体选择者对每个问题都回答"是"或"否"而进入不同的选择分支，每一次回答都将排除一部分媒体，回答完最后一个问题，剩下的一种或一组媒体就被认为是最适合某种教学情境的媒体，从而最终完成对教学媒体的选择。

矩阵图：这种方法是把各种教学媒体和选择媒体所要参照的主要指标（如教学目标、教学功能、学习类型等）进行二维排列，建立一个矩阵式的表格。常见的矩阵一般以媒体的种类为一维，教学目标、媒体的教学功能或媒体的特性为另一维，然后用某种评判尺度（如效能的低、中、高）反映两者之间的关系。对照矩阵图就足以选择出所需要的媒体。

效益/成本计算法：这种方法基于最小代价规律原则，是在媒体成本与所得到的教学效益之间，通过模糊数值计算来决定对媒体的选择。美国传播学家施拉姆提出了媒体选择的公式如下：

$$媒体选择的概率（P）=产出的效益（V）/媒体的成本（C）$$

5. 教学评价

教学评价是教学设计中一个极其重要的部分。通过客观、科学的评价，教学设计工作将不断得以检验、修正和完善。教学设计过程中的评价以设计成果的形成性评价为主，教学设计成果评价的实质是从成果和影响两个方面对教学设计活动给予价值上的确认，使教学设计工作沿着预定的方向发展。

（1）教学设计成果的评价形式

教学设计成果的评价主要有两种形式：形成性评价和总结性评价。所谓教学设计成果，它一般由为实现一定的教学目标所需的各类教材、学习指导、测试、教师用书、教学媒体，以及那些规定所有教与学活动的实施计划所组成。形成性评价是在某项教学活动的进程中，为使活动效果更好而不断进行的评价。教学设计成果的形成性评价，即在设计成果的推广使用前，先在一个小范围内试用，以了解试用的效果，例如成果的可行性、可用性、有效性及其他有关情况。如有不足之处，则予以修正，然后试用、再修正，直到满意为止。总结性评价又称事后评价，一般是教学活动告一段落时对被评价对象所取得的较大成果做出全面鉴定并区分等级，对整个教学设计方案的有效性做出评定。

（2）教学设计成果形成性评价的主要步骤

教学设计成果的评价一般是形成性评价，根据先后顺序，教学设计成果的形成性评价包括以下5项工作。

① 制订评价计划。确定收集资料的类型和制定评价标准，选择设计成果的试用对象并阐明试用教学设计成果评价的条件。

② 设计编写评价工具。在教学设计成果的评价中，主要使用测验、调查表和观察表3种评价工具。它们在收集不同评价资料方面各具特色。

③ 试用设计成果和收集评价资料。试行教学和观察教学，设计后置测验和问卷调查，收集试用设计成果教学的资料，以便归纳分析。

④ 整理和分析评价资料。在试用设计成果阶段，可以通过测试、观察和征答来获得一系列资料。可以运用图表等工具对上一阶段获得的资料进行归纳，以便做进一步分析，然后在此基础上酝酿修改教学设计成果的方案。

⑤ 报告试用结果。报告试用结果主要是提供一份书面的有关试用和评价情况及结论的形成性评价报告。评价报告包括：试用设计成果的名称、使用宗旨、使用范围、使用要求；评价项目、评价结果、改进建议（内含改进目标、达到改进目标的办法、达到改进目标的标志等）；评价者姓名、职务、评价时间等。除评价报告外，还应附上评价数据的概述表、采访记录、有关分析说明的其他书面资料等。在实际设计工作中，应从教学系统的整体功能出发，使各要素相辅相成，发挥整体效应。

6.2 信息化教学设计概述

近年来，随着信息技术在教育中应用的不断深入，教学系统设计也在不断发展，人们逐渐将先进的教学理论和信息技术相结合，形成了一种新的教学设计理念，即信息化教学设计。

6.2.1 信息化教学设计的内涵

信息化教学是为了促进学习，在多媒体环境中，师生恰当、有效地运用教育媒体和信息资源而进行的教与学的双边活动。其特点是：以信息技术为支撑，以现代教育教学理论为指导，强调新型教学模式的构建，教学内容更丰富、更具有时代性教学更适合学生的学习需要和特点。信息化教学不仅是在传统教学的基础上对教学媒体和手段的改变，还是以现代信息技术为基础的整体教学体系的一系列改革和变化。

信息化教学设计就是运用系统方法，以学为中心，充分利用现代信息技术和信息资源，科学地安排教学过程的各个环节和要素，以实现教学过程的优化。应用信息技术构建信息化环境，获取、利用信息资源，支持学生的自主探究学习，培养学生的信息素养，提高学生的学习兴趣，从而优化教学效果。

信息化教学设计的核心内涵是：以学生为中心，以能力为重点，关注学习过程，教师在信息化教学过程中发挥的是服务、支持、指导和帮助的作用。

6.2.2 信息化教学设计与传统教学设计的比较

信息化教学设计是教学设计在信息化教学环境及新的教与学的理论指导下的新发展。接下来我们从 3 个方面来分析两者之间的差异。

1. 理念的转变

在教学设计与指导理念方面，相对于传统教学设计来说，信息化教学设计在以下几个方面发生了较大转变。

（1）从静态教学设计转变为动态信息设计，能激发学生兴趣，让课堂充满活力。

（2）从传统教案编写转变为资源设计，让解读教材变为引导知识学习。

（3）从重视结果评价转变为重视能力评价，关注学会学习、学会创新和综合素质的提升。

（4）从突出"教"转变为突出"学"，以学生为中心，从学生的学习需求出发。

（5）从以讲授"重点、难点"为中心展开的教学设计，转变为面向过程和基于资源的信息化教学设计。

2. 关注角度的转变

信息化教学设计相对于传统教学设计来说，其关注角度发生了转变，从注重教学内容设计转变为注重教学过程设计，如表 6-1 所示。

表 6-1 传统教学设计与信息化教学设计关注角度的比较

关键要素	传统教学设计	信息化教学设计
设计核心	教案编写、课件开发、以教学内容表现设计为中心	教学过程/模式设计、注重教学资源的利用
学习内容	单学科知识点	交叉学科专题
教学模式	讲授/辅导、模拟演示、操作练习	研究型学习、探究型学习、合作型学习
教学周期	课时	周，学期
教学评价	面向反应性行为	面向学习过程
学习管理	反应史记录	档案袋评价

3. 特征不同

与传统教学设计相比，信息化教学设计有着不同的特征，如表 6-2 所示。

表 6-2 传统教学设计与信息化教学设计的特征比较

关键要素	传统教学设计	信息化教学设计
教学策略	教师导向	学生探索
讲授方式	说教性讲授	交互性指导
学习内容	单学科的独立模块	真实任务的多学科延伸模块
作业方式	个体作业	协同作业
教师角色	教师作为知识的施予者	教师作为帮助者
分组方式	同质分组	异质分组
评估方式	针对事实性知识和离散技能的评估	基于绩效的评估

6.2.3 信息化教学设计的原则

信息化教学设计理论和实践融合了现代的教学理念、信息素养培养的目标和信息化的评价手段，体现了信息化教学的基本原则，代表了信息化教学的发展方向，其实践模式具有在不同学科的教学中复制、迁移的可能。

1. 充分利用现代信息技术，营造优化的学习情境

信息化教学设计强调学生的积极参与，而活动的参与需要一定情境的支持，信息技术可以为学生创设多种学习情境。教师要选择和组合各种信息技术创设一个学习者可以互相合作和支持的环境，在那里他们可以使用各种工具和信息资源参与解决问题的活动，实现学习目标，而不是创设一个学习只能单独孤立进行且不重视知识的实际运用的场所。例如，可以将信息技术整合到物理的学习环境，作为学习环境综合体系中的一部分，以支持新理念下的教学。让学生的学习总是与一定的社会文化背景（即情境）相联系，在实际情况下学习，使学生利用自己原有认知结构中的有关经验赋予新知识某种意义。

2. 基于信息技术，为学生提供丰富的学习资源

现代信息技术，尤其是多媒体和网络技术，能够为学习者提供丰富、开放的学习资源，也为开展基于问题的学习和主动探究学习等提供了充分的条件。信息化学习资源是信息化教学中的要素之一，因此有关信息化学习资源的提供与设计也是教师在信息化教学设计中的一项重要任务。在信息化教学过程中，教师要充分利用各种信息资源支持学生的学习。

3. 强调学习者自主学习

在信息技术环境中进行学习时，学习者的自主性将发挥巨大的作用，其包括对学习内容和学习方式的选择等。因此信息化教学设计十分重视学习者的主体作用，以学为中心，注重学习者学习能力的培养。不论以"任务驱动"还是"问题解决"等方式开展学习或研究活动，在相关的有具体意义的情境中教授学习策略和技能时，教师都应该充分尊重学生的主动性和自主选择。在这一过程中，教师作为学习的促进者，要引导、监控和评价学生的学习过程，帮助学生掌握主动学习的技巧，使学生能够更好地开展自主学习。同时学生通过信息技术，也可以找到更多的高素质"隐性教师"。

4. 突出开放性

开放性是信息化教学设计的一个特征，也是以上所提到的学习环境、学习资源等信息化教学要素的重要特征。开放包含了丰富和多样，信息技术本身为开放性提供了可以实现的条件。信息技术为教师和学生提供了形式多样的沟通方式和内容呈现形态，如同步与异步的一一对话、一对多广播与多对多讨论等，这些都为学生开放的学习方式创造了可能性。就学习指导者而言，除了教师，各行各业的专家都可以对学习者的学习予以指导和帮助。

6.2.4 信息化教学设计的基本步骤

信息化教学更突出以"学"为中心的理念，这种基于"学"的教学设计重视"情境""协作"在教与学中的重要作用，弥补了传统教学设计过分分离和简化教学内容的缺点，强调发挥学习者在学习过程中的主动性和建构性。以学为中心的信息化教学设计主要是研究如何设计教学过程来帮助"学"，即树立以学为中心的教育观，帮助学生利用现代教育技术作为认知工具和学习资源去进行探究学习。

以"学"为主的信息化教学设计模式以"问题或项目""案例""分歧"为核心，建立学习"定向点"，然后围绕这个"定向点"，通过设计"学习情境""学习资源""学习策略""认知工具""管理和帮助"而展开。"问题或项目""案例""分歧"的提出基于对教学目标、学习者特征和学习内容的分析，结束部分的教学评价是教学设计成果趋向完善的调控环节，如图6-2所示。

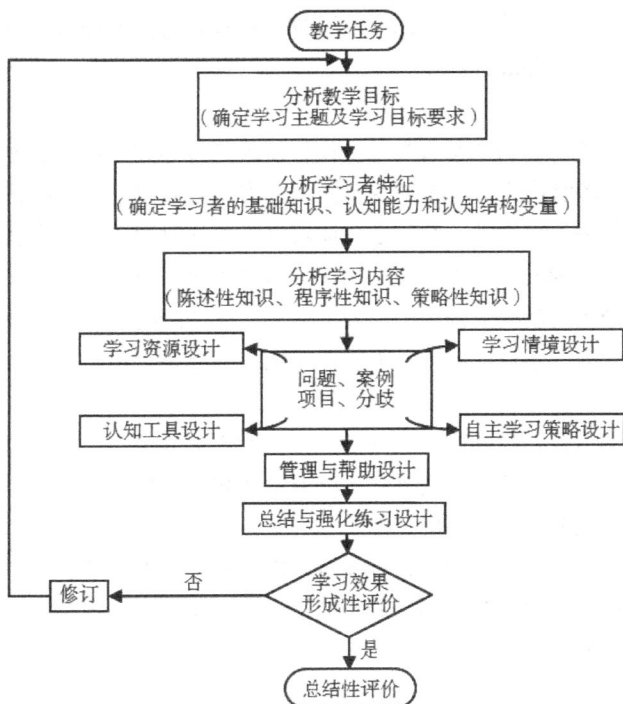

图 6-2 以"学"为主的信息化教学设计模式

1. 分析教学目标

教学是促进学习者朝着所规定的方向逐步变化的过程，它贯穿于教学活动的始终。建构主义指导下的学习同样要遵循这一基本原则。分析教学目标是为了确定学习者学习的主题，即与基本概念、基本原理、基本方法或基本过程有关的知识内容。分析教学目标时首先要考虑学习者这一主体，即教学目标不是设计者或教师施加给学习过程的，而是从学习者的学习过程中提取出来的；其次，还应遵循学习主题本身内在的逻辑体系。

教学目标可划分为认知领域的目标、情感领域的目标、动作技能领域的目标等。目前，在教育教学领域提倡从知识与技能、过程与方法、情感态度与价值观 3 个维度分析和设计教学目标。

在编写教学目标时，不应采用传统的教学目标分析过于细化的做法，而应采用一种整体性的教学目标编写法。另外，还要注意区分学习目标与教学目标的异同。教学目标是所有学习者应达到的学习要求，学习目标则是学习者自己确定的，它们在很多情况下是一致的，但有时由于学习者知识背景和兴趣爱好的不同，因此学习目标不完全相同。

2. 分析学习者特征

在建构主义教学系统设计中，学生是学习的主体，是意义的主动建构者。对学习者特征分析的主要目的是设计适合学习者能力与知识水平的教学内容和问题，提供丰富的学习资源和恰当的指导，促进学习者的学习。

3. 分析学习内容

建构主义强调学习要解决真实环境中的任务，在解决真实任务的过程中达到学习的目标。要使真实的任务体现教学目标，则需要对学习内容做深入分析，明确所需学习的知识内容的类型（陈述性、程序性、策略性知识）及知识内容的结构关系。这样在后面的设计学习问题（任务）时，才能很好地涵盖教学目标所定义的知识体系，才能根据不同的知识类型将学习内容嵌入建构主义学习环境中的不同要素中，如陈述性知识可以通过学习资源的方式提供，而策略性的知识则可通过设计自主学习活动来体现并展开。

4．学习任务设计

学习任务的提出是整个建构主义教学系统设计模式的核心和重点。它为学习者提供了明确的目标、任务，使得学习者解决实际问题成为可能。学习任务可以是一个问题、案例、项目或者观点分析，它们都代表某种连续性的复杂问题，能够在学习的时间和空间维度上展开，均要求采用真实的情境并通过自主建构的方式来学习。构建学习任务时，应充分考虑如下原则。

（1）在教学目标分析的基础上提出一系列的问题。这些问题可分为主问题和子问题，子问题的解决是主问题解决的充分条件。同理，下层子问题的解决是上层子问题解决的充分条件，这样就形成了树状谱系图。

（2）学习任务要涵盖教学目标所定义的知识，只能更加复杂，不能更简单。

（3）设计非良构问题。非良构问题具有多解或者无解的特征，有多种评判答案的标准，而且与问题相关的概念和理论基础具有不确定性。

（4）学习任务要符合学习者的特征，不能过多地超过学习者的知识能力。

（5）要设计开放性的问题。解决问题的目的不是期望学习者一定能够给出正确的答案，而是鼓励学习者积极参与，使其了解这个领域。

5．学习情境设计

建构主义主张学生要在真实的情境下进行学习，要减少知识与解决问题之间的差距，强调知识的迁移能力的培养。因此，建构主义的教学系统设计强调学习情境的设计，强调为学生提供完整、真实的问题背景，还原知识的背景，恢复其原来的主动性、丰富性，以此为出发点支持环境，启动教学，使学生产生学习的需要，驱动学生进行自主学习和合作学习，达到主动建构知识意义的目的。

建构性的学习情境有以下3个要素。

（1）学习情境的上下文或背景。描述问题产生的背景（与问题有关的各种因素，如自然、社会、文化背景）有利于控制、定义问题。

（2）学习情境的表述及模拟。具有吸引力的表征（虚拟现实、高质量视频）要为学习者提供一个真实的、富有挑战性的上下文背景，使学习者在学习过程中得到各种锻炼机会。

（3）学习情境的操作空间。为学习者提供感知真实问题所需要的工具等。

在设计学习情境时，应注意以下几点。

不同学科对情境创设的要求不同。对有严谨结构的学科（数学、物理、化学等理科皆具有这种结构），应创设包含许多不同应用实例和有关信息资料的情境，以便学习者根据自己的兴趣、爱好，去主动发现、探索；对不具有严谨结构的学科（语文、外语、历史等文科一般具有这种结构），应创设接近真实的情境，使学习者有身临其境的感觉，从而激发学习者参与交互式学习的积极性，在交互过程中去完成问题的理解、知识的应用和意义的建构。在这两种环境中均有自包含的帮助系统，以便在学习过程中为学习者随时提供咨询与帮助。

在进行教学目标分析的基础上，选出当前所学知识中的基本概念、基本原理、基本方法和基本过程作为当前所学知识的"主题"，然后围绕这个主题进行情境创设。

学习情境只是促进学习者主动建构知识意义的外部条件，是一种"外因"。外因要依靠内因才能起作用。设计理想的学习情境是为促进学习者自主学习、最终完成意义建构服务的。明确这一点对研究以学为中心的教学系统设计有重要意义。

学习任务与真实学习情境必须相融合，不能处于分离或勉强糅合的状态。新创设的情境要能够以自然的方式展现学习任务所要解决的矛盾和问题。

6. 学习资源设计

学生自主学习、主动建构知识意义是在大量信息的基础上进行的，所以丰富的学习资源是建构主义学习的一个必不可少的条件。学习者为了了解问题的背景和含义、建构自己的问题模型和提出问题解决的假设，需要知道有关问题的详细背景，并需要学习必要的预备知识，因此在进行教学系统设计时，必须详细考虑学生解决这个问题需要查阅哪些详细的资料、需要了解哪方面的知识。最好能建立系统的信息资源库（或使用现有的资源管理系统），并提供正确的使用搜索引擎的方法，即进行学习资源设计。

7. 认知工具设计

认知工具是支持和扩充学习者思维过程的心智模式与设备。在现代学习环境中，认知工具主要是指与通信网络相结合的广义上的计算机工具，用于帮助和促进认知过程。学习者可以利用它来进行信息与资源的获取、分析、处理、编辑、制作等，也可用来表征自己的思想，替代部分思维，并与他人通信和协作。常用的认知工具有：问题/任务表征工具、静态/动态知识建模工具、绩效支持工具、信息搜集工具、协同工作工具、管理与评价工具。

8. 自主学习策略设计

自主学习策略是指为了激发和促进学生有效学习而安排学习环境中各个元素的模式和方法，其核心是要发挥学生学习的主动性、积极性，充分体现学生的学习主体作用。从整体上讲，学习策略分为 4 类：主动性策略、社会性策略、协作性策略和情境性策略。在设计自主学习策略时，主要考虑主、客观两方面的因素。客观因素是指知识内容的特征，它决定了学习策略的选择；主观因素首先是指作为学习主体的学生所具有的认知能力、认知结构和学习风格等智力因素。除了这些智力因素以外，主观方面还包括非智力因素。智力因素对学习策略的选择至关重要。

自主学习策略的设计是整个以学为主的教学系统设计的核心内容之一。在以学为主的建构主义学习环境中常用的教学策略有"支架式教学策略""抛锚式教学策略""随机进入教学策略"等。根据所选择的不同教学策略，应对学生的自主学习做不同的设计。

9. 管理与帮助设计

建构主义学习中，学习者是学习的主体，但并没有忽视教师的指导作用。任何情况下，教师都有控制、管理、帮助和指导的职责。由于不同学生所采用的学习路径、所遇到的困难不同，教师需要针对不同情况做出适当的反馈。学生在自主学习的过程中，面对丰富的信息资源很容易出现学习行为与学习目标相偏离的情况，教师应在可能的条件下组织协作、讨论，要启发学生自己去发现规律，自己去纠正和补充片面的认识，并对协作学习过程进行指导，使其朝着有利于意义建构的方向发展。因此，教师是教学过程的组织者和指导者，意义建构的帮助者和促进者。

10. 总结与强化练习设计

适时地进行教学总结可有效地帮助学生将零散的知识系统化。在总结之后，应为学生设计出一套可供选择并有一定针对性的补充学习材料和强化练习，以便检测、巩固、拓展所学知识。这类材料和练习应经过精心的挑选，既要反映基本概念、基本原理，又能适应不同学生的要求，以便通过强化练习纠正原有错误理解或片面认识，最终达到符合要求的意义建构。

11. 教学评价

建构主义主张评价不能仅依据客观的教学目标，还应该包括学习任务的整体性评价、学习参与度的评价等，即通过让学生去实际完成一个真实的任务来检验学生学习结果的优劣。因为建构主义主张学习是自我建构知识意义的过程，所以源于建构观的评价并不强调使用强化和行为控制工具，而较多使用自我分析和认知工具。

6.2.5 以"学"为主的信息化教学设计案例

课题名称	文件安全保护	授课对象	初中一年级
学时	1课时（45分钟）	任课教师	

一、学习者特征分析

1. 学习者一般特征分析

（1）对新鲜事物的好奇心非常强，并有强烈的表现欲望

（2）以直观思维为主，应充分运用多媒体，为学生提供丰富的图像、文字资料，创设情境，激发学习兴趣

（3）喜欢与他人一起学习，希望得到教师和同伴的帮助和鼓励

2. 学习者初始能力分析

计算机基础操作和文字录入能力有一定功底，学生都掌握了一定的网络交流方法和技巧

二、学习目标

1. 知识技能领域

（1）了解电子文件安全保护的重要性

（2）掌握保护电子文件的方法

2. 情感、态度

（1）建立维护电子信息安全的意识

（2）培养学生的自主学习能力

（3）培养学生团结合作、尊重他人的情感

三、学习内容

（1）学习内容的选择：学习保护电子文件的方法，让学生了解电子文件安全的重要性

（2）学习形式的确定：自主学习、协作学习

（3）学习结果的描述：学生要掌握保护电子文件的方法；知道电子文件安全的重要性；有维护电子信息安全的意识

四、学习重点与难点

重点：保护电子文件的方法

难点：给电子文件加密和隐藏电子文件的方法

五、学习环境选择与学习资源设计

1. 学习环境选择（打√）

（1）Web教室　　　　（2）局域网 √　　　　（3）城域网

（4）校园网　　　　　（5）因特网 √　　　　（6）其他

2. 学习资源类型（打√）

（1）课件√　　　　（2）工具√　　　　（3）专题学习网站　　　　（4）多媒体资源库

（5）案例库　　　　（6）题库　　　　　（7）网络课程　　　　　（8）其他

3. 学习资源内容简要说明

（1）课件：文件安全保护

（2）保护文件的最佳方法

（3）给文件夹设置密码

（4）安全密码设置指引

续表

六、学习情境创设

1. 学习情境类型（打√）

（1）真实情境√ （2）问题性情境 （3）虚拟情境 （4）其他

2. 学习情境设计

真实情境：（视频）截取电视台播出的《快乐星球》中父母偷看孩子日记，孩子通过"假日记"的方法来保护了自己真实日记的片段

七、学习活动组织

1. 自主学习设计（打√，并填写相关内容）

类型	相应内容	使用资源	学生活动	教师活动
（1）抛锚式	√保护文件的方法	√课件、网站	√自主探索	√给予适当指导
（2）支架式				
（3）随机进入式				

2. 协作学习设计（打√，并填写相关内容）

类型	相应内容	使用资源	学生活动	教师活动
（1）竞争	√保护文件的方法	√课件、网站	√各小组展示自己的方法	√组织学生展示结果
（2）伙伴				
（3）协同	√保护文件的方法，讨论密码设置技巧	√课件、网站	√小组内成员协同学习，相互补充	√引导学生完成教学任务
（4）辩论				
（5）角色扮演				

3. 学习过程设计

步骤（环节）	教师活动	学生活动
导入新课	提问：有没有人偷看过你的日记呢？	进行思考，准备作答
创设情境	向学生播放视频片段：父母打扫孩子房间，打开计算机偷看孩子日记	观看并猜疑；观看并思考
确定问题	一起来帮助这位小朋友保护他的日记（保护电子文件），看谁的方法多	倾听并思考，为自主学习环节做准备
自主学习	引导学生通过以下几种方法展开学习。 （1）登录学校的相关专题网站，进行自主探究学习 （2）上网搜索或查阅教材等 （3）小组成员之间进行沟通交流和共享 （4）可以向老师和同学求助等 把学生分成若干小组，每4名同学为一个小组，设一名小组长，让他们进行自主学习，向学生提供解决问题的有关线索，发展学生的"自主学习"能力。在学生自主学习的过程中，教师进行个别辅导	查阅相关资料，进行自主学习，得出自己的方法

续表

步骤（环节）	教师活动	学生活动
协作学习	给学生留出发挥自主性、积极性和创造性的空间，给学生提供不同的情境下建构知识、运用知识、表现自我的多种机会，从而让学生通过主动学习形成自我监控、自我反思、自我评价、自我反馈的学习能力	小组内每位组员向其他同学交流方法，小组成员补充；讨论密码设置技巧
评价总结	让部分学生代表上台共享演示一种保护文档的方法	学生对自己的成果进行评价，并对其他学生的成果进行评价，选出自己心目中的好方法

八、学习评价设计

1. 测试形式与工具（打√）

（1）课堂提问　　　　　（2）书面练习　　　　　（3）达标测试

（4）学生自主测试√　　（5）合作完成任务√　　（6）其他

2. 测试内容：包括学生个体的自我评价和学习小组对每个成员的评价

（1）学生上机操作自我评价表

姓名		学号		班别	
保护电子文档学习内容列表	简明扼要写出你学会了用什么方法来保护电子文档	获取信息的地方（从何处获取）	你认为该方法的优点	你认为该方法的缺点	
方法一					
方法二					
方法三					
备注	• 每掌握一种方法，将给予5分的奖励 • 请简明扼要写出每种方法的提纲 • 注明你掌握的方法的信息来源，如来自哪个网页或来自哪个同学的指导等 • 简单评价该方法的优缺点 • 如有更多方法请继续添加				

（2）小组成员上机效果评价表

小组	任务完成情况总体评价	协作学习中个体贡献大且积极指导其他同学	学习活动中综合能力表现
A	优　良　中	优　良　中	优　良　中
B	优　良　中	优　良　中	优　良　中
C	优　良　中	优　良　中	优　良　中
D	优　良　中	优　良　中	优　良　中

6.3　目标导向的信息化教学设计

在现实生活中，人们会为了实现某些目标、达到某些目的而不断地尝试和努力。在认知心理学领域中，大量科学实验表明，人类的学习过程就是一个不断地尝试失败和模仿别人成功行为的过程，也是人们不断追求目标的过程。人类的学习行为本身具有一定的目标性和导向性，当学习者因受到某个学习目标指引而产生学习行为时，这种学习方式便被赋予了一定的目标导向性。

6.3.1　目标导向的信息化教学设计的内涵

目标导向的信息化教学设计，是以知识分类为前提，以学习结果所达到的目标为线索，以分析学生的认知特点、分析教材的知识结构为基础，根据教学目标设计教学活动、选择教学策略和媒体、编制检测试题等。目标导向教学有助于实现教学过程的优化，达到有效教学的目的。

在学生的学习过程中，学习目标是整个学习活动过程的决定性因素，对之后每个教与学的阶段或环节都起到了重要的导向作用。

在课程领域中，美国课程论专家舒伯特（W.H.Schubert）认为，学习目标可大致分为 3 类：行为性目标、生成性目标和表现性目标。我国学者借鉴国外相关经验，将课程与教学目标分成普遍性目标、行为性目标、生成性目标、表现性目标 4 种基本取向，其中行为性目标取向的课程教学目标影响最大、使用最广泛。

1. 普遍性目标

普遍性目标是基于经验、哲学观或伦理观、意识形态或社会政治需要而引出的一般教育宗旨或原则，这些宗旨或原则被直接运用于课程与教学领域，成为课程与教学领域一般性、规范性的指导方针。

简单来说，普遍性目标就是以抽象、普遍的形式来陈述的课程与教学目标。它有两个基本特点：一是普遍性，也就是适用于各种各样的教学情境；二是模糊性，它的表述是模糊的、不具体的。普遍性目标取向适合作为高层次的课程与教学目标来使用。

例如，我国古代经典文献《大学》提出的"格物、致知、诚意、正心、修身、齐家、治国、平天下"的教育宗旨就是典型的普遍性目标。还有斯宾塞提出的"教育为完满的生活做准备"也属于普遍性目标。普遍性目标所体现的是普适的价值观，它是一般性的宗旨或原则，能够被运用于所有的教育情境，其适用范围广、灵活性强，但同时也存在模糊性、随意性强的局限。

2. 行为性目标

行为性目标的取向一度在课程与教学领域占据主导地位。行为性目标是以具体的、可操作的行为形式陈述的课程与教学目标，它指明了课程与教学过程结束后学生身上所发生的行为变化。与普遍性目标相比，行为性目标具有精确性、具体化和可操作的特点，能有力地提高教学的有效性。例如，"能用普通话朗读、不读错字，能比较流畅地朗读，能在朗读时读出感情"等都是具体的行为性目标。

行为性目标也有其缺陷，主要表现在 3 个方面：一是行为目标的预设性容易忽视教学过程中生成的变化；二是更多地关注行为结果的变化，容易忽视学生心理倾向与能力的变化；三是过分强调可测性，容易忽视对学生的情感、态度、价值观的培养。

3. 生成性目标

生成性目标不是由外部实现预定的目标，而是在教育情境中随着教育过程的展开而自然生成的目标，也就是根据学生在课堂上的表现而展开的目标。目标不是预先设定的，而是在活动过程中表现出来的一些行为。它关注的是学习活动的过程，而不像行为性目标那样重视结果。

例如在教学中，学生学习的最重要结果是"尝试"，尝试进行制作、绘画、演奏等，对这些尝试的评价应着眼于创造，而不是根据事先规定的标准来进行评价。生成性目标的实施关键在于教师的综合教育素质。

生成性目标最大的特点在于它的生成性，它是在问题解决过程中形成的，是人的经验发展的内在要求，是教学过程中学生、教师与环境的相互影响和作用的产物。如果说行为性目标关注的是结果，那么生成性目标关注的则是过程。教学过程既是预设的，同时又是生成的。生成性目标的最大优点在于，为学生的自由成长提供了足够的空间。

4. 表现性目标

表现性目标是指每一名学生在具体教育情境中的个性化表现，它追求的是学生反应的多样性，旨在培养学生的创造性，强调学生的个体性。它关注的是学生在活动中表现出来的某种程度上的创新性反应，而不是事先规定的结果。一般来讲，它只为学生提供活动的领域，而结果则是开放的。因此，表现性目标的特点是开放性、差异性和创造性。

例如：参观动物园并讨论哪里有趣。表现性目标不同于行为性目标，表现性目标并不指出学生从事某些学习活动后所获得的行为改变，表现性目标所描写的是学生教育的经历，着重于学生在学习活动中的表现，并不关注学生在活动之后能做什么、做得如何。

6.3.2 目标导向的信息化教学设计的基本原则

目标导向的信息化教学设计的基本原则如下。

1. 以学习者为中心

强调学习者在意义建构中的中心地位，学习者的特征与需求具有动态性、差异性。动态性即学习者充分发挥自主性，从认知、动机、情感、行为和环境等方面对学习过程和结果负责。差异性即不同学习者之间的水平是多层次的，不同的学习者有着不同的学习背景、心理特征和学习风格等。基于学习者的差异化需求，在教学设计中必须考虑学习者的横向差异与纵向变化，要求设计差异化教学目标与学习活动，设计中的各环节都必须以符合学习者特征、有利于学习目标的达成为出发点。

2. 目标的可实现性

目标必须能够被学生所接受，若目标不合理，会让学生产生一种抗拒心理，不利于教学的进行。在目标设置的过程中，可以适当让学生参与其中，与学生进行良好的沟通，使拟定的学习目标在教师和学生之间达成一致。这样能够极大提高目标的实现概率并激发学生的内在学习动机。

3. 目标的可测量性

目标应该是明确的，而不是模糊的。应该有清晰的、可度量的标尺作为衡量是否达成目标的依据。

4. 目标的时限性

目标是有时间限制的。在教学设计的过程中需要拟定完成目标的时间要求，并且要定期检查目标的完成进度，及时掌握项目进展的变化情况，以便根据教学计划中的异常情况及时做出合理的调整。

5. 重视结果

以学习目标为起点，以学习目标完成情况的考核为终点。学生的学习成果是评定学习目标完成程度的标准和依据。在完成学习目标的具体过程中，教师只是给予适当的指导和帮助，并没有过多地干预学生的学习行为，教师的参与成分较少，而控制目标实现的行为较多。

6. 媒体最优化选择

合理利用教学媒体，充分发挥各种媒体的优势。选择教学媒体一定要满足教学目标、教学内容、教学对象和教学策略的要求，要充分考虑教学设计过程。教学媒体只有在具体的教学环境中使用才能发挥它的作用，而其中的环境因素对媒体的选择和使用往往有限制作用，包括师生对媒体的熟悉程度、教育经费、教学软件的质量和数量、对环境的特殊要求及管理水平等。

6.3.3　目标导向的信息化教学设计的基本流程

目标导向教学有助于优化教学过程，达到有效教学的目的。目标导向的信息化教学设计可分为 3 个阶段：教学分析阶段、教学过程设计阶段、教学设计评价阶段，如图 6-3 所示。

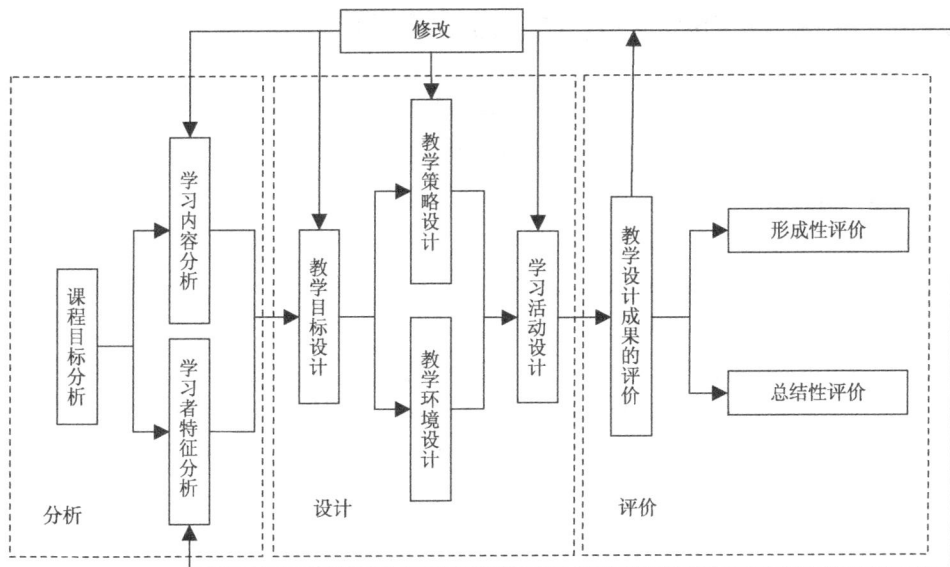

图 6-3　目标导向的信息化教学设计的基本流程

1. 教学分析阶段

教学分析阶段包括课程目标分析、学习者特征分析和学习内容分析 3 个部分。该阶段主要以各学科教学大纲拟出的教学目标和要求为依据，结合学习内容的范围和结构，根据学生的学习特点、相关能力和认知水平等，对教学进行全面、综合的分析。此阶段是教师确定教学目标、设计教学活动的基础环节。

2. 教学过程设计阶段

教学过程设计阶段包括教学目标设计、教学策略设计、教学环境设计和学习活动设计 4 个部分。教学目标是教学活动设计的起点、主线和归宿，教学目标必须能体现"以学生为中心"的教学理念。教学策略的设计应该以有利于教学目标的达成为目的，采用适合学生群体学习的最有效的教学方式和方法。教学环境的设计包括媒体选择的设计、学习资源的设计、学习支持的设计等综合运用。学习活动是为达到特定学习目标而进行的师生行为的总和，学习活动的设计应以目标为导向，不同类型的目标应对应不同的学习活动设计模式。目标决定了活动的任务，依据活动任务的特点，选择相应的活动组织策略，据此对活动顺序做出相应安排，再逐步细化设计每个学习环节。

3. 教学设计评价阶段

教学设计评价阶段包括了形成性评价和总结性评价。在实际教学中，应以目标的达成程度为衡量标准，进行教学设计的总结性评价。在教学进行过程中，根据学生的反应做出形成性评价，并根据变化随时做出合理的调整。在方案设计完成后，教师或者课程开发者应该进行自我审视和反思，通过试讲和与专家或相关人员交流，发现可能存在的问题，对教学设计的流程进行修改和完善。

可见，目标导向的教学设计是在分析的基础上提出具有针对性的、可操作的教学目标，然后围绕目标设计一系列为达成目标而开展的教学活动，根据教学目标进行教学检测和教学评价，并根据目标的达成情况来评价教学效果、指导教学反馈，使目标在教学过程中实现其意义和导向功能。

6.3.4 目标导向的信息化教学设计案例

《力的分解》

高中物理第一册

一、教学任务分析

从力的作用效果相同，再一次引入"等效替代"的思想方法。从力的合成过渡到力的分解，虽然从思维过程来看是一个逆向过程，但两者并不对称，合成是唯一的，若分解没有条件限制，则有无数组解。用平行四边形确定分力的大小及分力的大小随夹角变化的关系，是解决力学问题常用的方法。学生的起点能力是：知道力的合成不是简单的代数计算，而是要应用矢量的计算规则，会用平行四边形定则画出两个分力的合力。本课要解决的基本问题是确定力的分解方向，应用定则得出分力的大小，形成力的分解操作程序。较高层次的要求是应用平行四边形定则，在合力不变的条件下，分析并判断两个分力的夹角变化时与分力大小的变化关系。

二、教学目标

（1）给定一个力，说出力的作用效果，确定分力的方向。

（2）根据力的作用效果，阐述力的分解、力的合成是两个互逆运算。

（3）在给定的条件下，应用平行四边形定则画出力的分解图示，确定分力的大小。在实际问题中，写出两个分力的夹角为 0°、90°、180° 或给定特殊条件时分力的大小和方向的计算式。列举实例，阐述分力与合力的大小关系。

（4）在给定的问题中，运用力的平行四边形定则，判断分力随夹角变化的关系。

三、教学媒体和实验器材

几组课件、测力计、细绳、重物或钩码。

四、教学过程

教学活动	学习内容
（1）引起注意（让学生充分展示自己的想象力，以画出与众不同的悬挂法而获得满足感）	将图（1）中的物体悬挂起来可用哪些办法？（多请几名学生作答） 遮住图（2）已画好的绳子，猜测两个物体应以怎样的方式用绳子悬挂。 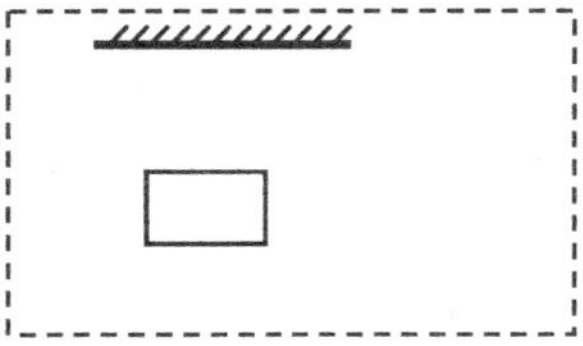 图（1） 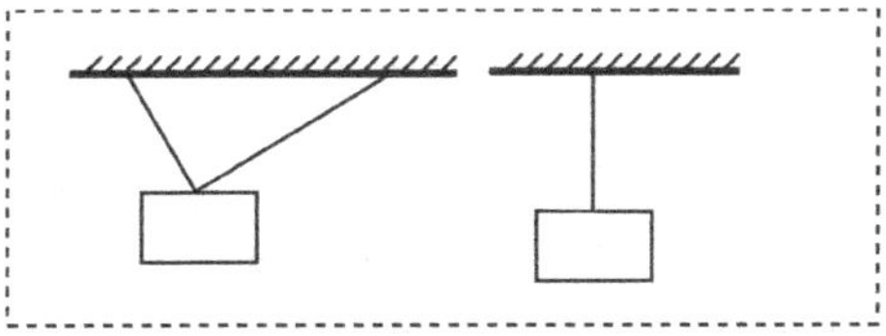 图（2）
（2）激活旧知识（力的分解是力的合成的逆过程，其分析的方法和遵循的规律是相同的，以问题引出复习的内容）	根据学生画出的图提出问题，各种悬挂方法有什么共同特点？ 复习：力的作用效果，力的合成方法
（3）提出目标（在观察两根绳子悬挂的图形后做出猜测或可能性的判断，用提出问题的形式呈现目标，有利于激发学生的好奇心，并且可以分层次逐步提出目标）	两个力的作用效果可用一个力来代替，这个力就是两个力的合力。那么，两个力的作用效果与一个力相同，能否用两个力来替代一个力？用两根绳子悬挂物体可以有多种方法，其效果是相同的，那么它们有何区别呢？（让学生做出多种猜想）
（4）提出新的问题（呈现学习的新内容，并且尽可能从学生的思维起点开始，以逐步递进方式设置问题，以促进学生对问题的深入思考）	① 图（3）中两根绳子受到的力与一根绳子受到的力有什么关系？遵循什么规律？ ② 比较图（3）中后两种悬挂方式，效果相同，每根绳子的受力是否相同？有何规律？ ③ 认为分力的大小与两根绳子间的夹角可能有什么关系？两根绳子悬挂重物与一根绳子悬挂重物相比有什么好处？（让学生做出可能的分析判断） 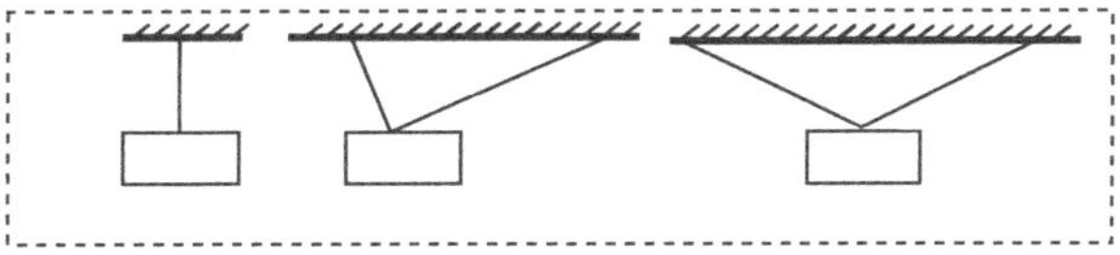 图（3）
（5）提供学习指导 （6）行为参与（根据提出的问题，学生做出猜测后，教师要引导学生逐个用科学的方法进行论证或验证）	① 通过与力的合成方法的比较，首先考虑力的作用效果。设计学生用感觉器官直接体验力的作用效果的实验 ② 设计演示实验，验证角度不同的两根绳子受到的拉力不同，根据测量的数据做出力的图示或计算，得出力分解遵循的定则 ③ 在两根绳子上分别挂上测力计，利用学生分组实验，演示分力的大小与夹角变化的定性关系。总结得出分力大小与合力大小的关系，以及分力随夹角变化的关系
（7）强化反馈（分阶段及时评价以激励学生进一步的学习和研究）	对学生参与活动的过程和得出的结论及时做出反应与评价

续表

教学活动	学习内容
（8）变式练习（变式练习的要求要具有层次性，形式要有多样性，既要有特殊迁移的问题，也要有一般迁移的问题）	问题设计 ① 将放在斜面上的物体受到的重力进行分解，应如何操作？设计简单的实验，感受重力的作用效果 ② 根据重力的作用效果确定力的分解方向 ③ 用平行四边形定则做出分力的大小。给定特殊角度，计算分力的大小 ④ 在下图中，若斜面的倾角变化时，分力的大小和方向如何变化？ 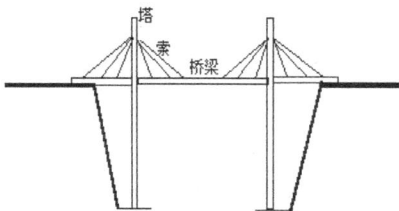
（9）促进巩固和迁移（主要是将学习的内容和方法归纳成可操作的程序，以促进长期的迁移）	归纳力的分解方法，形成力的分解操作步骤：确定被分解力的作用效果，确定力的分解方向；运用平行四边形定则，做出分力的大小；利用三角函数计算特殊角度时分力的大小和方向

五、目标检测

（1）斜拉桥由塔、索和桥梁部分组成。桥面由桥梁支承，桥梁由索牵拉，索由塔锚固，三者巧妙地结合，把大跨度的桥梁横空吊起，沉重的载荷巧妙地传到大地。斜拉桥利用了哪些最简单的物理学原理？

（2）把竖直向下的18N的力分解成两个力，使其中一个分力在水平方向上并等于24N，则另一个分力的大小是_____N。

（3）设河水对小船的阻力是400N，一人在左岸通过牵绳用400N的水平力拉小船，牵绳与河道中心线呈60°夹角。那么要使小船沿河的中心线匀速前进，右岸的人需用多大的力拉牵绳？牵绳的方向如何？

（4）a、b、c这3根绳子（右图）完全相同，其中b绳水平，c绳下悬挂一个物体。这3根绳中受到拉力最大的是（　　　）。

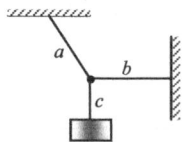

A. a绳　　　　　　B. b绳　　　　　　C. c绳　　　　　　D. 无法确定

（5）质量为m的物体，用绳子将其悬挂于O点，A、B为圆周上的两点，当绳子的悬挂点B逐渐移近O'点的过程中，绳子OA与OB的受力情况是（　　　）。

A. OA受到的拉力逐渐增大，OB受到的拉力逐渐减小

B. OA受到的拉力逐渐减小，OB受到的拉力逐渐增大

C. OA受到的拉力逐渐增大，OB受到的拉力先减小后增大

D. OA受到的拉力逐渐减小，OB受到的拉力先增大后减小

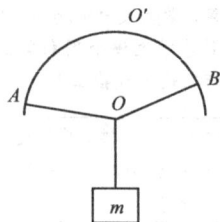

六、教学流程

教学流程如下图所示。

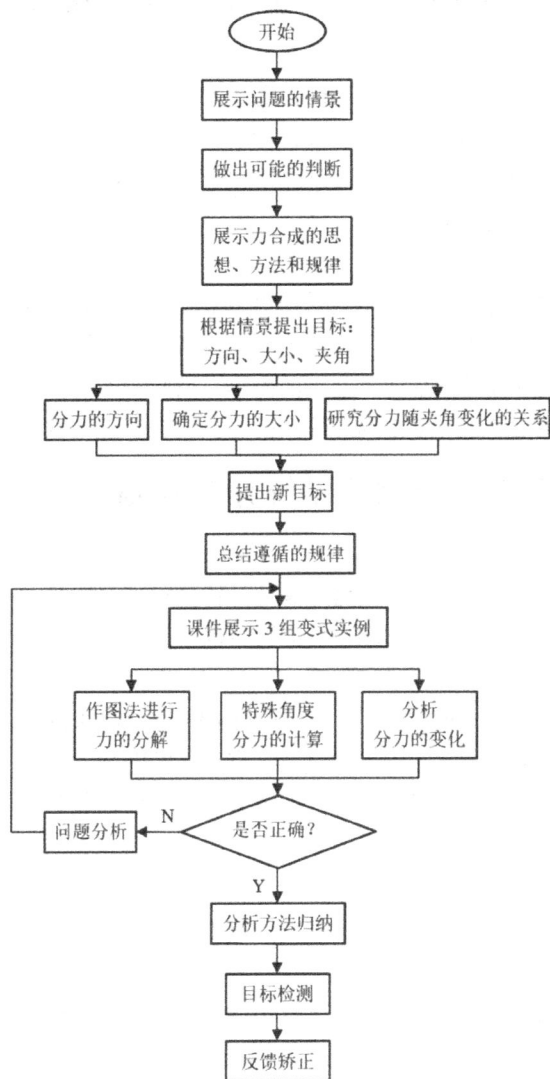

```
              ┌────────┐
              │  开始  │
              └────────┘
                  │
          ┌───────────────┐
          │  展示问题的情景  │
          └───────────────┘
                  │
          ┌───────────────┐
          │  做出可能的判断  │
          └───────────────┘
                  │
          ┌───────────────┐
          │ 展示力合成的思   │
          │ 想、方法和规律   │
          └───────────────┘
                  │
          ┌───────────────┐
          │ 根据情景提出目标：│
          │ 方向、大小、夹角  │
          └───────────────┘
         ┌────────┼────────┐
   ┌─────────┐ ┌─────────┐ ┌────────────────┐
   │ 分力的方向 │ │确定分力的大小│ │研究分力随夹角变化的关系│
   └─────────┘ └─────────┘ └────────────────┘
         └────────┼────────┘
          ┌───────────────┐
          │   提出新目标    │
          └───────────────┘
                  │
          ┌───────────────┐
          │  总结遵循的规律  │
          └───────────────┘
                  │
          ┌────────────────┐
          │ 课件展示 3 组变式实例 │
          └────────────────┘
         ┌────────┼────────┐
   ┌─────────┐ ┌─────────┐ ┌─────────┐
   │作图法进行 │ │特殊角度   │ │分析      │
   │力的分解  │ │分力的计算 │ │分力的变化 │
   └─────────┘ └─────────┘ └─────────┘
         └────────┼────────┘
                  │
   ┌────────┐  N  ◇─────────◇
   │ 问题分析 │◀────│ 是否正确？ │
   └────────┘     ◇─────────◇
                    │ Y
          ┌───────────────┐
          │  分析方法归纳   │
          └───────────────┘
                  │
          ┌───────────────┐
          │   目标检测     │
          └───────────────┘
                  │
          ┌───────────────┐
          │   反馈矫正     │
          └───────────────┘
```

七、教学设计评价

力的分解和力的合成都是力的下位概念，因此，力的概念是新知识的悬挂点，力的合成的思维方法同样适用于力的分解。本课的学习是规则的学习。教学过程的设计是以学生能根据力的作用效果确定分力的方向、运用平行四边形定则确定分力的大小为学习结果。利用体验-演示实验-学生实验的探究模式，运用实验方法和力的合成的思维方法，从体验力的作用效果出发提出力的分解的基本思路，并通过演示实验验证分力和合力的关系遵循的定则，归纳力的分解的基本规则和步骤。通过设计变式练习，将力的分解的基本方法进行强化，使学生通过问题解决形成力的分解的基本技能，并应用于新的情景。最后用学生实验讨论分力的大小与夹角的变化关系，得出分力与合力的一般关系。5 道目标检测试题是为检测学生的学习结果而编写的。恰当地运用目标检测题可以获取有效的反馈信息，为下一阶段的教学提供依据。

6.4 问题导向的信息化教学设计

问题导向（Problem-Based Learning，PBL，也译为基于问题的学习）模式在实践中产生于医学教学领域。20世纪70年代，加拿大麦克马斯特大学开始在医学教育方面使用问题导向学习法，后来在60多所医科学校中推广、修正。因其直指知识的应用和未来职业技能的培养，并充分体现了建构主义的思想，该教学模式很快风靡全球，对各办学层次、各学科的教学和培训产生了革命性的影响。

在传统的课堂教学中，问题导向的实施受到很多限制，不能充分发挥它的优势。随着信息技术的迅速发展，互联网作为一种新的信息传递工具，逐渐成为人们获取知识和各种信息的重要渠道，同时也为新时期的教育教学改革注入了新的内容，因此，人们将目光转向了信息化环境下问题导向的研究。同样，对信息化环境下问题导向的信息化教学设计方法的研究也是非常重要的。

6.4.1 问题导向的信息化教学设计的内涵

1. 什么是问题

所谓问题，是指在一定情境中，人们为了满足某种需求或完成某一目标所需要面临的未知状态。所谓问题求解，是指人们为处理问题情境而进行的一系列认知加工活动，它泛指有机体对问题情境的适当反应过程。

"以问题为中心"是问题导向的核心要素，它与传统的以教师为中心、学生被动接受的教学方法截然不同。问题导向强调把学习设置到复杂、有意义的问题情境中，通过让学习者合作解决实际问题，学习隐含于问题背后的科学知识，形成解决问题的技能与自主学习的能力。

2. 问题的种类

问题可以分为良构问题和劣构问题两大类。良构问题，也称定义完整的问题，是指限定性条件的问题。它具有明确的已知条件，并在已知条件范围内运用若干规则和原理来获得同一性的解决方法。劣构问题，也称定义不完整的问题，是指具有多种解决方法、解决途径和少量确定性条件的问题。这些条件不仅不易操作，还包括某些不确定性因素。一般来说，劣构问题存在或产生于特定的情境之中。良构问题与劣构问题的对比如表6-3所示。

表6-3　　　　　　　　　　　　　　良构问题与劣构问题的对比

良构问题	劣构问题
呈现问题的所有部分	界定不明确。问题的构成存在未知或某种程度的不可知部分，可操控的参数或变量很少
对学习者呈现的是完整的、有求解方法的问题	具有多种解决方法、途径，或根本不存在解决方法
以一种预测性的和描述性的方式明确地界定限制条件，其中包含解决问题时所需运用的若干规则和原理	没有原型的案例可供参考
涉及某一知识领域中某些常规、良构的概念和规则	不能确定哪些概念、规则和原理对形成解决方案来说是必需的
有正确、统一的答案	对大多数案例的描述或预知没有一般性的规则或原理，在确定恰当的行动方面没有明确的方法

良构问题	劣构问题
有可知的、可理解的解决方法，决策的选择与所有问题状态之间的关系是已知的	需要学习者表明对问题的观点或信念，因此解决问题的过程是一种独特的人际互动过程
有一个最佳的、特定的求解过程	需要学习者对问题做出判断，并说明理由

3. 基于问题的学习

基于问题的学习是指把学习置于复杂且有意义的问题情境中，在学习者彼此协作解决问题的过程中，获得隐含于问题背后的知识，发展学习者的思维能力、解决实际问题的能力与自主学习能力，同时培养学习者的创新意识和合作精神。

基于问题的学习与基于项目的学习有相似之处，也有区别。基于问题的学习强调以问题为中心，而基于项目的学习所说的项目更加宽泛，它涉及学校教材之外的、能给学生带来各种不同经历或体验的诸多内容，如环保、交通、社区方面问题的调研等，并且任何一个项目都具有这样的特点：学生是自主学习的；学习内容是与现实密切联系的；信息来源于多种渠道；学生的学习以研究为基础，同时嵌入了知识与技能；解决问题需要较长时间；最终得出的成果与承诺的成果模拟相似。

4. 基于问题的信息化学习模式的 3 个基本要素

基于问题的信息化学习模式有 3 个基本要素，分别是选取与设计问题、团队协作、学生的反思，如表 6-4 所示。

表 6-4　　　　　　　　　基于问题的信息化学习模式的 3 个基本要素

	选取与设计问题	团队协作	学生的反思
对象	教师	学生之间	问题
基础	源于现实生活，贴近学生熟悉的社会环境	主动地参与，积极地建构	现有知识和原有知识的区别
特点	作为学习活动的指导者或学生的榜样；鼓励、激发学生思考，使学生持续参与；监控和调整任务的难易程度，调控小组的驱动力，使学习进程顺利进行	作为主动解决问题的行动者；分小组讨论和交流，通过不断地补充、修订，加深每一名学生对当前问题的理解；投入型学习，积极的意义建构	是一种元认知，能够发展学生的思维能力并帮助学生懂得如何学习，培养其终身学习能力；问题作为学生处世的挑战和动机

5. 信息化环境下基于问题的学习模式的优势

信息化环境能为学习者提供丰富的资源和有力的支持，为学习者实现探索式学习、发现式学习创造有利条件，学习者的学习积极性与主动性也会因此获得极大的提高。因此，在信息化环境下进行问题导向式的学习有很大的优势，传统环境下与信息化环境下基于问题的学习模式的对比如表 6-5 所示。

表 6-5　　　　　　　传统环境下与信息化环境下基于问题的学习模式的对比

比较项 ＼ 环境	传统环境	信息化环境
问题情境	只能靠教师语言描述问题，较抽象，不易想象，容易使学生产生理解上的困难	可以通过各种技术支持逼真地呈现问题情境，有助于学生理解问题和融入情境
资源范围	资源来源单一，只能依靠课堂提供的文字、图片或模型等	资源丰富
学习社群	仅局限于小组成员或者班级成员	可以与不同地区的学生探讨问题

比较项 \ 环境	传统环境	信息化环境
评价效果	教师扮演科学家等多种角色，若不具备相关素质，则评价效果不佳	学生可以与多位教师甚至相关专家联系，评价更专业，效果更好

6.4.2 问题导向的信息化教学设计的基本原则

依据开展问题导向学习时应该注意的事项，以及如何设计问题导向学习的课程，我们可以概括总结出问题导向的信息化教学设计的一些基本原则。

1. 把学生置入结构不良的"真实"问题情境中

"问题"在问题导向中具有举足轻重的地位，问题设计的好坏是影响问题导向效果的关键因素。"问题"设计时应遵循以下原则。

（1）问题的难度要适中。太难、太复杂或太简单的问题，都会抑制学习者学习的积极主动性，进而对学习者自主探索资源、寻求解决问题的过程产生消极影响。

（2）问题应该以现实世界中遇到的错综复杂的问题为核心。按照建构主义的认知弹性理论观点：所有涉及把知识应用于现实情境中的领域，实质上都是结构不良的。所以问题导向中的问题涉及的知识领域是结构不良领域。

2. 师生角色的转变

在问题导向中，传统的师生角色发生了变化。学生在问题导向的过程中逐渐承担了越来越多的责任，他们必须为自己的学习负责，同时他们在学习中也逐渐变得不依赖于教师。问题导向着眼于塑造学习者的独立自主性，以使他们具备在以后的生活和职业中继续学习的能力。在问题导向中，教师的角色是资源提供者和学生发展的促进者、推动者或辅导者。他们的任务基本上是在学生解决问题的过程中引导学生。当学生逐渐精通和能熟练解决问题时，教师就逐渐退居后线了。这与建构主义倡导的"支架式教学"中的师生角色是一致的。教师的这种角色转变对许多教师来说是一种新的挑战。

3. 小组成员相互协作

学习小组要完成解决问题的任务，很重要的一点就是小组成员之间必须相互合作、相互支持，并且自由地共享知识和资源。这一点与传统的学校教育有很大的区别。在传统的学校教育中，追求"个人"的成功经常受到鼓励，而这不可避免地会在学生之间引发激烈的竞争，进而导致学习者缺乏合作的精神和技能。问题导向恰恰强调的就是小组成员之间的相互合作、相互尊重，以及积极参与、努力完成整个小组的目标。此外，在问题导向中，如何创造性地利用核心成员的才能，以及鼓励不太活跃的成员参与也是小组学习获得成功的关键。

6.4.3 问题导向的信息化教学设计的基本流程

问题导向的信息化教学设计的基本流程如图6-4所示。

1. 问题设计

问题设计是基于对学习目标、学习内容和学习者特征进行综合分析而得出的结果，明确问题是基于问题的学习模式的首要步骤。只有明确了问题，才能有的放矢。

首先，学习目标是教学活动的出发点和最终归宿，它能为学生的活动指明方向。其次，教师应当对课本中的知识点进行透彻的分析，根据学习者在认知、情感和学习风格等方面的特征，结合学习者以前的经验，选择适合学生进行自主学习、与学生的实际生活联系紧密、符合学生个性发展的内容，并对知识点进行适当的扩展，以适应不同学生的学习需要。最后，由于问题导向课程不同于传统的中心课程，它是以解决现实生活中的实际问题的逻辑顺序为主线，而不是以学科知识的逻辑结构为主线，因此，问题设计是课程内容设计的核心，是凝聚、汇集和激活学生知识技能的"触发点"。

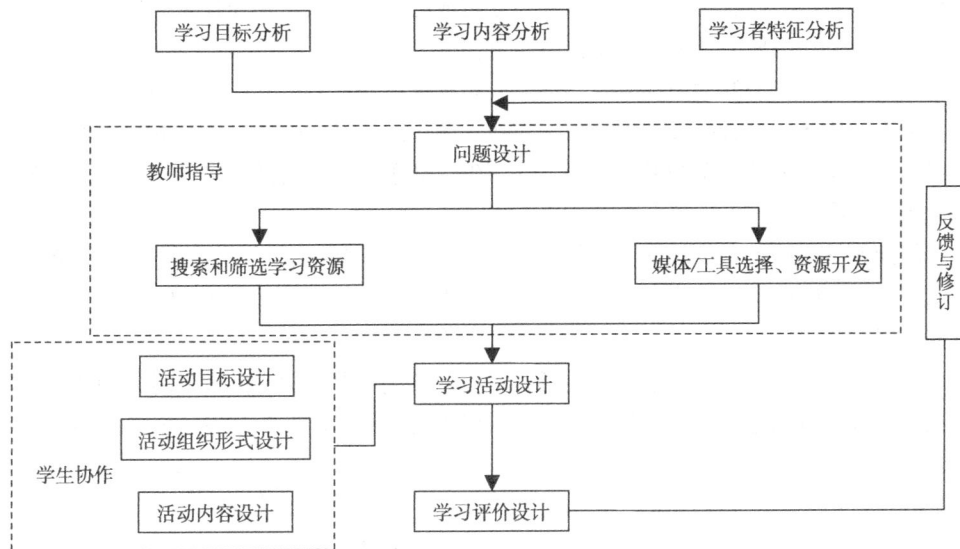

图 6-4　问题导向的信息化教学设计的基本流程

在设计问题时，要保证学生在解决完问题后能够掌握学习目标规定的相关知识。另外，问题必须是与实际生活紧密联系的，并且与学生已有的经验相联系。这样既便于学生理解，也便于引起学生的共鸣，更能激发学习者的学习热情。

对于问题设计来说，最重要的是区分"基本问题"和"单元问题"。基本问题是指学科中处于核心位置的基本概念，是指向学科核心思想和深层次内容的能够提升学科内涵的丰富性和复杂性的问题。对教师来说，基本问题有利于教师关注在较长教学时段中的重要教学主题，并通过各种教学活动实现那些基本的概念；有利于教师从人、社会、自然、生活的视野来为学生考虑自己的学科教学。对学生来说，基本问题可以帮助学生在学习中进行高阶思维活动，促使学生进行有意义的学习，帮助学生从哲理的高度来认识所学的学科知识，使学习与人文历史、社会和自然等相联系，使学生当前的学习与其他学科或更广泛的主题联系起来。单元问题是用来引导学习者探索基本问题的，它是比较具体和容易理解与操作的问题。它以单元教学或学习主题来开展活动，没有固定的"正确"答案，并且它能激发学生的学习兴趣，引发学生思考。单元问题是理解基本问题的具体通道与"桥梁"，这是因为基本问题是学科中基础性和抽象性的问题，需要学生耗费大量时间去研究才能够理解与领悟，而不断地学习单元问题有助于学习者发展高阶思维能力，从而逐步掌握学科的基本问题。

2. 资源开发

明确问题后，接着就要通过各种渠道搜索相关学习资源并进行合理的筛选，再通过已有的信息化资源，为学习者创建一个良好的学习环境。这个环境一般是一个可以反映真实世界的环境。

3. 学习活动设计

问题导向课程以学生活动为主线，它由学生的一系列活动构成，一般包括活动目标设计、活动组织形式设计和活动内容设计。

4. 学习评价设计

在评价阶段，教师要引导学习者总结在解决问题的整个过程中的体会或者收获，反思存在的不足。评价的主要内容要包含学生对自己的评价、对小组成员在解决问题过程中的表现的评价。此外，教师也要对学生通过小组协作或分别独立完成的作业做出总结与评价。最后，师生间要共同进行总结性评价，以便为下一次教学提出改进措施。

问题导向是一种新型的学习模式，符合开放教育和终身学习的理念，强调学生个性化学习的特点，具备多种优势，具有强大的生命力。实践证明，问题导向转变了学生的学习观念，操作性强，不仅提高了学生运用知识的能力，而且让学生学会了学习，为其终身学习打下了基础，它是一种有效的教学模式。

在了解问题导向的信息化教学设计的基本流程后，下面来扩展了解问题导向六步教学法。

"问题导向六步教学法"教学模式的核心内容是：一个导向，两条基本线，三种途径，四维课堂素养目标。具体内容如下。

一个导向：课堂教学设计以学生问题意识培养、解决问题、提出问题的能力训练为导向。

两条基本线：以问题的设计与提出为明线，以思维训练为暗线，如图6-5与图6-6所示。

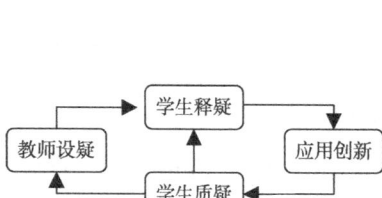

图6-5 明线

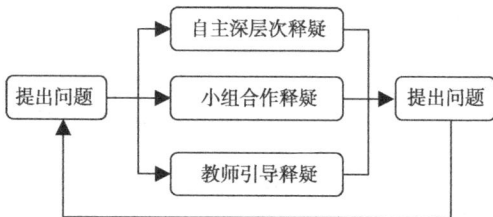

图6-6 暗线

三种途径：在课堂教学模式的具体实施过程中，以"自主学习，释疑质疑""合作学习，释疑质疑""教师引导，释疑质疑"三种途径来培养学生提出问题、解决问题的能力。三种途径层层递进，自主学习能够解决的问题不求人，合作学习能解决的问题不问师，不但能充分体现学生在学习中的主体地位，而且课堂在质疑、释疑、再质疑、再释疑的反复中螺旋上升，提高了效率。

四维课堂素养目标：问题导向教学模式旨在调动学生的大脑，把课堂变成思索的课堂；引导学生横向拓宽、纵向深入地思索，把课堂变成思考的课堂；培养学生多方面思考，把课堂变成思维的课堂；引领学生学会运用多种思维方式进行逻辑推理，把课堂变成思辨的课堂。

问题导向教学法的6个步骤如下。

（1）文案导学，激发兴趣。

（2）自主预习，释疑质疑。

（3）合作学习，释疑质疑。

（4）精讲点拨，释疑质疑。

（5）应用创新，问题再生。

（6）达成目标，反馈提升。

6.5 任务驱动的信息化教学设计

教学的艺术不在于传授本领,而在于唤醒、鼓舞和激励。教育者应针对教育对象求知的需求和个性特点去启发、鼓励和开导受教育者,使受教育者的求知欲和思辨能力得到充分释放,让"学"成为一种自觉、主动、独立的行为。如果能把学生的热情激发出来,那么学校所规定的功课就会被学生当作礼物所接受。

6.5.1 任务驱动的信息化教学设计的内涵

1. 任务驱动教学法

所谓"任务驱动",就是在学习过程中,学生在教师的帮助下,紧紧围绕一个共同的任务活动中心,在强烈的问题动机驱动下,通过对学习资源的积极主动应用,进行自主探索和互动协作的学习,并在完成既定任务的同时,引导学生产生一种学习实践活动。

"任务驱动"是一种建立在建构主义教学理论基础上的教学法。它将以往以传授知识为核心的传统教学理念,转变为以解决问题、完成任务为核心的多维互动式的教学理念。任务驱动的教与学的方式,能为学生提供体验实践的情境和感悟问题的情境,围绕任务展开学习,以任务的完成结果检验和总结学习过程等,改变学生的学习状态,使学生主动建构探究、实践、思考、运用、解决高智慧的学习体系。它要求"任务"的目标性和教学情境的创建,使学生带着真实的任务在探索中学习。在这个过程中,学生还会不断地获得成就感,从而进一步激发他们的求知欲望,逐步形成一个感知心智活动的良性循环,并培养出独立探索、勇于开拓进取的自学能力。

任务驱动教学本质上就是通过"任务"来诱发、强化和维持学习者的成就动机。成就动机是学生学习和完成任务的真正动机系统。"任务"是作为学习的"桥梁"而言的。而"驱动"学生完成任务的不是教师也不是"任务",而是学生本身,更进一步说,是学生的成就动机。因此,任务并不是静止和孤立的,它的指向应是学习者成就动机的形成,即任务是一个由外向内的演化过程,是以成就动机的产生为宗旨的。"任务驱动"就是通过"任务内驱"走向"动机驱动"的过程。

2. "任务"的特点

任务驱动教学法要求在教学过程中,以富有趣味性、能够激发学生学习动机与好奇心的情境为基础,以与教学内容紧密结合的任务为载体,使学习者在完成特定任务的过程中获得知识与技能。

其中的情境既可以是完成任务的一种结果,也可以是通过运用理论知识与开展实践活动而最终形成的一个作品。任务是知识与技能的载体,它能够有效组织教学目标,形成具有趣味性的学习过程。因此任务驱动教学法体现了以任务为明线,以增强学生的知识与技能、过程与方法、情感态度价值观为暗线,以教师为主导、学生为主体的教学思路。

任务驱动中的"任务"具有以下特点。

(1)真实性。在教学过程中,任务应具有实际意义,不应该是虚构的。只有符合实际、贴近学生生活经验的任务才能更有效地激发学生学习和探索的欲望。虚构的任务不仅抽象、不易理解,还容易让学生产生抗拒心理,影响教学任务的完成。

(2)整体性。任务应该是以若干个子任务为中心,通过完成子任务的过程介绍和传授基本的知识与技能。任务一般不要太小、太琐碎,应是一个能够分成几个子任务的整体任务。

（3）开放性。开放性是指在学习环境、学习内容及学习方法等方面不再追求相同的结果，而是倾向于多元化。任务一般涵盖要学习的知识技能，但完成任务的方式可以多种多样，最后的结果也可以是多姿多彩的。在学生完成任务的过程中，学生以探究质疑的自主学习为主，这是一种师生互动的开放教学形式，它不受时间和空间的限制。任务的开放性给学生提供了一个创造的空间，也真正实现了学习资源的开放性。

（4）可操作性。学生可以按照具体的要求去完成任务。

（5）适当性。任务难易程度要适当，太易或太难都会影响学生完成任务的积极性。

6.5.2　任务驱动的信息化教学设计的基本原则

1. 任务设计要有趣味性

教学要讲究"寓教于乐"，以"快乐学习"法为指导，将枯燥的学习内容设计为有趣味的任务。只有学生感兴趣，才能激发其学习欲望，引起探究知识的好奇心。

2. 任务设计要有拓展性

教师群体与学生群体在自身素质、知识构成等方面存在着不同程度的差异，因此任务的设计必须以群体的共性为出发点，突出对个性群体的拓展性思维和创新能力的培养。

为了培养拓展性思维和创新能力，要将任务分为基本任务和拓展创新任务。基本任务涵盖了学习的知识与操作技巧，学生融会贯通后能按照要求完成。拓展创新任务是一种将所学知识灵活运用于实际的任务。

3. 任务设计要具有知识融合性

课程的最终目标是让学生能够掌握所需的知识与操作技能，培养学生的能力。因此课程知识全部学习完成后，应该设计一个综合任务，让学生将所学的各知识点的内容与技能融会贯通。该任务不仅可以考查学生的知识点掌握情况、操作技能和创意设计，还可以使学生融入协同合作的状态中去。这样既培养了团队精神，使其体验了实际工作场景，又增强了他们学习的成就感。

4. 任务设计要体现学生的中心地位

"任务驱动教学模式"强调学生的中心主体地位，为此，任务设计一定要符合学生的特点。也可以鼓励学生根据知识点自己提出任务，甚至可以让学生通过专业调查或社会实践自定学习任务，加大任务设计中的学生参与度，达到任务"取之于学生，服务于学生"的效果。

5. 任务设计要符合实际信息化条件

在信息化环境中，任务设计要将实际教学中的信息化环境考虑进去。任务设计中媒体、工具或资源开发的要求无论是高于还是低于教学实际的信息化环境的条件，都会使得教学效果大打折扣，影响教学质量。

6.5.3　任务驱动的信息化教学设计的基本流程

1. 创设情境

需要创设与当前学习主题相关的、尽可能真实的学习情境，引导学习者带着真实的"任务"进入学习情境，使学习更加直观和形象化。

在教学实践过程中，创设情境是一个非常重要的环节，它直接影响教学的效果，因为无论教师设计的任务有多么好、包含多少知识点，如果不能激发起学生要完成这项任务的主观能动性，那么任务驱动教学法就无法成功开展。所以要设计一个能让学生积极主动去完成任务的情境是任务驱动教学法进行下一步的前提。

要充分用到信息技术处理多媒体的功能，从声音、色彩、形象、情节、过程等方面，设计适当的情境使学生在这种情境中探索、实践，加深对问题的理解。生动、直观的形象能有效地激发学生联想，唤起学生原有认知结构中有关的知识、经验及表象，从而使学生利用有关知识与经验去"同化"或"顺应"所学的新知识，并发展能力。教师还要注重营造一个自然、和谐、平等的氛围，允许学生随时提出问题、相互讨论，允许学生对教师的讲话、观点提出异议，允许学生自主选择具体的学习方式。

2. 设计任务

在任务驱动教学法中，任务的提出是关键，也是这个过程的核心，它将决定教学过程中学生是主动学习还是被动学习。教师要站在稍超前于学生智能发展水平的高度上，提出有利于学生掌握技能、获取知识的有意义的任务。设计一个合理、有效的任务要注意以下几点。

（1）任务要有明确的目标要求。教师要在学习总体目标的框架下，把总目标细分成一个个小目标，并把每一个学习模块的内容细化为一个个容易掌握的任务，通过这些小任务来体现总的学习目标。

（2）任务要具体明确、具有可操作性。

（3）任务要符合学生的特点。设计任务时要从学生的实际出发，充分考虑学生现有的文化知识、认知能力、年龄、兴趣等特点，遵循由浅入深、由表及里、循序渐进等原则。

（4）设计任务时要注意把信息技术作为一种认知工具，把其他学科的知识作为载体，融合在真实性的问题情境中，使学生置身于提出问题、思考问题、解决问题的协作学习中。

（5）任务的大小要适当。一个教学内容可设计成多个任务，在同一时间内由不同的角色去分别完成，然后由教师或同学将任务综合起来进行讲解。

（6）设计任务时，要充分考虑学生的个体差异，要将学习目标分层次，针对不同水平的学生分别提出恰当的基础目标、发展目标和开放目标，在此基础上设计具有一定容量、一定梯度的任务，要求所有学生完成基础目标对应的小任务，学有所思的学生能接着完成下一个需要努力才能完成的发展目标对应的任务，学有所创的学生还应继续完成后面开放目标对应的任务。

（7）任务要有多条完成的路径，让学生自己决定走哪条路。

总之，提出的任务要符合学生的认知规律，把教学内容融于开放、平等的教学环境中，引导学生自觉去探求知识、获取知识、运用知识。

3. 自主探索、协作学习

在任务驱动教学法中，不是由教师直接告诉学生应该如何去解决面临的问题，而是由教师向学生提供解决该问题的有关线索，如需要搜集哪些资料、从何处获取有关信息资料等，强调发展学生的自主学习能力；倡导学生之间的讨论和交流，通过不同观点的交锋，补充、修正每名学生对当前问题的解决方案。教师设计的任务可以由学生个人完成，也可以分小组完成，但要注意任务驱动教学法的任务是使学生成为学习的主体。

（1）要求学生自主探索。在这一阶段，教师切忌直接告诉学生应该做什么，只需针对不同的角色，向他们介绍一些与任务完成相关的资料及如何充分利用好现有资料的建议，或提供一个完成任务的基本框架。教师要站在稍超前于学生智力发展的水平上，通过提问、观察、交谈来引导学生对解决问题所需的策略进行探索。

（2）鼓励学生协作学习。最好把学生分成小组进行讨论学习，教师要注意引导学生积极协作，让每名学生随时向小组成员传递自己获得的资料、任务的进展情况等，在互帮互助中共同进步，让每名学生的思维成果为整个小组所共享。教师要适时组织小组交流讨论，针对小组协作中遇到的问题，及时调整设计、进度，甚至调换角色，从而使各小组进一步把各自的学习活动深入下去。

任务驱动教学法改变了以往学生跟着教师的指挥，被动接受知识的状况，使学生能独立思考、大胆尝试、自主探索，对学生分析问题、解决问题能力的培养十分有益。任务驱动教学法也为学生的合作学习提供了良好的条件，可以通过把各层次的学生组成一组完成同一任务的方式解决学生知识技能层次上差异的问题；而学生可以通过合作学习，学会表达自己的见解，学会聆听他人的意见、理解他人的想法、学习他人的长处。

4. 效果评价

完成了任务不等于完成了知识技能的构建，还必须对学习效果进行评价。恰当的评价可以对学生的发展产生导向和激励作用。对学习效果的评价主要包括两部分内容，一方面是对学生实施当前问题解决方案的过程和结果的评价，即所学知识的意义建构的评价，而更重要的一方面是对学生自主学习及协作学习能力的评价。

从学生角度而言，任务驱动是一种有效的学习方法，其不仅提高了学习的效率和兴趣，而且培养了学生独立探索、勇于开拓进取的自学能力。一个"任务"完成了，学生就会获得满足感、成就感，从而激发他们的求知欲望，逐步形成一个感知心智活动的良性循环。教师的有效评价、对学生能力的充分肯定使学生体验到成功的快乐，从而保持良好的学习势头。

评价活动是学生和学生之间、学生与教师之间的交流和合作学习的机会。在这样一个合作性的集体中，具有不同知识结构、不同思维方式、不同风格的学生，可以在交流过程中互相启发、互相补充，在互相交流中产生新的认识。教师也可以从学生的一些创意作品中得到启发，达到教学相长的效果。

6.5.4 任务驱动的信息化教学设计案例

在人民教育出版社英语教材编排体例中，"Australia"一课是全方位介绍澳大利亚的文章，通过本课的学习，学生对澳大利亚要有较深刻的了解。从课程标准的要求和实验教材的内容来看，知识的难度不大，重点通过不同的情景和任务设置，学生能用英语扮演角色，通过任务驱动来运用英语，从而使课堂知识和生活场景息息相关。在这节课的设计中，采用任务驱动教学法，可以充分调动学生学习的积极性，培养学生的自主学习、合作学习能力和科学探究精神，也符合当前课程改革的基本理念。

本课内容可分为两节课完成。

第一节课。

1. 创设情境

学生知道要学习澳大利亚的相关内容，已经搜集了不少材料，这时再播放一段《悉尼歌剧院》《大堡礁》《澳大利亚动物园》的视频片段，使学生有身临其境的感觉，能激发学生的兴趣和对澳大利亚的探究渴望。

2. 布置任务

任务1：角色扮演——今天我来当导游。放暑假了，不少同学想到澳洲游学，可又不知道澳大利亚的位置在哪里，出发时衣服该带多少，乘船去好还是乘飞机去好，哪里是澳大利亚人口最集中、受教育程度最高的地区，当地人有哪些特殊的风俗习惯。请你来当导游，用英语来介绍澳大利亚，让他们出发前对澳大利亚的概况有一个总体的认识。

这样设计的目的是将英语的运用与日常生活紧密相连，体现新课改基本理念中的"学习对生活有用的英语，对终身发展有用的英语"，增强趣味性，同时培养学生搜集、分析、处理地理信息的能力和语言表达能力。

任务 2：角色扮演——澳方招商引资代表。有一位商人，听说澳大利亚的资源十分丰富，便有去澳大利亚投资的意向。如果你是澳方招商代表，你将如何进行招商引资？用英语把澳大利亚的丰富资源介绍给投资方。

任务 3：比较两届奥运会。2000 年澳大利亚成功举办了第27届悉尼奥运会。悉尼奥运会的成功举办，使人们认识了澳大利亚这个年轻而又充满活力的国家。中国北京于 2008 年成功举办了盛况空前的第29届北京奥运会。在城市环境、全国旅游、交通及人文环境、参赛人数、比赛项目及比赛成绩等方面，两届奥运会各有什么不同风格和特色？请谈谈你的看法。

3．自主学习与合作学习

各小组领到学习任务后，先独立思考，充分利用课本自主学习，独立探究。在此基础上，小组内部成员之间开展合作与协商，运用计算机网络查询资料，整理并制作成作品。

第二节课。

1．学习成果展示

各小组派代表汇报、展示、交流本组任务完成情况。作品可于课后有选择地张贴于教室，供大家阅读。每一小组汇报交流后，教师将这部分必须掌握的内容制作成课件，展示给学生。这样做的目的是关注到每一位学生，也体现了转变学习方式，先学后教的策略。

2．学习效果评价

学生反思问题解决的过程，参照教师的课件，进行相互评价或自我评价，教师适当做出点评，并帮助学生做归纳与总结。

评价是很重要的一环，主要采用学生自我评价、小组相互评价和教师直接评价，以及教师就学生参与活动的积极性、态度进行评价等，充分发挥这些评价在教学中的正面导向作用，积极引导学生真正改变学习方式，提高终身学习的能力。这也体现了新课改理念中的"注重学习结果与学习过程并重的评价机制"。

最后，教师围绕澳大利亚的特色进行总结。在复习与巩固阶段，可采用小组竞赛的方式，目的是使学生既能掌握课标的基本要求，又培养了竞争意识和集体荣誉感。

6.6　翻转课堂的信息化教学设计

6.6.1　翻转课堂的内涵

1．翻转课堂的概念

翻转课堂就是在信息化环境中，教师提供以教学视频为主要形式的学习资源，学生在上课前完成对教学视频等学习资源的观看和学习，师生在课堂上一起完成作业答疑、协作探究和互动交流等活动的一种教学模式。

翻转课堂作为一种新兴的教学模式，颠覆了传统的教学过程，它将"知识传递"过程置于课堂外，学生借助教师制作的教学视频和开放网络资源自主完成知识的建构，而课堂则成为他们完成作业、探讨问题或得到个性化指导的地方。因此，在翻转课堂中，学生摆脱了被动接受知识的角色，成为整个教与学过程中的主体，所有的知识都需要学生在自主学习和动手的过程中获得。翻转课堂与传统课堂最主要的差异在于：传统课堂在课上通过教师讲授进行知识传递，学生在课后完成作业并实现知识的内化；翻转课堂则是学生在课前通过观看教学视频或查找网络资源完成知识的接收，在课上通过完成作业、讨论探索、教师个别指导来实现知识内化。

2. 传统课堂与翻转课堂的比较

传统课堂与翻转课堂的比较如表 6-6 所示。

表 6-6　　　　　　　　　　　　　　传统课堂与翻转课堂的比较

比较项 ＼ 课堂	传统课堂	翻转课堂
教学流程	课上：知识传授 课后：完成作业和练习	课前：知识传授，完成对课程内容的自主学习 课上：学生作业答疑、小组协作探究、师生深入交流
师生角色	教师：知识的拥有者和传播者 学生：处于被动接受知识的地位	教师：教学活动的"导演"和学生身边的"教练" 学生：教学活动的参与者
教学资源	书本、演示文稿	教学视频
教学环境	传统教室	学习管理系统
课堂内	新课导入、知识讲解、布置作业	展示交流、协作探究、科学实验、完成作业、教师巡视、一对一个性化指导
课堂外	完成作业（含复习和了解性预习）	自主学习、自定进度、整理收获、提出问题

6.6.2　翻转课堂的信息化教学设计的基本原则

1. 以学生为主体的原则

由于教学过程的完全颠倒，因此翻转课堂中教师与学生的角色和地位发生了质的变化。

首先，由于在翻转课堂中，学生获取知识的主要渠道是教师制作的教学视频和各种网络资源，这就意味着教师由"知识的传授者"变为了"教学活动的组织者"，教师不再是传授知识的绝对主体，只是在学生将知识内化的阶段（如探究讨论和完成作业等），给予个性化的指导，以确保每名学生都能将所学知识吸收、掌握。

其次，在信息化环境下的翻转课堂中，学生可以自定步调，自主安排学习的时间和速度，可以反复观看教学视频，学生由知识的"被动接受者"变为"主动探究者"，是知识意义的主动建构者。同时学生在课堂上有了更多的参与性、协同性和主动性，不再是以原来的独立主体来完成任务。因此，翻转课堂的教学设计应当以学生为中心，将学生看作认知的主体。

2. 课堂互动交流有效性原则

在翻转课堂的教学过程中，教师对课堂的互动交流应该有准确的定位和深入的理解，不能简单地认为"提问等同于交流""交流越多越好"，却忽略了课堂交流的质量，而是应该根据学生的课前知识掌握情况，提出有针对性的探究问题，同他们一起展开讨论，以确保课堂互动交流的有效性。

3. 激发学生主动探究原则

由于信息技术的飞速发展，信息及知识累积速度的加快，因此没有人可以在课堂中学到所有的知识。所以与其单纯让学生学习知识，不如教会学生如何去学，培养学生自主学习的能力，以保证学生养成终身学习的习惯。

6.6.3　翻转课堂的实施流程

翻转课堂的实施流程如图 6-7 所示。

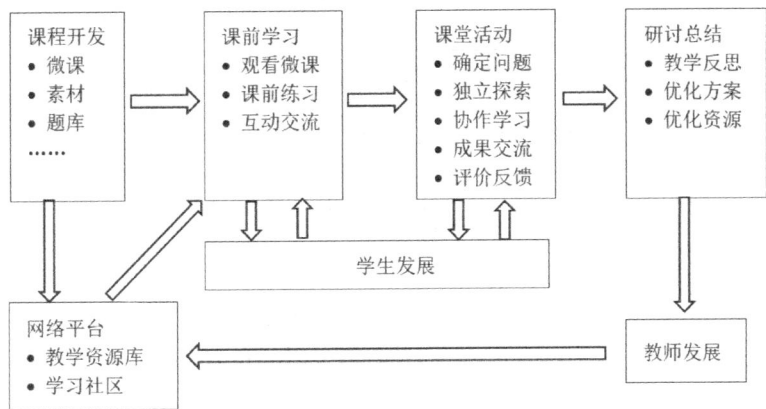

图 6-7　翻转课堂的实施流程

翻转课堂的结构本质上是先学后教、现场训练。前半程的主要任务是学生自主学习，其结构一般为：推送资源→提出目标→学生观看→进行自测。后半程的主要任务是训练，其结构一般为：课堂检验→交流研讨→教师答疑→提升训练→学生互教。

有学者将翻转课堂教学的实施归纳为课前 4 步骤和课堂 5 环节。

课前 4 步骤如下。

（1）制作导学案。教师在深入研究教材内容和学生水平的情况下，以备课组为团队，集体制作导学案。

（2）创建教学视频。教师深入研究教材内容和教学大纲（课程标准），明确学生必须达到的目标，以及视频最终需要呈现的内容。搜集资源和创建视频时，应考虑不同教师和班级的差异。在制作过程中应考虑学生个体的差异，以适应不同学生的学习方法和习惯。教学视频原则上不超过 15 分钟。

（3）学生自主预习和学习。学生在独立预习教材的基础上，运用手中的平板电脑下载教师的教学视频和导学案，开始课前学习；登录平台完成预习自测题；组内互助解决个人独立学习时遇到的问题；组内不能解决的学习问题由组长记录后交给科代表，科代表整理好后上传至服务器。

（4）教师了解预习、学习情况。教师通过软件平台及时了解学生预习、学习情况，调整课堂教学进度、难度，制订个别辅导计划，增强课堂教学的针对性。

课堂 5 环节如下。

（1）合作探究。组内不能解决的疑难问题，课堂上由组间互助合作解决。

（2）释疑拓展。全班学生都不能解决的学习问题，由教师在课堂上解决。根据本班学生的实际学习情况，教师进行适度拓展和延伸。

（3）练习巩固。学生完成平台上或其他资料上的相关练习，以巩固所学知识。

（4）自主纠错。对自己做错的题，学生通过观看答案详解或教师的习题评析视频自主纠错。

（5）反思总结。对本节内容进行知识归纳或方法梳理。

6.6.4　翻转课堂的信息化教学设计的基本流程

翻转课堂的信息化教学设计的基本流程如图 6-8 所示。

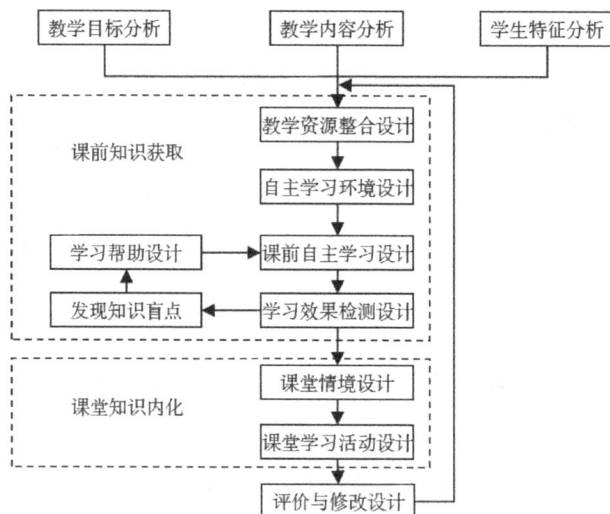

图 6-8　翻转课堂的信息化教学设计的基本流程

翻转课堂教学设计的内容主要包括课前知识获取和课堂知识内化两部分。

1. 前期分析

前期分析部分主要包括：教学目标分析、教学内容分析和学生特征分析。首先，教学目标是否明确、具体和规范，将直接影响到教学能否沿着预定的、正确的方向进行。其次，教学设计的目的是促进学生的学习，所以要了解学生原有的知识水平、心理发展水平和学习风格，在设计时必须考虑学生的哪些因素或特征会影响他们的学习过程和结果，这样才能使方案具有针对性和实用性。最后，要结合学习目标和学生特征选定教学内容，以便进行下一步教学资源的设计。

2. 课前知识获取

这部分主要包括：教学资源整合设计、自主学习环境设计、课前自主学习设计、学习效果检测设计、发现知识盲点和学习帮助设计。

首先，在翻转课堂中，学生获取新知识的主要来源是教师整合的教学资源，主要采取以教学视频为主、其他资源为辅的形式，所以教师对教学资源的整合是否能够帮助学生学习尤为重要。其次，在翻转课堂中，学生获取新知识的主要渠道是其课下的自主学习过程，因此有必要对其自主学习的环境进行设计，帮助学生顺利完成课下的"知识获取"。最后，教师应该运用一切有效的技术手段，对学生的学习活动过程进行评测，并给予价值判断。这样做的作用是：一方面让教师了解学生对知识掌握的情况，另一方面帮助教师发现学生的学习盲点，以便教师有针对性地设计学习支持资源，达到有针对性地帮助学生解决问题的目的，同时也为教师节省精力，避免做无用功。

3. 课堂知识内化

这部分内容主要包括：促使学生将自己的探究结果和在探究过程中收获的心得与全班同学进行交流，实现思想的碰撞与升华。教师需要根据学生课前知识的获取成果，设计有探究意义的问题情境和相对应的课堂活动，供学生在课堂上探究学习。

6.6.5　翻转课堂的信息化教学设计案例

《数字与信息》教学设计

一、教材分析

"数字与信息"是苏教版义务教育小学数学第八册综合与实践活动的教学内容。其主要结合电话号码、门牌号码、身份证号码等具体实例，引导学生通过观察与思考、调查与交流，初步了解数字编码的有关知识，体会用数字编码描述信息的思想方法，感受数字编码在日常生活中的广泛应用。

教材分"提出问题""比较分析""设计方案""拓展延伸"4 个环节安排活动。"提出问题"环节主要结合具体的实例，引导学生初步了解数字编码的特点；"比较分析"环节主要结合身份证号码，帮助学生体会用数字编码表达信息的方法；"设计方案"环节主要引导学生以全校同学为主体，讨论并设计为全校同学编号的方案；"拓展延伸"环节主要引导学生到生活中找一些用数字编码表示信息的例子，说说它们各表达了什么信息。

最后，教材引导学生讨论用数字编码表达信息有什么好处，通过上面的活动有哪些收获和体会，帮助学生体会用数字编码表达信息具有的准确、简洁、便于检索等特点，并进一步梳理活动过程中获得的认识与经验，感受数字编码的应用价值。

本课教学重点是：组织学生分析数字编码现象，了解生活中一些常见数字编码的含义及方法，探索发现身份证等编码基本知识，学会分析和获取其编码信息，解决一些简单的生活中的数字编码问题。本课教学难点是：正确理解数字编码的方法，发现身份证号码等编码信息及基本编码方法，正确、合理、灵活和科学地自主编制一些生活中的数字编码。

二、达成目标发掘

"数字与信息"教学课时为一课时，遵循先"读"（码）后"编"（码）的编写体例，读和编在同一课时内完成，体现出读、编并重的特点。但从四年级学生的认知水平分析，若以先读后编的路径展开教学，邮政编码、身份证号码的复杂性可能会让学生只关注编码的含义，而忽视蕴含在其中的编码方法。如果无法通过编码方法架起"桥梁"，那么读和编必然是脱节的，是无法达成培养学生编码的意识和能力的教学目标的。

基于以上认识，本课时的达成目标可分解为课前自主学习和课堂学习两部分。课前自主学习达成目标设定如下。

（1）通过对生活中数字编码现象的观察、研究和分析，发现一些常见的数字编码信息。

（2）了解身份证号码的编制方法及构成含义，能解析和判断身份证号码所反映的出生日期、性别等信息。

课堂学习达成目标设定如下。

能进行图书"索书号"（二级）的编码，运用所学数字编码描述信息的方法解决真实情境中的实际问题。

这样的设计将教材的先读后编、重读轻编调整为边编边读、以编为主，以引导学生为图书编制"索书号"为主线，凸显了"数字编码是一种解决问题的需要"的数学思想方法，实现了知识与技能、过程与方法、情感态度价值观的统一。

三、课前准备

1. 自主学习任务单的设计

自主学习任务单是微课程教学法三大模块中的第一模块，供学生课前自主学习使用。从"达成目标、学习任务、方法建议、课堂学习形式预告"4个方面做如下设计。

达成目标：观察生活中的数字编码现象，发现一些常见的数字编码信息；了解身份证号码的编制方法及构成含义，能解析和判断身份证号码所反映出的相关信息。

学习任务：找一找、查一查、写一写生活中的编码；填一填一家的身份证号码，分析其构成含义。

方法建议：查找资料、对比发现。

课堂学习形式预告：第一环节——交流自主学习成果；第二环节——解读身份证号码含义；第三环节——设计方案，编制"索书号"；第四环节——展示，全班评价。课堂学习形式的预告可以使学生自主学习与课堂学习衔接起来，形成目标管理。

2. 教学视频设计

教学视频是帮助学生完成自主学习任务单给出的学习任务的配套学习资源。本课视频有以下两个组成部分。

第一部分：感悟数字组合含义，了解数字编码现象，使学生感悟数字编码传达信息的功能。

视频展示：由"1""1""0"3个数字组成的数，可以表示数量的多少，也可以表示排列的顺序，还可以是"报警电话"这一特殊的电话号码，让学生直观感悟数字编码传达信息的功能。

学生完成自主学习任务一：先写一写自己学校所在地的邮政编码及本市固定电话的区号，再想一想自己还知道哪些编码，举例写出一个具体的编码。

第二部分：解读身份证号码，领悟数字编码信息的意义，使学生学会采集数字编码所传递的信息。

视频中，教师系统讲解身份证号码"地址码""出生日期码""顺序码""校验码"的构成，揭示"合理""简洁""唯一"等编码原则。用微视频系统解读身份证号码的构成含义和相关编制原则，替代了教师原本在课堂上需要讲解的内容，凸显了"微课程教学法"的优势。

从实际情况来看，学生课前观看微视频，其学习兴趣高、自主性强、自由度大、体现了个体差异性。课堂中学生首先交流自主学习成果，然后解读身份证号码的构成含义，在掌握编码方法的基础上编制索书号，最后展示，让学生带着个体的思考走入课堂，使课堂学习深度得以拓展。

四、课堂教学

1. 设计思路

上课先进行课堂检测，让学生找到生活中的编码，重温自主学习已经掌握的学习内容；然后，鼓励学生解读本班同学代表的身份证号码，开展进阶学习；接着，以"我给好书'身份证'"的探究活动为主线，开展项目学习，为班级图书角的新书编写合理、简洁、唯一的"索书号"；最后，以小组为单位展示本组编制的"索书号"，小组间相互进行评价、提问或者质疑，这是要求学生分析、综合梳理探究成果，分享经验，取得成就感的重要环节。

2. 教学过程

（1）课堂检测

请学生从课堂检测纸中找到编码，圈出来，并填空。

学生独立从课堂检测题中找到火警电话、门牌号码、车牌号码、股票代码、车次、座位号、票号、身份证号码等编码。完成后，组内同学相互交流，看看大家意见是否一致。

全班交流，统一认识，针对问题比较集中的火车票上的编码：在一张动车火车票上，至少有"车次""座位号""检票口号""身份证号码""票号"5处编码。

（2）进阶练习：我有"火眼金睛"

上课前，同学们自由分成4组，并将每个小组组内其中一位成员的身份证号码写在黑板上。请同学们解读这4位同学的身份证号码信息，并填写在下表中。

各小组成员	省	市	区（县或县级市）	出生日期	性别
同学 1					
同学 2					
同学 3					
同学 4					

步骤 1：学生独立完成后，小组汇报。

步骤 2：汇报后验证，请 4 位同学依次起立确认。

步骤 3：引导发言学生问同学们还有没有什么问题，或者有没有补充。

（3）自主探究，展示："我给好书"身份证""

步骤 1：出示项目学习内容。按中国图书馆分类法（简称"中图法"）为班级"图书馆"内的新书编写索书号。

步骤 2：鼓励学生质疑。看了要求，你有什么问题想提出来？

步骤 3：介绍"中图法""索书号"。

步骤 4：编写分类号。

每人一本图书，给它编一个分类码（二级），即"身份证"。

第一次展示：报告小组成员协作讨论、探究发现图书基本分类的过程，具体说明本组的书属于哪一类，对应的分类号是多少。

步骤 5：编写班内流水号。

教师：如果说刚才编写分类码是体现规范，那接下来为图书编制班内流水号，就要发挥大家的个性了！

学生先独立编制班内流水号，然后跟组内成员讨论、协商，大家集思广益，完善本组图书的流水号。

第二次展示：汇报本组制订的方案，展示依此方案编写的流水号。在展示交流过程中，生生互动，质疑讨论"表示年份的数字是用 4 位数好还是用 2 位数好？""班级信息放进编码后，该如何处理？""怎么体现流水号的唯一性？"等问题，不断加深对编码方法的认识。

（4）全班评价

评价一下，自己这节课学得怎么样？老师教得怎么样？冷静思考，哪些地方可能还有不足，或者你还有什么建议？

（5）课后活动，了解其他编码知识

研究邮政编码的信息及编制方法；了解条形码的有关知识及编制方法。

微课视频

扫描二维码，观看教学视频。

6.1 教学设计概述		6.3 目标问题任务导向的教学设计	
6.2 信息化教学设计		6.4 翻转课堂的信息化教学设计	

练习与实践

一、选择题

（1）翻转课堂中学习资源的主要表现形式是（　　　）。

A. 文本　　　　　　　B. 图片　　　　　　　C. 教学视频　　　　　D. 动画

（2）关于信息化教学设计与传统教学设计之间的差异，下列描述不正确的是（　　　）。

A. 传统教学设计是以学生为中心

B. 传统教学设计是以教师为导向

C. 信息化教学设计注重对教学资源的利用

D. 信息化教学设计重视能力的评价，关注学生的学习

（3）下列有关"信息化教学设计"的表述中正确的是（　　　）。

A. 是面向过程和基于资源的设计，突出"学"

B. 是在多媒体环境中，教师进行的单向活动

C. 以讲授重点、难点为中心展开的，突出"教"

D. 以学生为中心，以能力为重点，关注学习过程

（4）在目标导向的信息化教学设计中，教学分析阶段包括（　　　）。

A. 课程目标分析　　　B. 教学策略分析　　　C. 学习内容分析　　　D. 学习者特征分析

（5）在课程领域中，基于美国课程论专家舒伯特的见解，学习目标可大致分为3类，即（　　　）。

A. 行为性目标　　　　B. 生成性目标　　　　C. 表现性目标　　　　D. 结果性目标

（6）基于问题的信息化学习模式的3个基本要素包括（　　　）。

A. 选取与设计问题　　B. 设计过程分析　　　C. 团队协作　　　　　D. 学生的反思

（7）劣构问题的特点有（　　　）。

A. 问题没有原型的案例可供参考

B. 问题有正确的、统一的答案

C. 问题具有多种解决方法、途径

D. 问题的构成存在未知或某种程度的不可知部分

（8）对于任务驱动教学法，下列表述正确的是（　　　）。

A. 以任务为核心

B. 任务与案例和实例是一样的

C. 任务应该是具有实际意义的，是基于真实情境的

D. 是一种建立在行为主义学习理论基础上的教学法

（9）翻转课堂的信息化教学设计的基本原则有（　　　）。

A. 以学生为主体的原则　　　　　　　　B. 以教师为主体的原则

C. 激发学生主动探究原则　　　　　　　D. 课堂互动交流有效性原则

（10）翻转课堂的特点主要在于（　　　）。

A. 从教学环境上来看，用的是传统教室

B. 从师生角色上来看，学生处于被动接受知识的地位

C. 从教学资源上来看，用的是教学视频

D. 从教学流程上来看，是课前知识传递，课堂知识内化

二、论述题

（1）简述教学系统设计的一般过程。

（2）信息化教学设计与传统教学设计有哪些不同？

三、综合应用

根据本章所学内容，结合自己的专业，选择中小学教材中某一主题或教学内容，以及一种合适的教学模式，编制一套完整的信息化教学设计方案。

第7章
信息技术与课程融合

学习目标

（1）记忆：信息技术与课程融合的内涵、目标、特点。

（2）掌握：信息技术与课程融合的途径。

（3）应用：进行基于融合理念的基本学习模式的教学设计。

知识结构

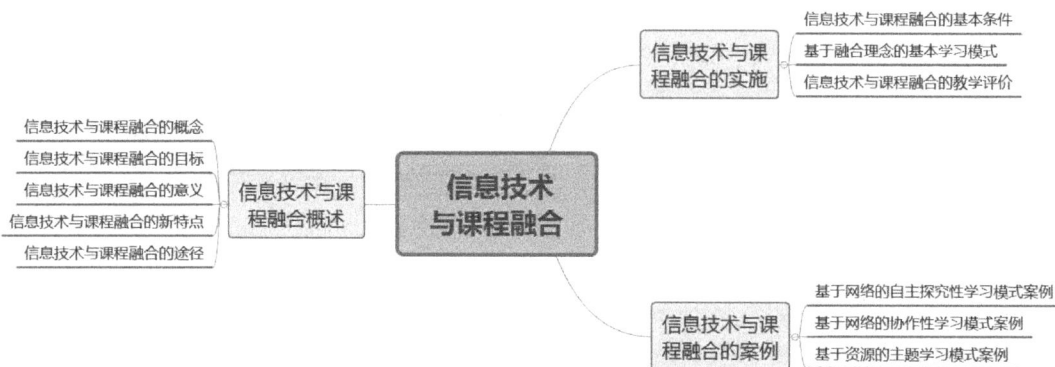

学习建议

本章既有理论性的内容又有应用的知识，建议结合线上案例，从学科理论与媒体特征两个维度加以理解融合的概念。关于3种学习模式，需要在实践的基础上内化，可通过教学设计来体现深度融合，并体会3种学习模式的联系与区别。

案例引导

信息技术与课程融合是我国21世纪基础教育教学改革的一个新途径，与学科教学有着密切的联系和继承性，同时又是具有相对独立性特点的新型教学结构类型。我国2012年发布的《教育信息化十年发展规划（2011—2020年）》指出了信息技术应与教育教学全面深度融合，2018年制定的《教育信息化2.0行动计划》又强调了信息技术与学科教学的融合要走向深入。信息技术与课程融合，不是把信息技术仅作为辅助教或辅助学的工具，而是强调要把信息技术作为促进学生自主学习的认知工具和情感激励工具，利用信息技术所提供的自主探索、多重交互、合作学习、资源共享等学习环境，把学生的主动性、积极性充分调动起来，使学生的创新思维与实践能力在融合过程中得到有效的锻炼，这正是培养创新人才要做到的。由此可见，信息技术与课程融合是改变传统教学结构、实施创新人才培养的一条有效途径，也是目前国际上基础教育改革的趋势与潮流。

7.1　信息技术与课程融合概述

7.1.1　信息技术与课程融合的概念

1. 课程及课程融合的含义

"课程"广义上是指所有学科或学生的各种学习活动的总和，狭义上是指具体的一门学科。"融合"来源于英语的"integrative"，它是指一个系统内各要素的整体协调、相互渗透，并使系统各要素发挥最大效益。课程融合（Curriculum Integration）是指对课程设置、各课程教育教学的目标、教学设计、评价等诸多要素用系统的、整体的、联系的、辩证的观点，认识、研究教育过程中各种教育因素之间的关系。狭义的课程融合是将原来割裂的各门课程进行有机联系，使其综合化。

2. 信息技术与课程融合的含义

信息技术与课程融合是指"信息技术"与"课程"的融合，而不是指"信息技术"与"课程融合"。信息技术与课程融合的概念可以分为"大融合论"和"小融合论"两种。"大融合论"中的课程是一个较大的概念，主要是将信息技术融入课程的整体中去，改变课程内容和结构，变革整个课程体系。"小融合论"则将课程等同于教学，将信息技术与课程融合等同于信息技术与学科教学融合。

综合各学者的观点，信息技术与课程融合是指在先进的教学理论与学习理论指导下，把信息技术、信息资源、信息方法、人力资源和课程内容有机结合，并有效地渗透到课程的各个方面，共同完成课程教学任务的一种新型的教学方式。信息技术与课程融合可以从根本上改变教学结构和教学模式，培养学生的创新、实践和探究能力。

信息技术与课程的融合主体是课程，所以要以课程目标为最根本的出发点，与课程内容紧密结合，利用多媒体集成工具或网页开发工具将课程内容以多媒体交互等方式进行集成、加工处理，转化为数字化的学习资源，根据教学的需要创设一定的情境，并让学生在其中进行探索、发现，让信息技术成为帮助学生认知的工具，最后达到优化学生的学习、提高学生学习效率的目的。

以数字化学习为核心的信息技术与课程的融合，不同于传统的学习方式，具有鲜明的特征。第一，学习以学生为中心，学习是个性化、能满足个体需要的；学习是以问题或主题为中心的；学习过程是进行通信交流的，学生之间是协商的、合作的；学习是具有创造性和再生性的；学习是可以随时随地、终身进行的。国家开放大学的建设，对促进终身教育体系构建和全民学习的学习型社会的形成，充分利用现代信息技术探索科技与教育的深度融合，以及促进教育信息化、引领教育现代化、促进教育改革创新、提高办学质量都具有重要的现实意义。

3. 信息技术与课程融合的 3 个基本点

（1）要在以多媒体和网络为基础的信息化环境中实施课程教学活动

信息技术与课程融合下的教学活动在数字化学习环境中实施，如多媒体教室、校园网络和因特网等，主要环节包括在网上讲授、演示、自主学习、讨论学习、协商学习、虚拟实验、创作实践等。

（2）让进行信息化处理后的课程教学内容成为学生的学习资源

教师开发和学生创作，把课程学习内容转化为数字化的学习资源，并提供给学生共享。充分利用全球共享的数字化资源作为课程教学的素材资源。利用全球共享的数字化资源，与课程内容融合在一起直接作为学习对象，供学生进行学习、分析和讨论。

（3）利用信息化加工工具让学生进行知识重构

课程学习知识是经过学生利用信息工具进行重构和创造的。利用诸如文字处理、图形/图像处理、信息集成等工具，让学生对课程学习内容进行重组、创作，使课程学习不仅能让学生获得知识，还能够帮助学生建构知识。

7.1.2 信息技术与课程融合的目标

信息技术与课程融合要达到的宏观目标为：建设数字化教育环境，推进教育信息化进程，促进学校教学方式的根本性变革，培养学生的创新精神和实践能力，实现信息技术环境下的素质教育与创新教育。具体目标可以概述为以下4个方面。

1. 优化教学过程，提高教学质量和效益

信息技术与课程融合的本质是在先进的教育思想、教育理论的指导下，把以计算机及网络为核心的信息技术作为教学环境的创设工具和促进学生学习的认知工具，并应用到各学科教学过程中，将各种教学资源、各个教学要素和教学环节组合重构、相互融合，提高教学质量，促进传统教学方法的变革。

2. 培养学生的信息素养

21世纪的教育所面对的是信息技术飞速发展、信息资源极其丰富的信息时代，信息成为一种战略性资源，创新能力和信息能力是信息社会所需新型人才必须具备的两种重要能力素质。融合信息技术与课程教学，可以培养学生的创新能力和信息素养。一方面，培养学生获取（包括信息发现、信息采集与信息优选）、分析（包括信息分类、信息综合、信息查错与信息评价）、加工（包括如何有效地利用信息来解决学习、工作和生活中的各种问题）和利用（包括信息的排序与检索、信息的组织与表达、信息的存储与变换、信息的控制与传输等）信息的知识与能力。另一方面，培养学生的合作精神和创新精神，促进高级认知能力发展的协作式学习、发现式学习，同时培养学生对信息内容的批判与理解能力，并使其在虚拟的环境中具有良好的伦理道德和法律意识。

3. 培养学生掌握信息时代的学习方式

海量的网络信息改变了人类的学习方式，学习方式从接受式学习转变为自主学习、探究学习、研究性学习和协作学习。学生的学习不再主要依赖于教师的讲授与课本的学习，而是利用信息化平台和数字化资源进行学习，学会在数字化情境中进行自主发现，学会利用网络通信工具进行协商交流、合作讨论学习，学会利用信息加工工具和创作平台进行实践创造学习。

4. 培养学生终身学习的态度和能力

党的二十大报告指出："推进教育数字化，建设全民终身学习的学习型社会、学习型大国"。终身学习就是要求学生能根据社会和工作的需求，确定继续学习的目标，并有意识地自我计划、自我管理、自主努力，通过多种途径实现学习目标的过程。信息时代学习资源的全球共享、虚拟课堂和虚拟学校的出现、现代远程教育的兴起使人们可以随时随地通过互联网进行学习，学习空间变得无界限。信息技术和课程教学融合为人们从接受一次性教育向终身学习转变提供了机遇和条件，有利于实现终身教育和终身学习，培养学生注重终身学习的态度和习惯，把学生培养成爱学习、会学习的学习型人才。

7.1.3　信息技术与课程融合的意义

1. 信息技术与课程融合可以促进课程改革的深化

随着信息化时代的到来，如何培养具有较强创新精神和较高信息素养的人才已成为当前教育改革面临的重要课题。教育部原部长陈至立指出："21 世纪信息技术对教育的影响将是不可估量的。它不仅带来教育形式和学习方式的重大变革，更重要的是对教育思想、观念、模式、内容和方法产生深刻影响。为争取在日趋激烈的国际竞争中占据主动地位，我们必须加快在中小学普及信息技术教育、实现信息技术与课程融合的步伐，努力实现教育信息化。"可见，加强信息技术教育、实现信息技术与课程的融合是不断深化我国教育改革的重要途径。

为了推进我国教育的深化改革，以利于具有创新精神、创新能力人才的成长，必须明确教学过程的本质，在先进的教育科学理论的指导下，改变传统的以教师为中心的教学结构，创建既能发挥教师主导作用，又能充分体现学生主体作用的新型教学结构，并将此作为当前各级、各类学校深化学科教学改革的主要目标。信息技术与课程的融合对于革新传统教学结构、深化教育改革有着重要的意义，主要表现在：新型的教学媒体提供了课程教学内容表现形式与教材模式的多样化；信息技术促进了教学手段的现代化和教学模式的变革；信息技术与课程的融合把教学媒体扩展为新的教育环境，并引起了教学结构的变化；信息技术与课程的融合提高了师生的信息素养；信息技术与课程的融合导致了整个教育目标与评价体系的变化；信息技术与课程的融合带来了人们教育思想、观念和课程教学理论与实践的改变。

2. 信息技术与课程融合是优化学科教学的需要

（1）更新了现代教育观念和背景

以计算机为中心的信息技术能够使各种教学信息资源、各种先进的教学媒体之间具有高度的灵活性和可重组性，使教师与学生有多种选择，充分体现了21 世纪的教育思想是以人为本，教育的终身化、民主化、个性化真正成为现代教育观念体系的核心部分。同时，信息技术及时地带来了国际社会教育发展和改革的新动向、新成果，为人们教育观念现代化提供了基础和外在的条件。由信息技术带来的教育内容、教育手段、教育制度等方面的巨大变化，促使人们重新审视教育中的一系列问题，为教育观念现代化提供了内部动力。在信息技术的影响下，人们的生活方式等方面都逐渐发生了较大的变化，并引起了人们观念上的变革，从而潜在地推动了现代教育观念的形成，为学科教学的开展和优化提供了肥沃的土壤。

（2）丰富了学科教学内容

信息技术与课程融合的过程丰富了学科教学内容，主要表现在 3 个方面。第一，可以提供大量的教学内容和教学辅助信息。信息技术解决了大信息量和超大信息量的记录、存储、传输、显示、累加等问题，并且实现了实时的和非实时的交流机制与反馈机制，为教学资源的共享、链接、上传、下载提供了一个完整的平台。第二，可以提供多媒体的、综合性的教学内容。信息化的教学内容可以包含各种媒体信息，如图形、图像、动画、声音、视频等，使教学内容的呈现图文并茂、丰富多彩。第三，对教学信息进行最有效的组织和管理。多媒体系统都采用超文本方式对信息进行组织与管理，而超文本是按照人脑的联想思维方式，利用网状结构非线性地组织、管理信息，能实现教学信息的最有效组织和管理，使各种教学信息的联想更紧密、更容易，使创造性学习、主动学习成为可能。

（3）提供了进行教与学的有效工具和手段

信息技术可以为各学科教学提供形象直观、丰富有趣的交互式学习环境和多媒体教材，可以使学生的多种感官同时进入学习过程，形成参与性的、探究性的独立学习方式，有利于激发学生的学习兴趣，使学生产生强烈的学习欲望，触发学习动机，从而促进学生认知主体作用的发挥。同时，信息技术为教师提供多种教学工具，教师可根据学科特点，有针对性地选择有效的教学工具和手段。

3. 信息技术与课程融合是培养创新型人才的有效途径

信息技术为教师的教学和学生的学习提供了更加广阔的空间和内容。信息技术提供的多角度、多起点、多层次、多形式的信息资源，使教师从知识的讲授者转变为课程的设计者和开发者、教学活动的组织者和调控者，使学生成为学习的主体。信息化的教学环境，有利于培养学生的信息能力、终身学习的态度和能力，也有利于培养学生掌握信息时代的新型学习方式。可见，信息技术与课程融合为培养创新型人才提供了有效途径。

7.1.4　信息技术与课程融合的新特点

在教育信息化2.0背景下，信息技术与课程融合呈现出新特点。教育信息化2.0是对教育信息化1.0的升级，它依托信息技术的发展，实现两者融合的新跨越，从浅层次跨向"深度融合"，表现出新的特点。

1. 理念更先进

教育信息化2.0是面对新时代教育发展的新要求，是教育信息化在发展理念、建设方式上的一次跃升。所以在教育信息化2.0背景下，信息技术已经渗透到教育教学的各个层面，教育理念不断更新，表现出更先进的特点。

2. 目标更明确

在教育信息化2.0背景下，信息技术和课程融合走向深入，技术手段更先进，融合目标更明确，即利用信息技术优势提高学科教学的服务能力，更好地发挥教师主导作用，突出学生主体地位。

3. 路径更广泛

在教育信息化2.0背景下，信息技术将被广泛地运用到学科教学中，信息技术的优势将得到充分的显现，学生的学习路径更加广泛，学习方式也随着教学路径的拓展得到最大程度的变革。

4. 评价更全面

在教育信息化2.0背景下，信息技术在学科教学中的运用已经进入深度应用时代，广泛渗透到学科教学的各个环节。利用信息技术获得的教与学过程中的海量数据资源更加丰富，为教学评价提供了更加客观、全面、完整的数据，为过程性评价的广泛性和持续性提供了有力的支持。

7.1.5　信息技术与课程融合的途径

1. 构建信息化教学环境，创设教学情境

创设完整的信息化教学环境和学习环境是实现教育信息化的基础和关键。信息化教学环境绝非硬件设施，而是硬件、软件和潜件有机结合的综合系统，信息化教与学的各种支持系统和各种教育资源、教育设施管理的信息管理系统等都是构成信息化教学环境的因素，良好、完整的信息化教学环境是实现信息技术与课程融合的重要途径。

良好的教学情境让学生有身临其境之感，其能够充分调动学生的学习兴趣，深化学生对知识的理解，有效提升学生解决问题的能力。利用信息技术可以创设动静结合、化抽象为具体、真实生动的教学情境，如利用VR和AR技术使教学情境直观、形象地呈现，对学生形象化思维的培养和教学内容的理解都有着良好的促进作用。

2. 建立信息化教学方式，让双主地位更突出

在教育信息化 2.0 背景下，需要基于信息技术与学科教学的深度融合，建立信息化教学方式，让教师的主导地位和学生的主体地位更加突出。

（1）教师教学方式信息化

信息化环境下的教学既是对传统教学的继承，也是对技术环境下教学新模式探索与建构的过程，是将各类教学模式的结构成分与技术应用条件之间"整合"的过程。运用先进的信息化教学方式是现代教育发展的必然选择。教学方式的创新是信息化社会对教育教学提出的新挑战。

（2）学生学习方式信息化

信息化教学方式不仅是教师教学方式的转变，还涉及学习方式信息化，如泛在学习网络、云空间、在线慕课、智能平板、可穿戴设备等软硬件设施，其让学生自主学习有了更加便捷的渠道。

3. 搭建信息化教学平台，让学科教学更立体

信息化教学平台可以使教师备课网络化，课程资源电子化、共享化，教学文件规范化、持续化，课程考核多元化，学科教学立体化，专业资讯实时更新；可以使学生学习自主化、学习资源电子化、学习成果即刻呈现化、学习目标明确化、学习过程计划可控化；可以使师生之间、学生之间的互动交流频繁化，评价方式多元化。

在教育信息化 2.0 背景下，信息技术与学科教学深度融合是必然趋势。为了进一步促进两者深度融合，发挥信息技术优势，教师需要不断提高信息化素养和学科教学素养，使两者的融合体现出系统性，还需要结合学科教学实践，构建信息技术和课程深度融合的有效路径。

7.2　信息技术与课程融合的实施

7.2.1　信息技术与课程融合的基本条件

要实现信息技术与课程的融合，应该具备 3 个基本条件：支持信息化学习的环境、支持信息化学习的资源，以及采用信息化学习环境下的学习方式。

1. 支持信息化学习的环境

支持信息化学习的环境就是信息化教学环境，也就是利用现代信息技术所创建的教学环境，其是开展信息技术与课程融合的基本条件，由信息化教学硬件环境、信息化教学软件环境、信息化教学人文环境组成。其中信息化教学软件、硬件环境由设施、资源、平台、通信、工具等组成，如图 7-1 所示。

（1）设施：如多媒体计算机、多媒体教室网络、校园网络、因特网、智慧教室等。

（2）资源：为学习者提供的经数字化处理的多样化、可全球共享的学习材料和学习对象。

（3）平台：向学习者展现的学习界面，实现网上教与学活动的软件系统。

（4）通信：实现远程协作交流、探究讨论的保障。

（5）工具：学习者进行知识构建、创造实践、解决问题的学习工具。

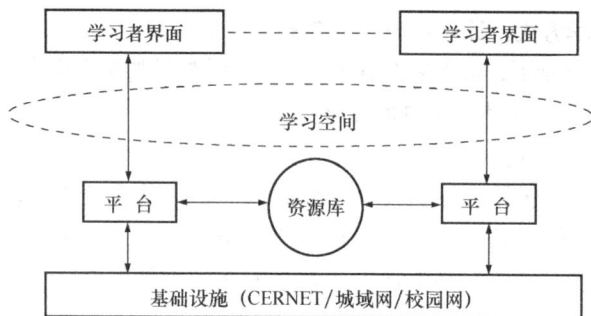

图 7-1　信息化教学软件、硬件环境

2. 支持信息化学习的资源

支持信息化学习的资源主要是指以数字形态存在的学习材料，包括学生和教师在学习与教学过程中所需要的各种数字化的素材、教学软件、补充材料等，如媒体素材、试题库、案例、课件、网络课程和专题学习网站等。学习资源是实施信息技术与课程融合的重要基础。当前，世界各国都在加强教育信息化进程，学习资源日益成为各国政府关注的问题，它是整个教育信息化的重要内容。如果没有学习资源的支持，信息技术与课程融合只能成为无源之水、无本之木。有效地利用和建设信息化学习资源，在信息时代的学习中占有非常重要的地位。

3. 采用信息化学习环境下的学习方式

信息化学习环境使人们的学习方式发生了重大的变化。学习者的学习不再仅仅依赖于教师和课本，数字化平台和数字化资源为学生提供了更多的学习方式，教师、学生之间可以开展协商讨论、合作学习，并通过对资源的利用、探究知识、发现知识、创造知识、展示知识的方式进行学习。所以要实现信息技术与课程的融合，应采用信息化学习环境下的学习方式，如自主探究学习、协作探究学习、合作讨论学习等。

7.2.2　基于融合理念的基本学习模式

信息技术与课程融合的实质是变革传统的教学结构，实现既能发挥教师主导作用，又能充分体现学生主体地位，以"自主、探究、合作"为特征的教与学的方式，从而把学生的主动性、积极性、创造性充分调动起来。基于融合理念的学习模式有很多，比较典型的有基于网络的自主探究式学习模式、基于网络的协作性学习模式和基于资源的主题学习模式。

1. 基于网络的自主探究式学习模式

（1）基于网络的自主探究式学习模式概述

探究式学习模式是指在教学过程中，以解决问题为中心，学生在教师的指导下，通过以"自主、探究、合作"为特征的学习方式对教学内容中的主要知识点进行自主学习、深入探究并进行小组合作交流，从而较好地达到学习目标的一种学习模式。

基于网络的自主探究性学习模式是指将网络学习环境与探究式学习模式有效地整合起来，以探究为取向，利用互联网资源为学生提供充分自由表达、质疑、探究、讨论问题的机会，让学生通过个人、小组、集体等多种解难释疑的尝试活动，对信息进行分析与综合，得出解决实际问题的创造性解决方案。该学习模式有利于对学生学习能力、创新能力、实践能力的培养，推动教学改革，提高教学效果，如图 7-2 所示。

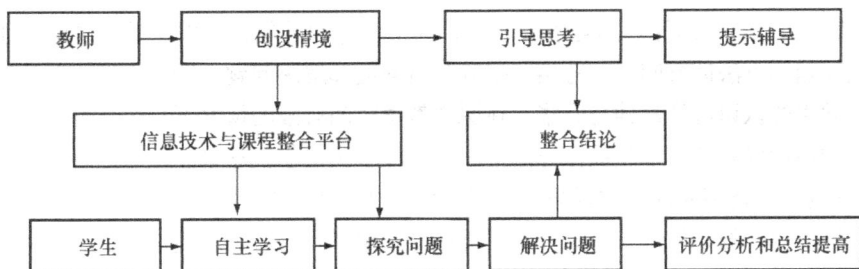

图 7-2　基于网络的自主探究性学习模式

（2）基于网络的自主探究性学习模式的特点

基于网络的自主探究性学习模式的特点如下。

① 立足培养学生的探索精神。探究式学习的实施有利于培养学生的探索精神和分析问题、解决问题的能力，促进学生的智力发展，激发学生的学习兴趣和热情，使学生能以积极的态度去探索、揭开知识的奥秘。

② 提出问题激发学生主动探究。教师通过深入研究教学内容，提出适合培养学生高阶思维能力的基本问题，创设相应的问题情境，激发学生的兴趣并引起其思考，为学生的学习和探索指明方向。

③ 借助网络提高教学效率。学生运用已有的知识，结合所学的新知识，借助丰富的网络资源，针对要解决的问题进行合作、交流，尝试解决相关问题。在整个学习过程中，学生一直处于积极思考的兴奋状态，高阶思维受到了很好的训练。在教师的引导、指导之下，学生通过反复尝试和探究，逐渐掌握分析问题的方法和解决问题的策略，使教学效率得到有效的提高。

（3）基于网络的自主探究性学习模式的流程设计

基于网络的自主探究性学习模式的流程设计一般分为以下 5 个环节。

① 提出能促进高级认知发展的问题。问题是基于网络的自主探究性学习模式中最重要的组成要素之一，它为学生的学习、研究活动提供了基础。一个好的问题应该是可操作的、具有吸引力的，并能引发学生深入思考，而不是让学生死记硬背。

② 搜集并整合探究性学习资源。学习资源的丰富性和适切程度决定着学习目标的实现范围和实现水平。教师可将与学习目标相匹配的优化学习资源提供给学生，也可以让学生通过网络整合和搜集相应的学习资源。这样既能避免学生产生过强的挫折感，又能开拓学生的视野，培养学生搜集和整合资源的能力。学生通过查找他们最想知道的信息资源，逐步建构起他们自己关于该领域知识的结构原型，并形成自主思考和探究的思维惯性。

③ 创设探究情境，促进实际问题的解决。教学情境是指在课堂教学过程中，教师根据教学内容与教学目标、学生的认知水平和无意识的心理特征，以及客观现实条件所创设的一种引起学生的情感和心理上反应的、对学生的意义建构起帮助和促进作用的氛围和环境。它是一个比较宽泛的概念，在课堂教学中播放有助于理解教学内容的录像、录音，向学生提供丰富的网络学习资源，利用模拟技术创设虚拟情境等，都属于教学情境的范畴。情景的创设能使学生在自主探究、交流沟通、协商讨论的过程中加深对问题的认识和理解，实现认知结构的重构。在探究问题提出之后，为了使学生能顺利进行探究，教师要给予探究方法的点拨、示范和帮助，引导学生带着问题进行自主分析和发现，寻求问题的答案，并提出解决方案。通过解决现实中的问题，学生将所学知识进行外化，新知识在原有知识的基础之上得到了巩固与应用，产生了广泛的联结，从而牢固地建构起自己的知识体系。

④ 提炼总结，拓展延伸。问题解决之后，为了提炼和升华，可以让学生讨论其他相关的问题，对解决问题的方法进行归纳与总结，提升分析问题和解决问题的能力。为使课堂教学有更好的效果，让学生的认识得到延伸与升华，在课堂教学时间有限的情况下，教师可以把来不及实施的综合性实践活动放到课外，拓展探究的空间，放飞学生的创新思维。

⑤ 借助网络进行多元评价并反思。为了了解达成学习目标的程度，必须对学生"基于网络的自主探究性学习"的结果进行及时评价。可借助教学平台提供的反馈信息，让学生反思问题的解决过程，引导学生对自己的学习方法、学习过程、学习效果进行多元化、立体式的评价，采用自评或互评，教师适当做一些关键点上的点评，帮助学生反思与总结，让学生明确在整个探究过程中，自己的能力是否得到了有效的提高，为积极投入下一阶段的学习做好准备。

这种学习模式彻底改变了传统教学过程中学生被动接受知识的状态，使学生处于积极主动的地位，能有效地激发学生的学习兴趣和创造性。但是，在实施中要注意防止学生产生过强的挫折感，为此要设有教师或专家负责对学生学习过程中的疑难问题及时地给予帮助。

2. 基于网络的协作性学习模式

（1）基于网络的协作性学习模式概述

协作学习（Collaborative Learning）是一种通过小组或团队的形式组织学生进行学习的一种策略。小组成员的协同工作是实现班级学习目标的有机组成部分。为了实现学习目标，成员之间可以采用对话、商讨或竞争等形式对问题进行充分论证和探究。这种方式有利于培养学生的批判性思维和创新性思维，增强学生的沟通能力和表达能力。

基于网络的协作性学习是计算机网络与协作性学习的融合，是在网络支持下的协作性学习。为达到共同的学习目标，突破地域和时间上的限制，利用网络进行同伴互教、小组讨论、小组练习等合作性学习活动，教师在整个学习过程中只起指导作用，负责安排学习计划、实施网上指导、评价学生学习成绩等。此模式的核心就是以小组的形式去共同完成某一任务，学生与教师或与其他学生进行双向互动，从而实现个人和小组的最大进步与收获。这种新型的教学模式以现代教育教学理论为指导，充分发挥计算机网络的开放性、异步性、交互性和资源丰富等优势，促进了学生创新精神、主动探究意识和运用信息技术进行实践的能力的培养，如图7-3所示。

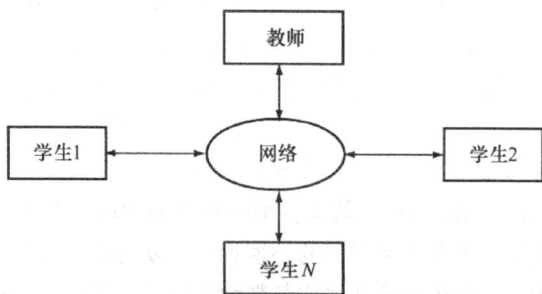

图 7-3　基于网络的协作性学习模式

（2）基于网络的协作性学习模式的特点

基于网络的协作性学习和协作性学习同样具有自主性、协作性、开放性、探究性的特点。除此之外，它还具有以下特点。

① 充分利用丰富优质的学习资源。互联网强大的搜索引擎和丰富的优质教育资源，为基于网络的协作性学习的实施提供了强有力的支持，远程学习者可以根据个人的兴趣、经验和需求，

在任何地点、任何时间通过互联网进行学习。学生之间也可以充分利用网络共享资源和经验，随时寻求教师或其他学生的帮助。

② 有效促进深层学习的合作与交互。基于互联网的交互性平台，如聊天室、论坛、E-mail、在线答疑、"互联网+"背景下的智慧社区等，使教师与学生、学生与学生间可以进行全方位的双向互动与交流。这种交互可以是实时的，也可以是非实时的。在协作性学习过程中，学生不仅可以随时通过网络向指导教师咨询，也可以向其他教师和学生寻求帮助，制订合作计划，开展讨论，共享合作成果，最大限度地发挥资源和经验的效用，弥补传统的研究性学习中师资力量不足的问题，有效地促进深层学习中的合作与交互。

③ 采用多元化评价方式。基于网络的协作性学习采用多元化评价方式，师生共同参与评价，评价对象包含学生个人和整个学习小组。该方式既要评价学生的学习结果，又要评价学生的学习方法、学习态度和学习过程。这在传统的研究性学习中是很难实现的。基于网络的协作性学习，可以利用网络提供的学习过程记录与评价工具，在学生探究活动的过程中开展自我评价、师生评价和生生评价等，这促进了多元化评价的有效开展和学生的有效学习。

（3）基于网络的协作性学习模式的流程设计

基于网络的协作性学习模式的流程设计一般分为以下 6 个环节。

① 分析协作学习的目标。根据教学及学生个体发展的需要，确定协作学习的目标。协作学习的目标是系统性的，一般将协作学习的总体目标分解为许多子目标。子目标与具体的学习内容密切相关，子目标的确定及解决对总体目标的实现至关重要。

② 确定协作学习的任务。根据对学习任务的分析，学习者面临的学习任务主要分为 3 类，即概念学习、问题解决和设计。在这 3 种学习任务中，概念学习的性质是基于事实的，其他两种任务的性质是基于分析和综合的。在进行基于事实的概念学习时，协作学习伙伴面对的是一个共同的学习目标；在进行基于分析和综合的问题解决与设计学习时，则对学习的总体目标进行分解，形成许多子目标，学习者相对独立地完成对子目标的学习，子目标的实现直接影响着学习任务的完成进度，所以更需要强调。

③ 确定协作小组的组成。研究显示，学生在具有良好组织结构的协作小组中学习，其学习效果远优于传统的班级组织形式。适当的分组是保证组内成员互补和组间公平竞争的基础，在分组中要考虑学生的学习态度、学习能力、个性特征等几个方面的因素。一般应遵循"同组异质、异组同质"的原则来分配每组的成员，这样才能保证每个小组在大致相同的水平上展开协作学习，增加学生合作的动力和取胜的信心，从而取得良好的协作效果。学习者要学会倾听其他同学的谈话、分析并弄清楚其他同学谈话的内容，同时必须学会激励小组中其他成员、提出问题、动态地监视和修改小组的进度与计划、有效地进行通信等。

④ 创设协作学习的环境。良好的协作学习环境有利于提高协作学习的效果与效率。协作环境是为协作小组共同学习准备的，并不是独立的个人化的环境。协作环境的创设同小组结构与活动方式密切相关，要根据协作学习的目标与任务及成员的个性特征来创设，不仅包括协作小组工作、交互的空间环境、硬件环境和数字化学习资源环境这些相对静态的环境，还包括贯穿在其中的社会文化环境。创设良好的协作环境，可以尽量缩短无效学习时间，提高协作学习效率，促进个体与协作集体的社会同一性的形成，促进个体的集体归属感的建立，促进与他人形成建设性的、融洽的、多元的协作关系。

⑤ 设计协作学习的活动。协作学习活动的设计是协作学习的主要组成部分。其对象是活动，要围绕学习内容展开。其关注的是劣构问题、高阶知识及信息素养的培养，需要以创造性的设计

观为指导，在分析网络协作学习活动要素及关系的基础上提出协作活动设计方案，并根据学习内容采用不同的活动方式。建构主义的几种教学模式，如"支架式教学""随机进入式教学""抛锚式教学"等，都可以应用到设计协作学习活动中。

⑥ 评价协作学习的效果。评价协作学习的效果可在学生探究活动的过程中，采用自我评价、师生评价和生生评价等多元化评价方式进行。它一般是通过小组集体讨论的方式进行的。在评价过程中，小组成员可以进一步加深对协作学习内容的认识和理解。在此过程中，需要协作小组准备相应的展示材料，此时可以使用网页或幻灯片形式辅助各自的讲解。展示过程中或展示完成后，协作学习小组成员可随时根据展示内容提出问题，并要求展示者给予解答。根据该组展示与随机应答的结果，其他各组对展示组进行总结性评价。辅导教师需要对该过程进行控制并及时对各组的优缺点进行点评。

3. 基于资源的主题学习模式

（1）基于资源的主题学习模式概述

基于资源的主题学习模式是基于资源的学习与主题学习相互融合而形成的新型教学模式，它是学习者围绕一个主题，通过充分发掘和利用各种不同的资源，并遵循科学研究的一般规范和步骤而进行的一系列探究活动。其目的是让学习者提高问题解决、探究、创新等能力，促使学习者的学科素养和信息素养同时得到提升。一个基于资源的主题学习活动过程可类比一个"电磁场"，主题和问题是"碳棒"，绕在"碳棒"外的"线圈"是活动探究过程，评价反思也在整个学习过程中。一旦这个过程接通，就可产生磁场，与主题有关的资源即是"铁屑"，整个磁场可以将"铁屑"（有关资源）从各种"屑"（所有资源）中筛选出来，为达到教学目的所用。在整个环境中，信息技术起着非常重要的作用，它为基于资源的主题学习系统提供了资源、工具、情境、方法、策略等方面的支持，使基于资源的主题学习活动的实施成为可能，如图7-4所示。

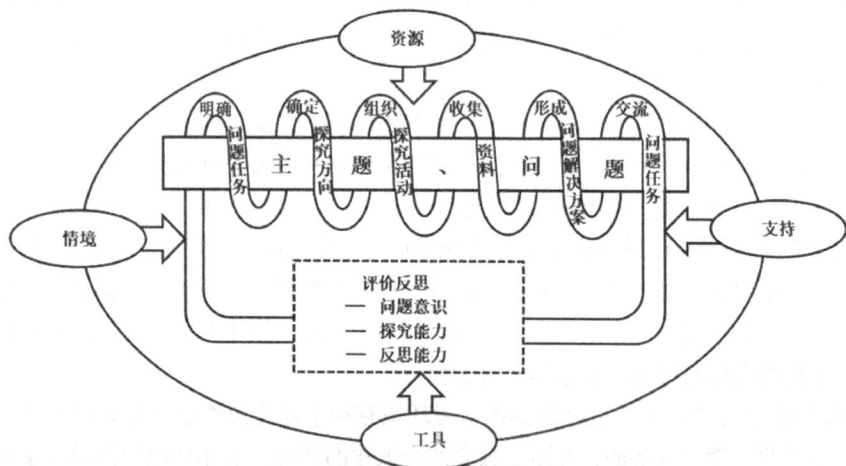

图7-4 基于资源的主题学习模式

（2）基于资源的主题学习模式的特点

基于资源的主题学习模式的特点如下。

① 资源利用的广泛性。基于资源的主题学习需要多种资源的支持，资源是开展基于资源的主题学习的首要前提。资源包含的范围很广，并不仅指专用的特种学习资源，而是提倡多种学习资源的优化组合。无论何种媒体、何种形式，只要其内容真正对学习的需要有帮助，就是有用的资源。

② 具有主题性和主题的情境性。在基于资源的主题学习过程中，资源通过主题而聚集，经过学习者情景化后，才能服务于主题，所以基于资源的主题学习具有主题性和主题的情境性。主题可以是任何事物，只要学习者感兴趣或为教学所需，宇宙、森林、河流、水果、动物乃至一种现象，都可以是主题。主题就像一块磁铁，将与主题相关联的、分散的资源聚集在一起为主题服务。可以通过主题锁定相关资源，从而排除无关资源的干扰。需要注意的是，对于学习者来说，资源只是外在的，还不能用来解决主题所带来的问题，学习者必须先将资源经过一番加工处理，内化为自己的知识，再利用自己的知识来解决问题。这个加工处理的过程就是情景化的过程。

③ 具有跨学科性。基于资源的主题学习突破了学科本位，需要多学科知识的综合，所以具有跨学科性。基于资源的主题学习的一个非常显著的特点是综合性。在教学过程中，将各个相关学科的相关内容综合利用，采用模拟研究的方法，可以解决现实中主题所带来的真实问题。利用主题在一个个孤岛似的学科之间架起"桥梁"，这样既提高了学生的学习兴趣，又培养了学生将所学的知识融会贯通，从而多角度、多层面地考虑问题的能力。

④ 具有任务驱动性。基于资源的主题学习以任务为驱动，让学生掌握解决问题的方法，所以具有任务驱动性。基于资源的主题学习其实就是一个解决实际问题的过程，在一个大主题的前提下，学生通过解决大主题带来的一个个问题而达到学习目标。有问题就会带来任务，这系列的任务必须与现实世界有着某种联系，这种联系不应是笼统的或是现实世界中某种活动的翻版，而应与学生的生活、学习经历和社会紧密相关。解决问题前必须分析任务，乔纳森（Jonassen）指出，无论是用于进行直接教学、支持操作还是构建建构主义学习环境，任务分析都是教学设计中最重要的子过程，分析任务是解决问题的前提。这种方法可引起学生的共鸣，最大地激发学生的兴趣，促使学生更积极地投入学习过程，真正做到以学生为中心，让学生获得一种成就感。

⑤ 具有探究性。基于资源的主题学习以探究活动为主，强调自主探究和协作探究，所以具有探究性。将探究活动作为主要的教学手段和方法，让学生在探究问题、解决问题的过程中学会综合利用知识、内化知识，改变传统的接受性学习、死记硬背、机械训练等学习方式，倡导学生积极动手、动脑，让学生真正愿意学、了解知识怎么学，同时培养学生的合作能力和交往能力。

⑥ 具有反思递进性。基于资源的主题学习提倡行动研究，注重利用新的评价观评价学习过程，要求学生和教师在学习过程中不断反思，完善探究学习过程，所以具有反思递进性。行动研究是一个"计划→实施→反思"螺旋循环的过程，即一个不断反思的过程。杜威认为，反思行为既是一个内隐过程，又是一个外显过程。反思需要不断地思考，这种"思考"就是一个内隐的过程。同时，作为进行"探索、搜集、探究的行为"，反思又是一种外显的行为过程。提倡行动研究，就是强调教师成为一个"反思的教育者"，学生成为一个"反思的学习者"。反思也是一个评价的过程。基于资源的主题学习强调建构主义评价观，注重评价方式的多样性和评价内容的多元性，强调学习过程的评价，在过程中不断反思评价，从而使探究过程在反思评价中不断改进。

（3）基于资源的主题学习模式的流程设计

基于资源的主题学习模式的流程设计一般分为以下 8 个环节。

① 开发主题。主题是基于资源的主题教学模式中的核心概念。所谓主题，是指整合教学目标的跨学科的学习内容或学习任务。在整个学习过程中，所有活动都围绕主题展开，主题开发的优劣直接影响教学效果。为使学生在学习过程中占主动地位，调动学生学习的积极性，我们提倡主题由师生共同开发，并要求主题具有亲和力、劣构性、跨学科性、开放性、挑战性、时代性、实践性，同时主题还应当整合知识目标和情感目标的完整、统一，以使学生在学习过程中获得知识、培养能力和获得情感体验。

② 明确问题，阐述问题情境。主题在确定时只是一个比较笼统的概念，还需将其转化为一个或多个待解决的、具有可操作性的问题或任务。在这一过程中，需从多方面不断地追究问题所在，描述问题产生的情境，恰当地呈现或模拟问题情境，并描述问题的可操控方面，使学生进入问题情境，拥有问题意识或问题的主人翁感，为以后进一步探究做准备。

问题情境就是问题解决者在解决问题之前必须反思对问题到底了解多少，并把了解的情况陈述清楚，确定问题目前所处的情境状态，也称问题空间。问题解决的过程是一个不断改变自己原有状态的过程。从问题的初始状态不断探究，改变问题的中间状态，达到问题的目标状态。

③ 形成假设，确定探究方向。在自己或他人经验的基础上，就问题的答案和问题解决的原则、途径和方法提出设想，然后进行论证，在论证的过程中可能需要不断修正或改变，形成新的假设。

④ 实施、组织探究活动。这一过程是整个学习过程的核心，是培养学生知识技能目标、过程方法目标和情感态度与价值观目标的关键，教师可以根据学习目标组合多种活动进行教学，让学生获得直接的学习体验。具体活动形式可以由教师确定，也可以让学生参与活动形式的确定，以体现以学生为中心的教育理念。活动形式没有固定的确定方法，应追求多样化。常见的基于资源的主题学习活动组织形式如表 7-1 所示。

表 7-1　　　　　　　　　　常见的基于资源的主题学习活动组织形式

活动类型	活动内容
学徒方式	学生以学徒身份直接参与学习、掌握知识和技能，这种学习情境与该知识将来要应用的情境十分接近，并且学习时有教师在一旁指导，教师与学生是一对一的关系
辩论交流	对某一问题，学生各抒己见，展开讨论。学生利用头脑风暴法、头脑激荡法，进行思想观点大碰撞，互相启发，形成新观点，提出创新的解决思路
实地考察	一种经精心安排的富有教育意义的参观旅行活动。学生访问他们感兴趣的某地或某人，以获取第一手的观察资料或学习印象
游戏方式	游戏者遵循预先制订的规则去达到某个挑战性目标，包括竞争性游戏和合作性游戏
调查访谈	针对某一问题，调查访谈实地人员，或者访谈在相关领域中的权威人士

⑤ 搜集、整理资料，找出资料的意义。大部分活动在实施中是一个搜集、整理资料的过程。资料的搜集、整理是有目的的，只有找到资料的意义，才能使资料产生最大的用途。信息技术为资料的搜集和整理提供了更方便、更有效的手段。信息资源是进行活动探究的前提，没有资源就产生不了活动，资源搜集得越多，获得的解决问题的经验就越多，从而实现对问题全方位、多角度的分析和探究。

⑥ 形成问题解决方案。由于解决问题需要学习者建立多个问题空间，问题解决者必须将问题空间之间的认知或情境联系点结合起来，因此，应确定并阐明问题求解者的多种意见、立场和观点；生成多个可行的问题解决方案；需要搜集充分的资料来支持或反驳各种观点，以支持自己或他人的论点；需要讨论和阐述个人观点，评价各种解决方案的可行性，最终就最佳行动方案上达成一致意见。

⑦ 探究结果展示和交流。根据探究内容开展相应的展示和交流活动，主要有形成性报告、角色扮演和辩论 3 种方式。做报告是最常用的展示结果的方式，呈现时可借助计算机和其他工具，如利用 PowerPoint 制作电子讲稿、用 Excel 制作数据表格，或者利用 Photoshop、Flash 等制作图片、动画等，目的是利用多种呈现方式，采用口头讲解与直观图示相结合的形式，使探究结果表

达更充分、解说更具说服力。角色扮演是一种非常具有感情色彩的活动方式，各小组成员可推选出代表，通过扮演角色的方式对问题进行演示或者与其他小组进行交流，让学生养成从多个角度看问题的习惯。辩论是当学生在探究过程中，得出不一致或相反的意见时通过辩论对探究结果进行展示的方式。

⑧ 多元评价。基于资源的主题学习评价是基于现代教学评价理念的评价，重视评价功能，提倡综合性评价与过程性评价，即倡导评价内容的丰富性与评价方式的多样性。基于资源的主题学习的学习活动过程可以培养学生的综合素质，如问题意识、科学素养、信息素养、创新能力、实践能力、反思能力、自主及协作能力等。在评价内容上，其中最主要的方面体现在问题意识、反思能力、探究能力 3 个维度。

问题意识维度主要评价学生的观察能力、是否具有强烈的认知兴趣和求知欲、是否拥有丰富的知识经验。观察能力强的学生善于从非常细微的事物中发现新的问题；具有强烈认知兴趣和求知欲的学生，能够在别人发现不了的地方提出问题，也能够在那些早已被大家公认的事实中发现新问题；具有丰富知识经验的学生会有探根寻底的习惯，从而使自己的知识经验更丰富，形成不断增加知识经验的良性循环。

反思能力维度主要评价学生的自我反思能力。反思是一种意识，通过反思，了解自己所获得的知识，明确自己的不足，知道该如何补救，从而让自己成为一个独立的学习者。所以反思其实是一个反省的过程，一个对自己进行自我评估的过程。反思能力强的学生，学习的主动性、积极性、创造性均较高。

探究能力维度主要评价学生的信息素养、自主能力、协作能力、学习策略、批判性思维等。信息素养方面主要评价学生获取信息、评价信息、利用信息的能力；自主能力主要评价学生是否能独立完成所承担的任务，能否独立查找、分析信息，能否灵活处理学习中出现的问题；协作能力主要评价学生是否能始终与小组目标保持一致，积极参与小组工作，与小组其他成员有良好的沟通和交流，积极提出自己的见解，贡献自己的技能和知识；学习策略主要评价学生是否采用了科学且合理的学习程序、规则、方法、技巧及调控方式；批判性思维主要评价学生是否以一种合理的、反思的、心灵开放的方式进行思考，是否能够清晰而准确地表达、逻辑严谨地推理、合理地论证和思辨，是否具有创新思维和创新能力。

7.2.3　信息技术与课程融合的教学评价

1. 教学评价概述

教学评价是指以教学目标为依据，制定科学的标准，运用一切有效的技术手段，对教学活动及其结果进行评测，并给以价值判断。教学评价一般包括对教学过程中教师、学生、教学内容、教学方法手段、教学环境、教学管理等因素的评价，其主要包括 3 个核心环节：对教师教学工作（教学设计、组织、实施等）的评价、教师教学评估（课堂、课外）和对学生学习效果的评价、考试与测验。

评价是一种客观性和主观性相统一的活动。一方面，评价是在量或质的基础上进行价值判断的活动，它对某一事物的价值给予一般的衡量；另一方面，价值判断是在事实描述的基础上，根据评价者的需要和愿望对客观事物做出评判。不同的主体由于其需求和理解不同，对同一活动有可能产生不同甚至差别较大的判断。

教育心理学和教学论的研究指出，教学评价对提高教学效果具有明显的促进作用，这些作用可以概括为调节功能、诊断功能、刺激功能、教学提高功能和目标导向功能。

（1）调节功能

教学评价可以提供有关教学活动的反馈信息，以便师生调节教和学活动的节奏、目标和方法，使教学能够始终有效地进行。这种信息反馈包括两类：教师教学效果的反馈和学生学习效果的反馈。

（2）诊断功能

对教学效果进行评价，可以了解教学各方面的情况，从而判断它的质量和水平、成效和缺陷。全面、客观的评价工作不仅能估计学生的成绩在多大程度上实现了教学目标，而且能解释成绩不佳的原因，并找出主要原因。

（3）激励功能

评价对教师和学生具有监督和强化作用。客观、适时的教学评价，可以使教师明确教学工作中需要改进的地方，使学生提高学习的积极性和主动性。因此，科学、合理的教学评价可以调动教师教学工作的积极性，激发学生的学习动机。

（4）教学提高功能

评价本身也是一种教学活动，如测验、考试成绩反馈等。测验、考试等环节的学习活动可以明确需要进一步努力学习的领域。教师还可以在估计学生水平的前提下，将相关学习内容用测试题的形式呈现，使题目包含某些有意义的启示，让学生自己探索、领悟，获得新的学习经验或达到更高的学习目标。

（5）目标导向功能

可以通过对评价标准的公布和评价结果的认真分析，从不同角度找出不足和原因，使被评价者明确今后的努力方向，这将对被评价者下一步的教学或学习起到导向作用。

2. 信息技术与课程融合的教学评价流程

（1）教学评价的方案设计

教学评价方案是在评价过程中，为实现一定的评价目的，对评价的依据标准、方法途径、实施程序等所做的设计和安排。评价方案的设计可以包括评价目的、评价准则、各准则相应的权重、量表及各类表格等。教学评价涉及的内容比较广泛，在设计评价方案时，应根据具体要求进行设计，并细化评价方案。

① 明确评价目的，确定评价对象。在信息化教学中，教学评价强调基于学生的表现和学习过程。关注的重点是教师对学生能力的培养、学生在学习过程中获得了什么技能、信息技术使用的形式和效能。

② 建立评价标准，选择合理的评价尺度。评价标准是衡量事物特征各个成分的比较基准。在信息技术与课程融合中，评价的标准需要教师和学生根据实际情况及学生先前的认知水平、兴趣与经验共同制定。

③ 选用科学、合理的方法，使用适当的工具。在信息化教学中，教学评价主要评价学生应用知识的能力。结合信息技术的特点和影响，运用现代教育理论，建立科学、合理的评价指标，采用科学、合理的评价方法和工具，如量规、学习契约、范例展示、电子档案袋、概念图等。

④ 整理评价数据，得出合理解释。搜集信息技术与课程融合教学中的各类数据，通过科学的分析、整理，如用 SPSS 工具进行分析，最终做出合理的解释，为进一步改进教学工作提供可靠依据。

（2）教学评价的指标体系设计

评价教学是否达到了设计之初的目标和目的，要设计一套科学的、合理的、可行的教学评价指标体系来进行测定。一个评价体系主要由 3 个部分组成：反映被评价对象特征的各个成分，即评价要素；衡量事物特征各个成分的比较基准，即评价标准；各个成分在总体中所具有的重要程度的标志，即指标权重。这 3 种因素的确定是整个教学评价体系是否正确、合理的关键所在。

信息技术与课程融合下的教学评价要素包括网络化教学媒体运用的合理度、新型的课堂教学结构的建构度、三位一体的教学目标的达成度等，具体的教学评价量标如表 7-2 所示。

本标准采用等级量标的形式，为了便于统计工作，采用百分制计分，满分 100 分，60 分以下为不合格，60～74 分为合格，75～89 分为良好，90 分及以上为优秀。

表 7-2　　　　　　　　　　　　信息技术与课程融合下的教学评价量标

一级指标	二级指标	评价标准	分数	得分
（一）教学内容的确定及课程资源的设计 20 分 指标权重 0.2	教学目标（学习目标）	（1）教学（学习）目标明确、具体，完全符合本单元的教学内容主旨和主要教学要求 （2）教学（学习）目标切实可行，适合学生认知水平和接受能力	5	
		（1）教学（学习）目标比较具体，基本符合本单元主要教学内容的要求 （2）教学（学习）目标比较适合学生的认知水平和接受能力	4	
		（1）教学（学习）目标不符合本单元的教学内容主旨和主要教学要求（过高或过低） （2）教学（学习）目标不适合学生的认知水平和接受能力（过高或过低）	3	
	重点、难点	（1）教学重点是本单元主要教学内容的核心，充分体现了教学要求的主旨 （2）能够根据学生的认知水平准确找出教学难点，并设计了有利于帮助学生克服困难的教学策略	5	
		（1）教学重点有所偏离本单元主要教学内容的核心 （2）能够根据学生的认知水平准确找出教学难点，但帮助学生克服困难的策略不够恰当	4	
		（1）教学重点不是本单元主要内容的核心，偏离了教学要求 （2）不能够根据学生的认知水平准确找出教学难点，没有帮助学生克服困难的策略	3	
	课程资源的提供	（1）围绕教学（学习）目标、教学重点与难点，针对学生的实际情况和学习需要，提供丰富的基于网络的多媒体资源或者其他形式的多种媒体组合（包括计算机多媒体信息、常规音/视频媒介、书籍、图片等）的资源 （2）所提供的各种资源均能有效地支持学生的自主、探究式学习	5	
		（1）围绕教学（学习）目标、教学重点与难点，针对学生的实际情况和学习需要，提供较多的网络资源或者其他形式的多种媒体组合（包括计算机多媒体信息、常规音/视频媒介、书籍、图片等）的资源 （2）所提供的资源有助于学生的自主学习	4	
		（1）能够提供网络资源或者其他形式的多种媒体组合（包括计算机多媒体信息、常规音/视频媒介、书籍、图片等）的资源 （2）所提供的资源仅针对教学（学习）目标、教学重点的相关辅助信息，无助于学生的自主学习	3	

续表

一级指标	二级指标	评价标准	分数	得分
（一）教学内容的确定及课程资源的设计 20 分 指标权重 0.2	资源对重点、难点的作用	所提供的资源对教学重点是充分必要的补充和完善，可以使教学难点的难度最大化降低，能够有效地促进学生结合已有知识结构掌握重点、理解难点	5	
		所提供的资源对教学重点有一定的补充和完善，可以使教学难点的难度适当降低，能够有助于学生结合已有知识结构掌握重点、理解难点	4	
		所提供的资源与教学重点和难点的相关性不强，基本无助于学生掌握重点、理解难点	3	
（二）教学方法、教学手段、教学媒体的应用 20 分 指标权重 0.18	教学情景的创设	创设的教学情景与课程内容密切相关，并且与学生在生活中遇到的问题、情境、任务或已有知识结构联系紧密，能够有效地激发学生的兴趣和吸引学生的注意	6	
		创设的教学情景与课程内容相关，但与学生的生活实际或已有知识结构联系不够紧密，无法引起学生的兴趣和注意	5	
		创设的教学情景能够引起学生的注意和兴趣，但与课程内容无关，分散了学生对课程主要内容学习的注意力	4	
	教学方法的应用	教学方法灵活、巧妙、实效性强，对学生具有激励作用，能够使学生积极参与整个学习过程，并发挥其主动性。多样的教学策略还能促进学生的协作学习，增强集体意识	6	
		教学方法单一、刻板，不能对学生产生激励作用，无法使学生积极参与整个学习过程，学生的学习处于被动地位	5	
		教学方法不够合适，导致学生在学习过程中失去兴趣或注意力分散，无法达到学习目标	4	
	课程资源与教学方法的结合	提供的课程资源与应用的教学方法密切结合、相辅相成，为教学方法的有效实施提供了保障	4	
		提供的课程资源与应用的教学方法相关，但对教学方法的有效实施作用不大	3	
		提供的课程资源与应用的教学方法无关，教学方法无法有效实施	2	
	教学媒体与手段的实用性和针对性	教学中持续使用的媒体或手段与学习内容密切相关，针对性和实效性强，有助于提高学习效果	4	
		教学中使用了一些有用的媒体或实用的手段，并且与学习内容相关，但使用得不协调，无助于提高学习效果	3	
		在教学中使用了媒体或相应手段，但与学习主题无关，提供的无关信息与干扰对学习产生了消极的影响	2	
（三）学法指导 10 分 指标权重 0.08	教师的组织、引领、促进作用的发挥	教师始终控制课堂的合理节奏，有效地组织学生自主学习，并能够适时引领学生克服学习中的难点，促进学生的探究性学习与协作学习	6	
		教师能够组织学生自主学习，并能够帮助学生克服学习中难点，但学生的探究性学习局限于教师的指导下，课堂节奏把握不恰当	5	
		教师不能组织学生自主学习，引领学生克服学习难点变成单纯的讲授形式，学生的探究性学习变成回答教师的指定问题，课堂无节奏	4	

一级指标	二级指标	评价标准	分数	得分
（三）学法指导 10 分 指标权重 0.08	学生进行探究性学习和协作学习的过程	学生充分利用课程资源开展有效的探究性学习和协作学习，并在自主学习的过程中促进了知识的建构和创新能力，培养了协作精神	4	
		学生能够利用课程资源进行探究性学习和协作学习，但实效性不高	3	
		学生无法进行探究性学习和协作学习，或探究性学习局限于跟着教师亦步亦趋，协作学习局限于邻近同学交谈	2	
（四）教学过程 35 分 指标权重 0.32	新课导入	使用策略既与课程内容密切相关，又能有效引起和维持学习者的注意和兴趣	4	
		使用策略与课程内容有关，但无法引起或维持学习者的注意和兴趣	3	
		使用策略可以引起并维持学生的注意和兴趣，但与主要内容无关，会分散学生的注意力	2	
	新课讲解	使用了引出学生的有关知识或提供与学习相关经验的策略，而且这些策略也适合学生并有助于达到教学目的	8	
		虽然使用了引出学生的有关知识或提供相关经验的策略，但这些方法可能不适合教学或无法达到教学目的	6	
		很少使用策略以引出学生的有关知识或提供与学习相关的经验，或使用的策略只是一些肤浅的、完全不适合教学或学生的策略	4	
	范例的应用	（1）在整个教学过程中根据教学需要充分使用例题或案例 （2）例题或案例能充分地阐明学习内容的重要属性，且对复杂的例子或案例也有充分的指导，以便学生能够理解	4	
		（1）只在个别时候才使用例题或案例，或者虽然能够适当使用例子或案例，但难以满足学生的学习需要 （2）大多数情况下，例子或案例能阐明学习内容，但对学习者的引导不够充分	3	
		（1）很少使用例子或案例，或者完全不使用 （2）例子或案例缺少重要的属性或不够详细，不适合学习内容	2	
	练习或实践活动的设置	有与教学（学习）目标有关的练习或实践活动，这些练习或实践活动的目标与它们所要支持的课程目标、课程内容或课程要求一致，能够积极促进教学（学习）目标的实现	4	
		有与教学（学习）目标有关的练习或实践活动，但练习或实践活动的目标与它们所支持的课程目标、课程内容或课程要求存在一定的不同	3	
		缺少有关的练习或实践活动支持教学（学习）目标，或者虽然设置了练习或实践活动，但实践目标与它们所要支持的课程目标、课程内容或课程要求不一致或无关	2	
	反馈的提供	全部或绝大多数实践活动提供反馈。反馈通常能提供详细的解释和正确的答案与方法，并且有助于学习者的理解和改正错误	4	
		部分实践活动提供反馈。反馈通常能提供有用的解释和正确的答案与方法，但有时学习者可能难以理解或无法理解	3	
		活动中很少提供或完全不提供反馈。反馈通常不能提供有用的解释及正确的答案与方法，学习者在理解与改正错误时将十分困难	2	

一级指标	二级指标	评价标准	分数	得分
（四）教学过程 35分 指标权重0.32	媒体的运用	媒体的运用与教学方法、课程内容密切结合，始终能够有效地向学生呈现清晰的信息组织结构	5	
		媒体的运用与教学方法、课程内容相关，但对向学生呈现清晰的信息组织结构帮助不大或者几乎无效	4	
		媒体的运用与教学方法、课程内容无关，干扰了向学生呈现清晰的信息组织结构，导致学生面对众多信息而无所适从	3	
	学习评价	能够围绕教学（学习）目标开展多种形式的评价（学生自评、互评、教师点评等），评价具有科学性、针对性和有效性，对巩固学习效果、帮助学生建知识框架具有积极作用	6	
		能够开展多种形式的评价，但有所偏离教学（学习）目标，缺少针对性和有效性	5	
		没有学习评价或者虽有学习评价，但评价缺乏科学性	4	
（五）教学基本功15分 指标权重0.22	教学机智	有良好的教学机智素质，能够灵活、巧妙地处理课堂突发事件或者将课堂突发事件转化为教学的动力	4	
		教学机智素质一般，能够比较妥善处理课堂突发事件	3	
		教学机智素质不明显，课堂突发事件处理不当或者不予理睬	2	
	媒体设计与制作	（1）设计的媒体与资源构思巧妙，紧密结合教学 （2）制作技术水平高，精美、实用，具有一定的专业水准	3	
		（1）设计的媒体和资源与教学相结合 （2）制作技术水平较高，具有实用价值	2	
		（1）媒体与资源没有经过严谨设计，部分信息与教学无关 （2）制作技术一般，有时存在一定的问题	1	
	授课语言	清晰、规范，逻辑推理严密，情感充沛	3	
		清晰、规范，逻辑性强，富有情感	2	
		清晰、规范，有条理	1	
	教案、板书	（1）教案设计规范、严谨，教学思路清晰，充分反映了课堂教学的结构和主旨 （2）板书设计巧妙，能够最大限度地帮助学生把握课程内容的结构，字体富有美感	5	
		（1）教案设计规范、严谨，比较全面地反映了课堂教学的结构和主旨 （2）板书设计合理，有助于学生把握课程内容的结构，字体规范	4	
		（1）教案设计规范，但课堂教学的结构和思路体现得不够清晰 （2）板书规范	3	

（3）教学评价的实施

① 教学评价的实施方法。

在信息技术与课程融合教学中，实施教学评价除了采用传统的评价方法外，还要充分发挥概念图、学习契约和量规等评价方法的作用，其中量规具有操作性好、准确性高的特点。

量规是一种结构化的定量评价标准，从与评价目标相关的多个方面详细规定评级指标。在信息技术与课程融合中，学习过程是以学生为中心的，而学习活动往往是任务驱动式的，最后的学习结果以电子作品、调查报告、观察心得等居多。因此，评价工具不但要关注学习过程，还要具有操作性好、准确性高的特点，量规正好满足这些条件。

　　精确、详细的量规设计可以基本满足信息技术与课程融合教学评价的需求。表 7-3 与表 7-4 所示为研究型学习的量规设计示例，分别选择了不同的角度对研究型学习结果进行了评价，使用时可以对号入座，得到结论。由此也可以看出不同的教学活动要设计出不同的量规来进行教学评价，没有一个量规可以适应多种教学活动，一个教学活动却可以有多种量规设计，教学评价中需要根据具体需求进行选择。

表 7-3　　　　　　　　　　　　　　　　　　研究型学习量规 1

分数	问题	信息搜集	分类	分析	最终产品
4	学生围绕一个主题，自己确定问题	从多种电子和非电子的渠道搜集信息，并正确地标明出处	学生为给信息分类自己开发了基于计算机的结构，如数据库	学生分析信息，并得出他们自己的结论	学生有效使用综合媒体，以多种方式展示自己的发现，并发布到网上
3	给出主题后，学生自己确定问题	从多种电子和非电子的渠道搜集信息	师生为基于计算机的分类结构共同想办法，学生自己创建分类结构	学生分析信息，并在教师的指导下得出他们自己的结论	学生有效地使用综合媒体以多种方式展示自己的发现
2	学生在老师的帮助下确定问题	从有限的电子和非电子渠道搜集信息	师生共同开发基于计算机的结构	学生在教师的指导下分析信息，并得出结论	学生使用综合媒体展示自己的发现
1	教师给出问题	只从非电子的渠道搜集信息	学生使用教师开发的基于计算机的分类结构	学生复述所搜集的信息	学生使用有限媒体展示自己的发现，如书面报告

表 7-4　　　　　　　　　　　　　　　　　　研究型学习量规 2

项目	评价内容	自我评价	协作者评价	教师评价	备注
提出研究主题	研究主题有新颖性、创造性（特别新颖的加 2 分）	2	2	2	2
	为提出主题查阅了资料，且资料丰富（资料有价值，并与同学分享加 2 分）	2	2	—	2
	找到了合适的协作者（不同班加 1 分，不同年级加 2 分）	2	—	—	2
	与协作者通过协商确定主题	2	2	—	—
	设计了初步研究计划（计划翔实加 2 分）	2	2	—	2
完成研究主题	搜集资料，方法多样（使用 3 种以上媒体加 2 分）	2	2	2	2
	对相关资料的了解深度和广度	2	2	—	—
	是否对主题进行了认真研讨（有研讨记录加 2 分）	2	2	—	2
	是否根据研讨内容对研究的方向进行过合理修改	2	2	—	—

续表

项目	评价内容	自我评价	协作者评价	教师评价	备注
完成研究主题	形成了研究成果或者新的观点	2	2	2	—
	协作者之间分工合理，合作愉快，承担了主要任务（有任务完成过程记录加2分）	2	2	—	2
	能否根据实情合理地修订研究计划	2	2		
主题成果交流	完成了交流活动	2	2	2	—
	对成果进行了展示（利用网络进行发表或者在校外发表加2分）	2	2	2	2
	有持续研究计划	2	2	2	—
总分		30	28	12	16

其中72~86分评价为优秀，55~71分为良好，38~54分为中等，37分以下为仍需努力

注：加分填入备注栏，其他栏不符合为0分，部分符合为1分，完全符合为2分。

② 教学评价的实施要求。

a. 在教学活动进行前，提出评价的标准。在信息技术与课程融合教学中，强调以学为中心，学生具有较大的主动权和控制权。在教学进行前预先提供范例、制定量规、签订契约可以使学生对自己要达到的结果有一个明确的认识。同时，评价方案也可以在学生学习的过程中起到导航的作用，学生将明确地知道评价者如何评价他们所完成的学习任务，从而帮助他们自己调节努力的方向，并最终达到预想的学习目标。

b. 实施分层次的评价。在实施评价过程中，要注意评价的层次。教师应该在学生完成任务或解决问题过程中设置好评估的锚点。评价时不仅要检验学生在具体情境中使用知识的能力，还要对学生的高级思维能力进行评估，此时的评估重点要放在如何使学生的这些能力得到发展和提高上，而不仅仅是判断学生的学习能力。

c. 提供学生自评和互评的机会。评价本身就是一种重要的学习体验，在这种体验中，学生的知识、技能将获得长进，甚至飞跃。参与评价将有助于学生加深对自我的了解，以便调整学习策略、改进学习方法、提高学习的自觉性。

d. 通过评价选择、收集适宜的资源。在信息技术与课程融合教学中，学习内容是开放的、动态的，而要保证其开放性与动态性，需要相应的评价方案来筛选合适的资源，剔除不适宜的资源。这些资源包括原有的学习内容、学生通过学习发现、创造的资源等，应注意通过合理的评价方案帮助师生获得适宜的资源，以保证学习内容的良性循环。

7.3 信息技术与课程融合的案例

7.3.1 基于网络的自主探究性学习模式案例

《圆明园的毁灭》（第二课时）

【教学目标】

（1）知识目标：能抓住重点词句，体会文章的思想感情，并学会这种阅读方法。

（2）能力目标：以读促悟，以悟促诵，让学生在朗读中去想象圆明园昔日的辉煌景观，读出作者对侵略者的无比仇恨之情；在此基础上背诵课文，积累语言。

（3）情感目标：对课内重点词句和网络教学资源进行理解和分析，能深刻体会圆明园辉煌的过去和被损毁的经过，激发爱国之情，增强振兴中华的责任感和使命感。

【教学重难点】

学生阅读课文，在脑海中想象出圆明园昔日的壮观辉煌。这既是本课教学的难点，又是引导学生进行自主阅读的突破口。教师可以采用多种策略，充分挖掘、渲染语言和文字的感染力，调动学生的情感。文章的题目为《圆明园的毁灭》，而大部分篇幅却是描绘圆明园昔日的辉煌，让学生体会作者安排内容的匠心，是教学的又一难点。

【教学手段】

（1）利用多媒体课件，把学生带入创设的情境中。

（2）播放影片《火烧圆明园》的片段。

（3）利用多媒体课件，展示今昔圆明园的对比，让学生领悟到圆明园的毁灭是祖国乃至世界文化史上不可估量的损失。

【教学环境】

（1）多媒体网络教室。

（2）校园网站、各种相关资料网址、在线教学控制系统。

【教学过程】

1. 创设情境，确定主题

教师利用多媒体课件的展示和影片片段《火烧圆明园》的播放，把学生带入创设的情境中，并以充满激情的语言进行讲述，激发学生的情感。

"同学们，我们知道圆明园是园林艺术的瑰宝、建筑艺术的精华，它是当时世界上最大的博物馆、艺术馆。然而，就这样一座人类历史上最大、最美的花园，一座拥有无数奇珍异宝的园林建筑，却在三天三夜的大火中毁灭了。我们中国人却只能握着空拳，眼睁睁地看着这座万园之园被化成一片灰烬。

看着这熊熊燃烧的烈火，同学们，你们体会到了什么？想知道什么？"

倾听学生的回答，汇总代表性的观点和问题。课件展示 3 个教学目标，引导学生通过网络搜索圆明园的相关资料。

2. 网上学习

（1）自主探索

先看学习指导，再找相关资料，并对重点内容做笔记。然后自主探索、积极思考，完成练习。在自主探索的过程中，学生随时可以利用网络教室中的"电子举手"功能向教师提问，教师则可通过"屏幕监控"功能了解每一位学生的学习现状，进行及时的点拨，让学生随时获得帮助信息，促进学生更好地自主学习（明确学习要求后各自操作计算机自主学习，并完成教师布置的练习）。

（2）协同学习，加深理解

在学生充分自学之后，请他们交流收获，以此来检验学习效果，同时也让学生相互启发、相互促进。对于学生理解还不到位的地方，教师可有针对性地进行指点。然后分小组进行协同学习，以加深对 3 个教学目标的理解。小组长先收集组员们不懂的问题，组织全组借助网络资源进行学习；再组织组员对 3 个教学目标各抒己见；最后请组长对组员的汇报进行整理，汇总成电子表，准备向全班汇报。

3. 汇报交流，深化提高

各学习小组推荐一名代表面向全班进行演示讲解，并展示从网上搜索到的资源和课文中的重点词句，论证圆明园是园林艺术的瑰宝、建筑艺术的精华；揭露英法联军烧毁这座世界上独一无二的博物馆、艺术馆的事实。同时这一环节也解决了本节课的教学难点：学生可以了解为什么作者要花大笔墨来写圆明园的辉煌。

分小组自主、协作学习，学生在和谐、民主的氛围中各抒己见、畅所欲言、讨论交流、自由发挥、自由想象。多种不同观点的碰撞与交流，更充分地体现了学生的主体作用，使学生的自学能力得以提高。

4. 网上发帖，拓展延伸

围绕着对祖国灿烂文化的热爱，对思想内容、语言文字和学习方法等方面进行交流与讨论，使学生深深体会到国弱被人欺的道理。

围绕着"是否有必要恢复圆明园旧貌"的问题，学生各抒己见、自由辩论，尽情抒发自己对祖国灿烂文化的热爱和自豪之情，倾诉自己的报国之心、强国之志。

教学最后环节，播放音乐二胡独奏《江河水》并结束本课的教学。

5. 布置作业

（1）有感情地朗读课文，并背诵第三、第四自然段。

（2）搜集文字或图片资料，了解曾经蒙受的耻辱和今日祖国的强大，激发我们为振兴中华而读书的历史责任感和使命感。

【案例分析】

在党的二十大报告中，习近平总书记多次以不同方式强调自强不息对中国共产党和中华民族的重大意义。在语文课中，有许多课文是把文学美和爱国情操结合在一起的，如何让学生在感悟美词佳句的同时，上升到对祖国、对人民的热爱上来，并培养学生自强不息的精神是一件颇具挑战性的任务。而这节课中这几点都体现得很充分，在自主学习、协作学习等多种学习策略的指导下，在信息技术所构建的学习环境下，很好地完成了信息技术和语文课程的融合，达到了本节课的教学目的。

本节课通过多媒体教学课件的展示，使学生对教学内容有一定程度的了解，再通过搜集网络资源，让学生对教学内容有进一步清晰的认识。本节课充分利用了校园网、国际互联网中提供的丰富的教学资源，增加学生的表象积累，拓宽学生视野，培养学生自主探究学习的能力。本节课还通过网络进行协作交流，使学生更加深刻地理解课文内容，培养学生协作学习的习惯。另外，本节课充分发挥了网络教室功能，实现了师生互动和多向反馈，发挥了教师的主导作用，体现了学生的主体地位，成功地构建了网络环境中的新型教学模式。

7.3.2 基于网络的协作性学习模式案例

《圆柱的认识》

人教版六年级下册

【教学目标】

1. 知识与技能

（1）使学生认识圆柱，了解圆柱各部分名称，掌握圆柱的特征。

（2）通过操作、观察、比较、探索，培养学生的分析、推理、判断和空间想象能力，理解事物间的相互联系，进一步强化学生的立体观念。

2. 过程能力与方法

让学生亲身经历知识发生与发展的过程,通过多媒体网络教学,让学生全员参与、全程参与。教师通过多媒体网络教学及时地进行课堂教学反馈,合理调控教学进度。

3. 情感态度与价值观

让学生进行自主探究和合作交流,体会数学内部普遍存在的相互联系和相互转化的规律,感受数学的严谨性。在本节课的知识学习过程中,让学生交流和协同,培养其积极探究和实事求是的作风。

【教学重难点】

(1)理解并掌握圆柱的特征是本课的教学重点,认识圆柱侧面的特征是本课的教学难点。

(2)充分、合理地运用多媒体教学手段,突出多媒体教学的优越性。

【教学方法】

合作探究法、练习法。

【教学环境及准备】

(1)多媒体网络教室。

(2)沧州市育红小学网站地址、各种相关资料网址、在线教学控制系统。

(3)教师准备圆柱体的实物、模型,以及圆柱的纵切模型和相应课件。

(4)学生准备柱形物品,以及剪刀、尺子、铅笔、胶水等。

【教学过程】

1. 情景导入——初步感知圆柱

(1)播放配乐动画片金字塔的修建过程片段:古代的人是怎么把巨型石块送上那么高的地方的。

画外音质疑:古代人民没有我们这样先进的劳动工具,他们是怎样搬运这么沉重的物体的?你能在没有现代工具的情况下想出更好的办法吗?

(2)分小组实验:先拿出一个长方体或正方体学具在桌上滚动,再拿出一个圆柱体学具在桌上滚动,结果怎样?

(3)学生解疑:圆柱体的侧面是一个光滑的曲面,而长方体和正方体有很多角,所以不利于滚动。

(4)导入课题:生活中有许多这种形状的物体。让我们利用自己准备的物品和老师为大家提供的网络平台来共同学习今天的内容——圆柱的认识。

2. 合作探究——认识圆柱特征

(1)出示合作学习目标(下表中的 4 个资料,将分别以表格形式让学生在教师机上下载)。

(2)学生从网络下载资料,分组进行学习。注意,这一项内容学生花的时间比较多,教师要等所有学生都学习完成后才能进行知识整理与归纳(下表中有详细的操作过程)。

学生活动	学生活动参考资料	教师活动
1. 学生自由分组	资料一:合作学习时参考性方法 (1)可以看书 (2)利用老师提供的网址或其他网站进行资料的查询 (3)可以向其他同学请教 (4)可以动手操作	1. 布置任务

续表

学生活动	学生活动参考资料	教师活动
2. 小组内进行活动安排	资料二：合作学习时参考性网站 （1）沧州市育红小学网站 （2）ABC教育资源网 （3）相关课件资料网站 另外，可以直接演示课件	2. 远程监控
3. 下载教师准备的资料 4. 小组对教师提供的资料进行讨论，完成对圆柱的认识 5. 边学习边做记录，准备汇报 6. 提交作业（学生在网上向教师提交作业）	资料三：参考性讨论问题 1. 整体感知圆柱 （1）谈谈圆柱：你喜欢圆柱吗？请说说喜欢圆柱的理由 （2）找找圆柱：请找出生活中圆柱形的物体 2. 圆柱的表面 （1）摸摸圆柱：摸摸自己手中圆柱的表面，说说发现了什么 （2）了解特征：摸到的上、下两个面叫什么？它们的形状大、小如何？摸到的圆柱周围的曲面叫什么？ 3. 重点实践1——圆柱的高 （1）说一说什么是圆柱的高 （2）怎么测量圆柱的高（圆柱两个底面之间的距离可以怎么测量）？ （3）讨论交流：圆柱的高有什么特点？在圆柱的无数条高中，测量哪一条最为简便？ 4. 重点实践2——圆柱的侧面展开图 方法一：小组同学利用自己手中的有商标纸的圆柱形实物，分别把商标纸剪开，再打开，观察商标纸的形状 方法二：两人合作把手头的作业本卷全起来，看看是什么形状，再展开，反复观察 反馈后讨论：展开后得到的长方形或者正方形是怎样剪的？展开后得到的平行四边形是怎样剪的？ 资料四：小组探究汇报表（在下方）——作业提交表	（利用教学监控网络，随时关注学生学习状况，并帮助学生解决问题） 3. 远程协助，从网络窗口帮助学生解决一些实际网络问题 4. 协助完成任务。可以到各组亲自解决学生问题

小组探究汇报表

圆柱的认识

名称	学习方法	学习结果
整体认识		
表面		
高		
侧面		

（3）教师出示相关检查问题，学生利用监控系统和在线练习系统进行抢答。

3. 分组汇报、小结

（1）分组进行汇报。汇报时，各小组只汇报别人没有汇报过的内容。

（2）教师进行小结。针对学生还没有讲到的知识进行讲解。

4. 实践创新

向大家汇报课外搜集到的圆柱方面的应用内容。

5. 研究性小结：研究取得的两个成果

（1）圆柱的外部特征。

（2）圆柱侧面的特点。

师生共同从知识、能力和研究过程等方面进行交流、评价，可以适当拓展。

6. 探究性作业

（1）在网上交流学习心得。学生可以在小组系统网交流，也可以在教师建的 QQ 群中自由讨论。

（2）登录沧州市育红小学网站，在相关拓展研究区中进行评论、发帖。

【案例分析】

在上述案例中，学生带着问题在网上寻找资源，并且在教师的引导下，学生进行自主探究和合作交流、体会数学内部普遍存在的相互联系和相互转化的规律、感受数学的严谨性，然后学生把自己的探究结果做成电子文档，并进一步交流、讨论、扩展和总结。整个过程中信息技术为学生提供了自主学习的舞台，不仅提高了学生的学习效率，还培养了学生积极探究和合作交流的良好习惯。这是一个信息技术与数学课程融合的成功案例，为我们提供了很好的启示。

7.3.3　基于资源的主题学习模式案例

《人类基因组计划》
人教版初中生物必修二

【教学目标】

（1）知识目标：了解人类基因组计划提出的背景；理解人类基因组计划的内容；了解人类基因组计划的利与弊。

（2）能力目标：进行资料的搜集、整理，从而培养自主学习的能力；制作网页、Word 文档及 PPT 演示文稿，提高学生信息技术的应用水平并培养合作探究精神。

（3）情感目标：了解我国在人类基因组计划中所承担的任务，培养学生的民族自豪感及爱国主义精神。

【教学重难点】

（1）人类基因组计划的内容。

（2）人类基因组计划的完成对人类的意义。

【学习过程】

1. 选题

（1）课题研究动员：让学生明确"人类基因组计划"这个主题研究性活动的目的在于培养他们的创新精神与实践能力、团队意识与合作探究能力、民族自豪感及爱国主义精神。

（2）研究背景介绍：教师向同学们介绍人类基因组计划的历史背景和基础内容，指导学生浏览教师自己制作的相关网站或参考网站，如新浪科技-人类基因组、百度百科，让学生对人类基因组计划有一个大概的了解，使他们接触到前沿的相关知识。

（3）自主选题：在教师的指导下，学生根据个人爱好与特长自主选题。有学生选择"人类基因组计划的完成对人类的意义"，也有学生选择"人类基因组计划是否会对人类产生不利影响"，还有学生选择"人类基因组计划包含的内容"等。

2．主题学习的组织工作

（1）主题组的组织：在个人自主选题的基础上，个人题目内容相近的 3～6 名学生组成一个课题研究小组，小组内实行组长负责制，组长负责联络指导教师及负责各成员研究的分工。

（2）指导教师的选聘：小组根据课题的主要研究内容，选聘校内相关学科的教师作为指导教师，也可以选聘校外（尤其是高校）专家、学者担任指导教师。指导教师的作用在于从理论、研究程序与方法等方面提供指导、帮助与支持。

3．主题学习研究的实施

主题学习研究的实施是整个主题研究的重要过程，其主要包括以下 3 个步骤。

（1）在教师的指导下，学生通过网络和传统媒体来获取相关的信息。这些信息可以是教师提前整理好的网络资源，也可以是自己利用搜索引擎搜集的相关资料，还可以是教师推荐的书籍。另外，还可以通过录像、电视、广播来获取相关信息。对于学习中遇到的困难，学生可以自我研究，也可以同学间协作学习和研究，教师在旁边给出适当的引导，并引出下一步的任务。

（2）学生通过浏览、分析、交流、讨论等方法进行信息处理，信息处理的过程可以是面对面的交流，也可以是网络间的通信，如电子邮件、BBS、聊天室等。

（3）学生开始实施任务，有的编写调查表并对相关任务进行调查，有的对研究内容进行专访，有的对网上搜集的数据进行统计等。在整个学习过程中，小组成员不断地进行交流和探讨，并向指导教师寻求帮助。如果遇到极困难的问题，还可以通过电子邮件的形式向专家询问。在这个过程中，教师要对学生进行操作方法的指导，并要求学生做好比较详细的记录。

4．处理结果，网上发帖

学生通过对人类基因组计划的学习和探究，构建自己的知识体系，并将讨论的结果发布于论坛上；同时将自己的成果和体会用电子投影片或网页的形式具体呈现出来，以方便全体同学进行交流。

5．组织研讨

教师利用多种形式来组织完成对成果的研讨：组织班级内部的交流，让小组成员向全班展示电子投影片或网页，并做主题化的发言；组织所有的同学对某一主题进行讨论；通过网络组织一个远程的交流等。教师作为组织者、引导者，在讨论中应设法将问题引向深入，加深学生对知识的理解并发现错误。学生认识到研究的不足之后，再做进一步的探究，在一种螺旋上升的认识过程中有效地完成对知识的建构。

6．答辩与成果展示

答辩与成果展示由陈述、展示、提问、回答、评语 5 个部分组成。各研究小组推选1～2 名学生为陈述人，在所限定的时间内，向指导教师组或专家简要汇报开题通过后方案的实施过程、主要分工情况、取得的主要成果，以及研究过程中的主要收获。指导教师就有关问题进行提问，可以要求小组成员推选回答人，也可以直接要求某一位组员回答。答辩过程实际上是一个小型的学术讨论会，大家共同探讨该课题的价值、研究的成功之处、所存在的问题，以及后续研究所需要努力的方向等。对于优秀的研究成果，可以在学校的网站上和橱窗内展示。还可以将优秀课题小组的答辩录像剪辑在校园电视台播放，并组织一些全校性的讨论和交流，让学生在展示和交流的过程中得到满足感与成就感。

微课视频

扫描二维码，观看教学视频。

7.1 信息技术与课程融合的内涵		7.3 信息技术与课程融合的途径	
7.2 信息技术与课程融合的原因		7.4 信息技术与课程融合的学习模式	

练习与实践

一、练习

（1）谈谈你对信息技术与课程融合的认识。

（2）信息技术与课程融合的目标是什么？

（3）信息技术与课程融合的教学模式有哪些？简要描述。

（4）信息技术与课程融合对教师提出了哪些要求？

（5）简述信息技术与课程融合的教学评价流程和评价方式。

二、教学实践活动

（1）信息技术与课程融合案例的观摩与分析

① 以 5 人为一组，各组员分别设计一个课程融合方案。

② 各组进行讨论：该方案采用了哪些学习方式？按照信息技术与课程融合的要求，该方案哪些方面做得好？有何不足之处？预期的学习效果如何？有什么改进的意见？

③ 形成小组意见，提交小组意见，然后进行文档案例说明设计、案例分析、教学活动设计、案例点评及相关课件设计。

（2）教学资源库在教学实践中的应用

① 选定课题内容，选用合适的教学模式进行教学设计。

② 根据需要搜索相关的资源库，参考网站如下。

国家基础教育资源网。

中国教育资源网。

③ 对搜索到的资源进行处理。在选择时要注意根据实际情况选择易学、易用的教学资源，并注意教学效果；在设计课件时应把精力集中到每堂课的重点、难点的突破上，不要面面俱到；获得的资源不一定适合自己的教学意图，注意截取、重组与加工。

④ 完成技能训练报告（应包含教学设计、课件设计和资源的来源及处理方式）。

第8章
网络课程与在线教学

学习目标

（1）记忆：网络课程的基本概念；在线教学的基本模式。
（2）理解：传统课程与网络课程的区别；网络课程的优势及开展网络教学需要注意的问题。
（3）应用：掌握建立网络课程的基本方法，能够利用某种网络教学平台开展在线教学。

知识结构

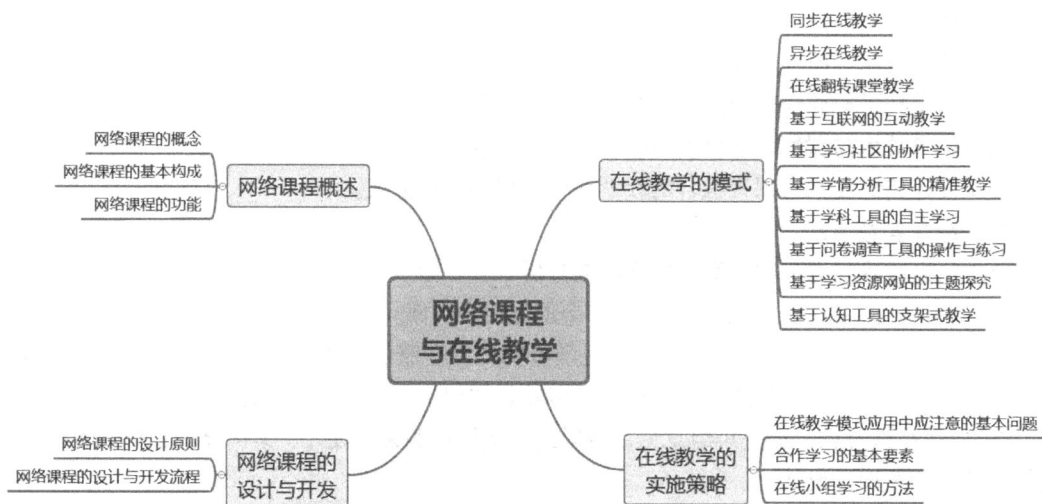

学习建议

参与在线学习，体验网络教学环境的基本功能；选取某种教学平台亲自建立一门网络课程，掌握网络课程建立的基本技能和利用网络开展在线教学的方法。

案例引导

一场突如其来的新型冠状病毒疫情彻底打乱了人们的学习、工作和生活节奏。在此特殊时期，教育部提出了"停课不停教、停课不停学"的要求，学校制定了"延迟返校，按时开课，在线教学，远程指导，灵活学习"的工作部署，将"教"与"学"从校园转移到线上，实施"云端"课堂教育。为了在特殊形势下开展线上教学，徐老师做了多方努力。首先是课前准备，徐老师根据教学安排和课程性质，选择了 UMU 互动教学平台，开课前在教学平台建立了教学班级，把电子教材、教学日历、教案、课件、课外阅读等资料上传。徐老师还观看关于线上教学经验介绍的视频和文章，并制作了推文"徐老师喊你上课啦"，让学生提前认识授课教师和所学课程性质与内容，并对学生提出本门课程的学习要求。为了便于教学，徐老师为任课班级学生建立了学习微信群、QQ 群，以便授课时面对突发情况有多种选择。其次是认真组织好教学。课前，学生通过观看线上教学资源进行预习，并将不明白的问题反馈给教师。上课时，徐老师通过学习通直播、QQ 直播等方式把每周的专题教学内容给学生做重点讲述。最后是课后教学。课后通过班级微信群向学生推送与所授专题内容相关的文章，督促学生认真完成章节测试、作业等相关学习任务，积极回答老师提出的问题。通过一段时间的线上教学实践，徐老师深有感触：线上教学是一种新的教学手段，需要观念更新和技术更新，有很多新知识和新技术需要掌握，也需要花更多的时间去准备教学资料；线上教学拓展了学生的学习空间，可以让学生将有限的碎片化时间充分利用起来，提升学习的效率，但也存在一些需要注意的问题，如对学生的课堂听课状况无法实时监控，对学生学习真实情况难以准确把握等。

8.1　网络课程概述

网络课程是信息时代的一种新型课程。相较于传统的课程，网络课程能更多地发挥网络技术和多媒体技术的优势，并将其应用于教学。

8.1.1　网络课程的概念

课程是指课堂教学、课外学习的内容和目标体系，以及教与学的各种活动的总体规划和进程。网络课程的含义有广义和狭义之分，广义的网络课程涉及各级、各类学校的全部教学科目；狭义的网络课程只涉及一门具体的学科。网络课程也称为基于 Web 的课程，教育部现代远程教育资源建设委员会在《现代远程教育资源建设技术规范（试行）》中对网络课程的定义是"网络课程是通过网络表现的某门学科的教学内容及实施的教学活动的总和。它包括两个组成部分：按一定的教学目标、教学策略组织起来的教学内容和网络教学支撑环境"。其中网络教学支撑环境特指支持网络教学的教学资源、教学平台和在网络平台上实施的教学活动。从教育教学的角度而言，网络课程是指在先进教育思想、教学理论与学习理论指导下的基于 Web 的课程，其学习过程具有交互性、共享性、开放性、协作性和自主性等基本特征。网络课程与传统的课程相比，最大的差异不是在技术方面，而是在学习情境方面，有效的网络课程比传统课程更能为学习者提供自由探索、尝试和创造的条件，从而让学习者获得学习自由，使自己的个性得到充分发展。

8.1.2　网络课程的基本构成

根据《现代远程教育资源建设技术规范（试行）》的定义，网络课程包括两个组成部分：按一定的教学目标、教学策略组织起来的教学内容和网络教学支撑环境。

1.　教学内容

教学内容是指课堂教学、课外学习及自学活动的内容纲要和目标体系。它是以知识点为基本教学单元，通过网络多媒体的综合表现手段进行传递的课程内容。其内容应当具有科学性、系统性和先进性，表达形式应符合国家的有关规范标准。课程的内容与组织应当符合课程本身的逻辑体系和学生的认知发展规律。在内容组织上，课程内容可以分为章、节、教学素材。按照全国信息技术标准化技术委员会教育技术分技术委员会制定的相关标准，把教学素材聚合成学习对象，再形成节，每一节中必须包括学习目标、教学内容、练习题、测试题、参考教学资源、课时安排、学习进度和学习方法说明等。

2. 网络教学支撑环境

网络教学支撑环境特指教学资源、教学平台和在网络教学平台上实施的教学活动。

（1）教学资源。为保证网络资源建设的质量，提高资源检索的效率与准确度，教育部教育信息化技术标准委员会颁布了《现代远程教育技术标准（DLTS）术语规范草案》，对教学资源进行了明确规定。网络课程中的教学资源包括多媒体素材、题库、课件库、案例库等。网络课程中的课件既要自成体系，又能独立使用。自成体系是指针对某学科的网络课件要涵盖所有内容领域，不能有遗漏；独立使用是指网络课件的设计，要以知识点为单位，为每一个知识点设计符合教学需要的网络课件，它可独立应用于教学，解决某一个知识点的问题。

（2）教学平台。教学平台是支持网络课程教学活动的各个环节的教学软件工具，是一个统一的教学、学习、内容整合、网上辅导及讨论、自我测验的系统平台。

（3）教学活动。在教学平台上实施的网络教学活动是网络课程的核心内容。网络课程中常见的教学活动包括：在线交流、分组讨论、布置作业、作业讲评、视频讲座、探索性活动等。这些教学活动可以提高学习者的学习兴趣，增进学习者之间、学习者和教师之间的交流。

8.1.3 网络课程的功能

1. 从学习资源的角度看，可以实现资源的有效共享与及时更新

在传统教学中，即使经常更换教材的内容也很难跟上知识的更新发展速度。而在网络课程中，教师可以及时方便地更新课程知识，保证了网络课程中知识内容的动态更新。同时，有经验丰富的一线教师将自身的教学思想、教学设计理念融入网络课程中，供学习者和同学科教师参考，实现了优质资源的共享。

2. 从学习者的角度看，可以使其实现开放学习、终身学习

随着知识更新速度的加快，传统课堂教学已经不能满足学习者学习的迫切需求，网络课程由于具有开放性且更新速度快，因此成为学习者实现开放学习、终身学习的途径。

3. 从教师的角度看，是对传统课堂教学方式的有益补充

在传统课堂教学中，教师需要耗费大量的精力去搜集相关素材，而在网络课程的教学过程中，教师通过网络既可以搜集现成的素材，也可以自主开发教学资源，从而增加了其获取课程资源的途径。同时，教师可以利用网络课程采取不同于传统课堂的多样化教学方式进行学习活动的组织。

4. 从教育信息化的角度看，是实现教育信息化的有效途径

教育信息化的过程是教师、学习者、教学内容等各个要素信息化的过程。教师在设计和利用网络课程组织教学的过程中，信息技能得到了提升；学习者在网络课程的学习过程中，信息素养得到了加强。

8.2 网络课程的设计与开发

8.2.1 网络课程的设计原则

网络课程的设计应从网络课程内容的价值性、学生主体的参与性、网络课程的交互控制性和网络课程的教育实践性 4 个基本维度考虑。

1. 网络课程内容的价值性

网络课程内容既要遵循一般教学内容的规律性，又要体现由于网络环境带来的教学内容选择、教学内容组织及教学内容表现形式的变化。网络课程内容的价值性就在于为知识传授与学习者有效学习的实现提供了良好载体，它的价值因教学内容与网络环境的结合而得到体现。

（1）在教学内容选择上，遵循基础与启发拓展相结合。教学内容既是教师向学生传授知识的载体，更是学生主动建构知识、发展认知的对象。信息时代所需要的是创新型人才，而创新型人才的培养是建立在其作为社会普通一员的基础上的。因此，教学内容既要体现其基础性又要有利于培养学生的创造能力。

（2）在教学内容组织上，遵循渐进与自主选择相结合。知识本身具有严密的系统性，学生认知的过程是一个由简单到复杂再逐步深化的过程。系统知识的掌握、良好逻辑思维的形成都是建立在对知识循序渐进的掌握之上。网络课程面向的对象是多元的，每个人的认知结构具有差异性，在认知的过程中都具有联想性。因此，自主选择教学内容显得必不可少。

（3）在教学内容表现形式上，采用多种媒体形式有机结合。富有意义的多媒体环境和生活化的表现方法能使学习者对这种学习媒介和学习方式产生积极的态度与认同，由此产生对后续学习的积极影响。以超文本、超媒体、非线性方式组织多媒体教学内容，可以在很大程度上防止学生迷失方向并能提供及时的教学支持。根据教学内容的特点选择教学媒体，符合学生的认知规律，用视频、音频、图形、文本等多媒体元素来表现知识单元可以减小学生的认知负担。

2. 学生主体的参与性

（1）创设情境激发学生的学习动机。建构主义认为，知识不是通过教师传授得到的，而是学生在一定的情境（即社会文化背景）下，借助其他人（包括教师和学习伙伴）的帮助，利用必要的学习资源，通过意义建构的方式而获得的。在网络课程设计中，要考虑有利于学生建构意义的情境创设问题。

（2）自主学习与合作学习相结合。在网络教学中，学生通过自主选择学习内容、参与讨论、自我测评、模拟实验，在主动获取知识的同时，培养了发现问题、分析问题、解决问题的能力。良好的导航设计可以为学生的自主学习提供支持，网络的强大交互功能为学生的合作学习提供了可能。网络课程的优势就在于能为两种学习策略的实现提供可能。

（3）从学生的角度考虑内容的安排与组织。选择教学内容不应依据媒体的形式，而应当从学生的角度展开，以学生作为内容选择的依据是体现学生作为学习主体的重要表现。内容的媒体表现形式也应当以最大程度上吸引学生的注意力、激发学习驱动力为目的。

3. 网络课程的交互控制性

（1）实时交互与非实时交互相结合。实时交互可以为学生提供即时解答。在交互过程中，教师与相关专家对某个问题即时进行解答，学生之间对某个问题即时进行讨论，能使学生即时交流思想、引发共鸣，但容易破坏教学的连续性、偏离教学的主题，思考也不易深入。非实时交互则能弥补这种缺陷，学生会比较深入地思考，并提出核心的问题，教师与相关专家也会有充足的时间对问题进行思考并给出最合适的答复。不同类型的教学内容所需交互类型不同，实时交互有利于诸如动作技能类学习内容的掌握，而认知类的教学内容则应以非实时交互为主。因此，根据教学内容的不同，网络课程应充分利用网络环境提供的实时与非实时交互，使两者有机结合起来，既可以通过聊天室、QQ、微信等实时通信工具进行交流，也可以通过 E-mail 等非实时通信工具进行交流。

（2）主动控制与被动控制结合。在学习者交互的过程中主要包括了两种控制，即主动控制与被动控制，而控制的对象则主要是学习资源与学习者。被动控制包括程序控制与权限控制。利用设计者预置的程序控制，可以限制学习者的某些行为，如有些课程评价测试中的测试时间设置、测试方式设置等，学习者不能随意更改。利用权限控制，可以设定学习者在网络课程中所具有的权限，以保证其以不同身份进入课程时所具有的权限。被动控制的目的是保证学习者在学习过程中实现对资源的有效利用与对自我的有效管理，达到教学目的，最终还是为了让学习者在网络课堂中不迷失方向，有效利用资源，实现自己的主动控制。

4. 网络课程的教育实践性

知识是从直接经验中总结与升华出来的，而我们所获取的大部分知识是间接经验。从直接经验与间接经验的辩证关系来看，间接经验来源于直接经验，并能在直接经验中得到验证。建构主义所倡导的学习，是在与环境交互的过程中实现了意义的建构，也体现出实践对教学的重要性。

网络课程设计的实践性应包括教学内容呈现的实践性与解决问题的实践性。在网络课程的设计中，以问题情境的创设作为开始，教学内容在相关情境中的展现作为过程，以间接经验解决实际问题作为结束。让学生感到学习的乐趣，使知识融于生活中、用于生活中，让学生感到学有所用。学生对知识的掌握变被动为主动，真正实现自主建构。

8.2.2 网络课程的设计与开发流程

建构主义认为，教学不能无视学生已有的知识经验，简单地从外部对学生实施知识的灌输，而应把学生原有的知识经验作为新知识的生长点，引导学生从原有的知识经验中建构新的认知结构。教学活动既应重视学生个体的自我发展，又重视教师外部引导的重要作用。它提倡在教师指导下以学生为中心，既强调学生认知的主体作用，又不忽视教师的主导作用。教师是学习意义建构的帮助者、促进者、指导者，不是单纯的知识灌输者。

因此，在网络课程设计中，既强调教师的"教"，又强调学生的"学"；既发挥教师在教学过程中的主导作用，又充分体现学生在学习过程中的主体地位，把教师和学生两方面的主动性、积极性都调动起来。网络课程的设计要遵循"教师主导，学生主体"的原则，并以此来优化教学过程和教学效果。网络课程的设计与开发流程如图8-1所示。

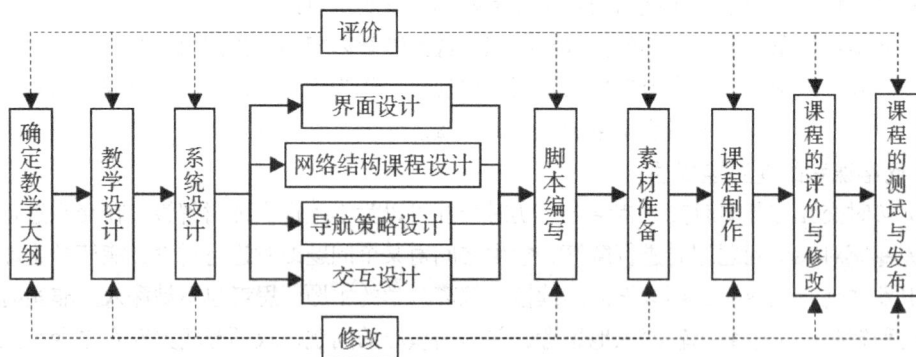

图 8-1　网络课程的设计与开发流程

1. 确定教学大纲

教学大纲以纲要形式规定学科内容、体系和范围。它规定了课程的教学目标和课程的实质性内容，是编写教科书的依据，也是衡量教学质量的标准，对教学工作具有直接的指导意义。教学大纲一般由说明、正文、实施要求几部分构成。

2. 教学设计

（1）前期分析

首先，进行前期调研。利用网上搜索等方式，检索目前是否已经有相同或类似的课程，如果有，这些课程有哪些优点和缺点值得借鉴和引起警戒？是否容易得到制作课程所需要的素材？

其次，进行学习者分析。分析所要开发的课程要针对的学习者具有什么样的学习风格？学习者对网络的熟悉程度如何？他们是否具有学习课程的基础知识？他们最期望得到什么样的知识或技能？

最后，进行使用分析。大部分学习者的网络硬件环境如何？软件环境是什么？在设计网络课程时，应该充分考虑学习者的网络软硬件环境，并加以说明，以确保网络课程能够流畅地运行。

（2）教学目标分析

根据教学大纲，按照加涅的学习目标分类模型（语言信息、智力技能、认知策略、动作技能、态度），要明确界定每一章、每一节、每一个知识点要达到的学习目标。我们之所以选择加涅的学习目标分类结果作为依据，是因为加涅的学习结果分类吸收了现代认知心理学的成果，在对学习结果进行划分时，不仅考虑了结果的可测量性，同时也阐明了每类学习结果的学习过程、条件及其相互间的层次关系。因此，其除了能对学习结果进行测量和评价之外，还有助于指导实际教学。

（3）确定教学内容

选择教学内容是课程开发的起点。确定教学内容时要充分依据对学习者的分析，同时，网络课程要以网络作为载体，因此，选择的教学内容要以多媒体计算机和网络表现特点为依据，选择那些能够发挥网络优势的内容，应用面广的内容，以及能够解决教学重点、难点的内容。

3. 系统设计

网络课程的系统设计主要包括界面设计、网络课程结构设计、导航策略设计和交互设计等。

（1）界面设计

网络课程主要以网页的形式表现教学内容。页面设计包括：菜单设计、图标设计、按钮设计、窗口设计、热键设计、反应区设计等。页面的设计要美观大方、色彩搭配要和谐、画面内容布局要合理。热键反应区的使用要符合教学的需要，同时还要考虑学习对象的年龄特征。例如，屏幕对象的颜色主色调应清爽，视觉焦点对象应突出刺激强度。在整体设计上则要使刺激的强弱恰当，这是因为短时记忆效果与刺激强度呈对数关系，长时间的强刺激会提高感觉器官的阈值，甚至伤害听觉、视觉器官，使人容易感到疲劳。

界面设计应当遵循以下原则：屏幕显示要使学生达到较大的注意范围；按统一的风格设计所有的页面，方便学生搜寻、阅读和查找提示及帮助信息等；使用统一的系统功能图标，方便学生记忆，也可以提高操作效率；标题醒目、内容层次分明，使学生能够对所提供的信息留下深刻印象；界面设计要注重感知效果，屏幕上显示的内容要符合记忆策略。

（2）网络课程结构设计

网络课程属于空间状结构型教材。在进行系统结构设计时，设计好各页面之间的相互关系，即整个教学软件的网络课程结构图，是网络课程系统设计的重要一环。网络课程的文件结构可根据章节、通用网页、组件和媒体类型等适当地建立相应的子目录，单个子目录中文件数量不宜太多，以方便维护。

建立目录索引表，以表格的方式列出教学单元、教学活动、学习时数、学习进度和学习方法等内容，指明学生所处的知识层次和位置，并让学生了解网络课程的信息结构，以方便地到达所需要的学习页面。

（3）导航策略设计

网络课程的信息量大，所包含的各种多媒体教学信息若按超文本方式组成复杂的知识结构，学习者在学习过程中容易迷失方向。因此，在进行网络课程设计时，需要考虑向学习者提供引导措施。在网络课程中进行路径导航的方法一般有：检索导航、帮助导航、线索导航、浏览导航、书签导航等。合理使用各种导航方法，可以使学习者在进行学习的过程中减少时间的浪费。

鉴于网络课程信息量巨大，内部信息之间的关系可能异常复杂。这就要求导航设计要清晰、明确、简单，符合学生认知心理，提高学生学习的有效性；否则，学生容易迷失方向。网络课程可以提供的导航策略与方法如下。

网页组织导航：网站的网页组织要反映课程的目录层次结构和网状结构。网页间的联系要便于学习者对知识结构的掌握。在网页中应有课程起始页、前一页、后一页、尾页等相关内容的超链接，应提供由关键词（基本概念）和目录树查找相关网页的快速跳转功能。对于描绘教学内容的重要媒体，也要提供查询和直接显示功能。

直接导航：对一些重要的导航点，如当前学习单元、当前学习目标及学习单元的结束、前进、后退等，应在主界面的导航中心提供直接的导航。只需单击超链接，便可直接进入对应的界面，查看显示的相应内容。

浏览历史记录导航：记录学习者在超媒体知识空间所经过的历史路径。利用浏览过的历史路径，学习者可随时快速跳转到以前浏览过的页面。

线索导航：记录学习者的浏览路径。利用该导航可让学习者沿着路径返回，也可预先设计好浏览的路径，减少学习者的探路时间。

检索表单导航：让学习者检索 Web 的信息，帮助学习者迅速寻找所需要的学习内容。

（4）交互设计

及时的交互可以增加学生的参与度，从而提高学习效果。研究发现：重要的学习变量与课堂交互相关。对于网络课程来说，最好的教学形式是交互。

与传统教学相比，教师不见了，书本变成了计算机，同学隐藏了起来，这就是网络课程的特点，正是这一特点决定了网络课程必须具有良好的交互性。传统课堂教学中，教师不仅向学生传授知识，还对学生的世界观、性格的形成都有潜移默化的影响。但是在网络教学中，教师和学生之间缺乏面对面交流的机会，所以网络课程中的交互设计就显得尤为重要。

根据交互对象的不同，网络课程中的交互主要包括人际交互方式和人机交互方式。人际交互方式又可分为实时交互和非实时交互。实时交互包括语音及视频交互、基于文本的交互、共享白板、同步浏览等；非实时交互包括 E-mail、BBS 等。人机交互的形式主要有页面显示的交互、菜单交互、内容呈现方式交互、信息反馈、搜索界面的交互等。

建构主义学习理论认为，学习是学生主动、积极的认知过程，通过学生与外部环境之间的交互活动而展开。将网络作为一种辅助学生积极学习、主动建构知识的认知工具，才能发挥网络的作用，提高学习效率。

网络具有的虚拟性可以帮助学生实现虚拟的交互，促进交流，但不容忽视网上虚拟环境会加重学生的孤独感。网络交互会与现实生活有一定的脱节，虚拟的交互毕竟与真实的情感交流不同，真实的情感交流恰恰是网络课程难以实现的，人与人之间的实际交流应当作为网络虚拟交流的补充，以促进学习者情感的健康发展。

因此，在交互设计中需要将实时交互与非实时交互、人机交互与人人交互有机结合起来，最大限度地发挥交互的作用。

4. 脚本编写

脚本相当于电影拍摄的剧本，它记录了课程制作的思路、内容、教学过程等信息，可以方便课程制作人员了解课程制作的思路，以制作出合适的教学课程。脚本能使不太熟悉计算机多媒体的教师，在制作人员的配合下制作出精美的多媒体课程。脚本的编写一定要目标明确，让制作人员明确教师的教学思路和教学内容，无须太多的帮助就能根据脚本制作出合适的课程。

网络课程的脚本包括文字脚本和制作脚本两个部分。文字脚本是按照教学过程的先后顺序，描述每一环节的教学内容及其呈现方式的一种形式。制作脚本是以文字脚本为基础，对系统结构设计结果的描述。它的主要作用是告诉课程制作人员具体的制作要求，以使制作人员明确如何去制作网络课程。制作脚本一般通过填写制作脚本卡片来完成。在制作脚本中需要明确规定课程需要的文字、图形、动画、声音、视频、测试题等内容，并需要明确它们之间的关系和出现的顺序等内容。

制作脚本的要求主要有以下几点。

（1）明确教学目的和各教学单元的教学目标。

（2）根据教学目标，选取的教学内容应准确无误。

（3）根据教学目标和教学内容，选择适当的教学方法（CAI 模式）和传递教学信息的媒体。

（4）学习理论和应用。无论采用什么样的模式或策略，都必须注意学习理论的应用，以提高软件的教学效果。

（5）考虑计算机输出和显示的能力。

（6）使用的格式应该规范。脚本可以使用不同的格式，但必须规范，并且便于对脚本各项内容的表达，这些内容包括：显示信息、注释信息、逻辑编号、媒体、交互信息和"热字"的表示等。

5. 素材准备

网络课程中的素材一般包括文本、图像、动画、音频和视频等。文本一般用于传递教学信息，抽象的层次较高，需要学习者具有较强的阅读能力。图像、动画、音频和视频则可以使教学信息更形象。声音和视频素材可通过录音和摄像得到。

6. 课程制作

在素材采集与制作完成后，将数据入库，利用网页制作与开发工具进行网页制作、程序设计与调试等。完成制作后，还要编写相应的文字材料，例如软件的使用环境、使用方法及其他配套使用的文字材料等。

7. 课程的评价与修改

国内比较成熟的网络课程评价标准是教育部教育信息化技术标准委员会发布的《网络课程评价规范》，它主要从课程内容、教学设计、界面设计与技术 4 个维度提出了评价规范。有的学者则从教学指标、软件指标及媒体指标 3 个维度提出了网络课程的评价标准。总之，网络课程的评价既应注重其教育教学性、科学性与艺术性，也要从技术性的角度评价其软件指标。

8. 课程的测试与发布

制作完一个网络课程，还必须在实际的教学中使用，以测试、评价其教学效果，组织修改，直至该课程获得满意的教学效果为止。作为一个网络课程，与普通的多媒体课程评价一样，也包括形成性评价和总结性评价。形成性评价是指整个课程开发过程中，根据需要随时运用有效的测评手段和其他反馈手段来调整、修改和完善网络课程；总结性评价是在整个网络课程开发完成后（或网上发布后），根据使用的结果、实际运行中的反馈信息和出现的问题进行修改，使之趋于完善。与普通多媒体课程不同的是，网络课程由网页构成，因此在评价的过程中，需要对全部网页做全面的检测，如检测网页内容的科学性、版面编排的合理性、超链接的正确性，以及对网页内容的增减等；在测试完成后可以对网络课程进行发布。

发布是指将相对完善的网络课程上传到服务器，向学习者开放，实现课程的网络共享。在连入 FTP 服务器之后，制作者就可以将整个课程或部分内容上传到服务器进行发布。上传课程就是把已经编辑好的课程从本地站复制到远程站上的过程。

8.3 在线教学的模式

随着互联网技术的发展，基于网络的远程教育呈现欣欣向荣的景象。互联网虚拟教室可以实现远程视频授课和电子文档共享，教师与学生在网络上形成一种授课与学习的互动。移动通信技术的发展让人们不但可以通过计算机，而且只用一部手机便可快速与网络连接，就能更方便地直接通过手机等掌上工具在线学习，而无线网络使得人们的日常互动变得更加有效。

随着知识经济的到来，人们的学习模式受到了前所未有的冲击，各种新的学习模式层出不穷。网络化学习（又称在线学习）是指通过在网上建立教育平台，学习者应用网络进行在线学习的一种全新方式。这种在线学习方式是由多媒体网络学习资源、网上学习社区及网络技术平台构成的全新学习环境。

相对于其他教学模式而言，在线教学具有无可比拟的优势：在线教学更容易实现一对一的学与教之间的交流；在线教学充分尊重学生的个性、能激发学生学习的动机；在线教学不受时间、地点、空间的限制。

当然，在线教学也有其局限性：缺乏面对面的交流，可能不便于情感交流；实践功能薄弱，要真正获得和掌握知识、技术，仅仅通过在线教学还不够，必须亲自参与练习，在现实环境中运用。

8.3.1 同步在线教学

1. 同步在线教学的概念

利用直播工具（实时通信媒体）构建虚拟教室，可实施一对一、一对多的同步在线教学。直播系统和视频会议平台能够满足此类需求，它们均集成了群体授课所需要的多人视/音频交流、演示文稿展示、文字研讨三大功能，并且能够在计算机、手机、平板电脑等多平台显示。目前，常用的直播类教学工具有钉钉、腾讯会议、CCtalk、中国移动和教育等。

同步在线教学的模式如图 8-2 所示。

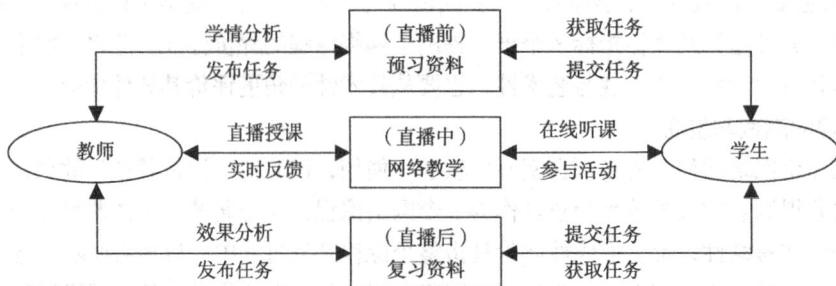

图 8-2 同步在线教学的模式

2. 同步在线教学平台

（1）腾讯会议

腾讯会议平台具有以下优势。

在线协作：支持在线文档协作和屏幕共享，方便远程演示和讲解。

易于管理：支持主持人管理会议的功能，让主讲教师能更好地把控课堂。

支持微信小程序和企业微信整合使用，能够更好地利用已有群组功能。

（2）钉钉直播系统

钉钉直播系统可以实现以下功能。

实时互动：稳定支持百万人次在线学习和互动，智能文档支持在线提交和批改。

数据统计：可视化统计学生观看直播的情况。

（3）其他直播教学平台

其他直播教学平台的比较如表 8-1 所示。

表 8-1　　　　　　　　　　　　其他直播教学平台的比较

平台 比较项	QQ	CCTalk	Skype	Zoom	中国移动和教育
群直播	√	√	×	√	√
群会议	√	√	√	√	√
在线文档	√	√	√	×	×
教学功能	√	√	√	√	√
数据统计	×	√	×	×	√

3. 常见问题及对策

（1）教师语音提问，没有学生在线响应

可以使用在线点名功能，指定学生作答；或者在预习阶段布置一些思考题，让学生提前预习并思考；又或者举几个示例启发学生作答。在线课堂中，学生更倾向于文本类型的互动，教师可以提前适当准备这种在线交流形式。

（2）教师提问以后，如何防止学生在讨论区复制前面学生的答案作答的现象发生

使用在线投票、随堂测试功能，可以实时查看学生对知识的掌握情况。另外在讨论区作答的问题可以以主观题为主，减少客观题，避免学生复制答案。

（3）同时使用多种软件，结果效率太低

可以使用功能集合性强的平台，如果条件不允许，可以将不同类型的任务分时间段进行，缓解在线教学的紧张感。

8.3.2　异步在线教学

1. 异步在线教学的概念

异步在线教学是指教师和学生不仅在空间上分离，在时间上也是分离的，即教师教的活动和学生学的活动不在同一时间进行。

异步在线教学能够适应学生灵活的时间投入，允许学生灵活支配时间，根据个人学习特点自我调节学习步调、自我控制学习进度，实现任何人、任何时间、任何地点、任何内容的学习。

2. 异步在线教学的实施步骤

（1）录制教学视频。依据教学设计录制教学视频，上传至网络学习空间。

（2）安排校内学生选课。组织学生登录在线学习平台进行选课。

（3）实行单纯在线学习和线上/线下翻转课堂学习两种类型。可以组织学生实施在线学习，也可以实施翻转课堂教学。学生课前在线自主学习，课中实施讨论交流答疑。

（4）有专门教师组织线上/线下学习活动。教师组织学生线上/线下学习，并参与在线学习活动，如小组协作活动等。

（5）学生完成学习任务和测评后可获得学分。学生参与单元测试、期末考试、完成作业和其他学习任务，达到学业成绩要求，获得学分。

3. 异步在线教学平台

MOOC 类教学平台是目前开展异步教学的主要工具，其具有比较完整的课程结构（包括课程目标、主讲人、教学计划、时间安排、资源、答疑、讨论、作业等），是理想的异步教学课程模式。

（1）爱课程网

爱课程网集中了在线开放课程、视频公开课、资源共享课等多种形式的教学视频资源。爱课程网提供优质教育资源共享和个性化教学资源服务，具有资源浏览、搜索、重组、评价、课程包的导入与导出、发布、互动参与和"教""学"兼备等功能。

（2）中国大学 MOOC

其课程涉及计算机、心理学、经济管理、外语、艺术、生命科学、法学、教育学等多种学科，为教师开展教学活动提供了丰富的资源。平台支持微课播放、在线测试、期末考试、讨论交流等教学活动。

（3）录播课平台

一些直播课平台可以支持录播课教学，用于异步在线教学，例如沪江网校、网易云课堂、腾讯课堂、口袋课堂、猿辅导等。

（4）其他异步在线教学平台

其他异步在线教学平台的比较如表 8-2 所示。

表 8-2　　　　　　　　　　　其他异步在线教学平台的比较

平台	Coursera	学堂在线	edX
学科类型	比较全面	比较全面	比较全面
课程模式	教科书、视频讲座、测试题、习题、作业、讨论区。学生在规定的时间段学习	课程介绍、教学大纲、视频讲座、习题、作业、讨论区。有固定的开课时间和结束时间	教科书、视频讲座、测试题、习题、作业、讨论区。学生在规定的时间段学习
讨论区	有知识点讨论区和课程讨论区	设置了教师参与讨论区、单元讨论区	论坛交流
评价	可设计评价方案、测试和期末考试，有互评机制	可设计评价方案、单元测试和期末考试	可设计评价方案、测试和期末考试，有互评机制

8.3.3　在线翻转课堂教学

1. 在线翻转课堂教学的概念

在线翻转课堂教学模式中，学生可以在课前线上自主学习课程内容，在线上直播课堂中进行应用练习和参与讨论。在线翻转课堂要求学生在课前通过线上观看微课、网上查阅资料、完成在线检测等方式自学课程内容。在线上直播课堂中，老师主要解答学生问题、讲清相关概念、启发在线讨论和引导学生开展在线交流等，并利用线上应用练习或者检测来进一步强调、巩固、加深或延伸相关知识。

2. 基于智慧学伴的在线翻转课堂教学

基于智慧学伴的在线翻转课堂教学分为课前、课中、课后 3 个环节，如图 8-3 所示。

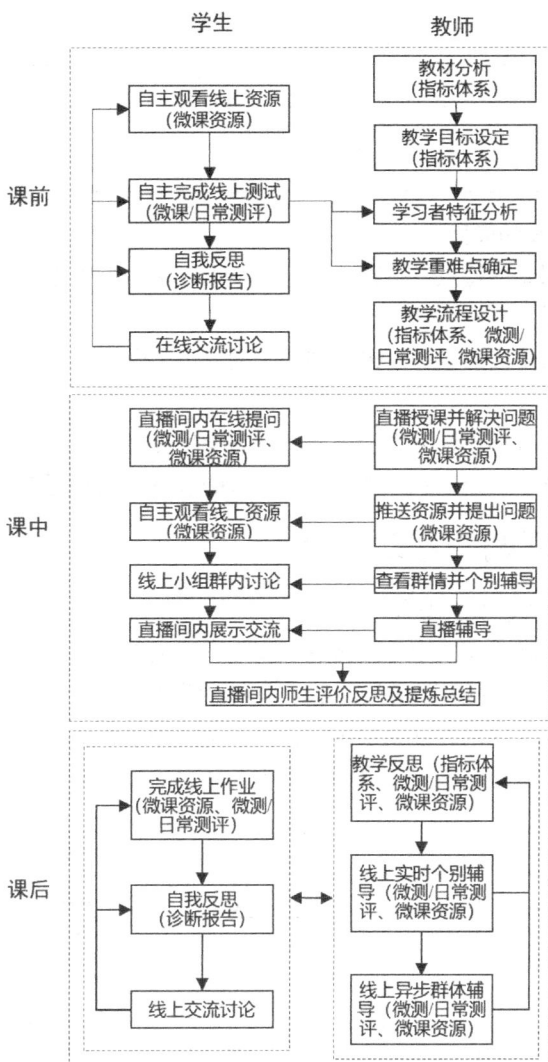

图 8-3　基于智慧学伴的在线翻转课堂教学

3. 在线翻转课堂教学平台

（1）腾讯课堂

腾讯课堂具有播放音/视频、PPT 分享、教师摄像头直播、分享屏幕、涂鸦画笔、举手语音连线、签到、答题卡等功能。学生进入课堂便捷，可利用微信、QQ 或者网页等方式进入课堂，可在手机、计算机、平板电脑端进行直播课学习。

（2）其他在线翻转课堂平台

其他在线翻转课堂平台的比较如表 8-3 所示。

表 8-3　　　　　　　　　　　　　　其他在线翻转课堂平台的比较

平台 比较项	PPT	天天微课	学习元平台	可汗学院	101PPT	1Know
录课	√	√	×	×	√	×
视频课	×	×	√	√	×	√
学习导航	×	×	√	√	×	×
练习检测	×	×	√	√	√	√
提交作品	×	×	√	×	√	√
互动交流	×	×	√	√	√	√
评价反馈	×	×	√	√	√	√

4．实施过程中应注意的问题

（1）需要针对翻转课堂的特点进行精心设计，突出以学生为中心，强调小组合作，给予充分时间讨论，鼓励挑战权威，鼓励创新。

（2）在课前自主学习阶段，教师可采取同伴互助、小组合作、游戏化等形式加强学生自主学习，提高课前学习的效率。

（3）教师要精心设计教学设计方案和微课，并为学生提供丰富多样的学习资源和学习支持。

（4）尽量组合使用学情分析工具，了解学生学习的状态，做到更有针对性的引导。

8.3.4　基于互联网的互动教学

1．基于互联网的互动教学的概念

在基于互联网的互动教学模式中，能够建立教师、学生与学习内容之间的多元化联系，实现教师-学生-内容的多重交互。利用互动类教学工具进行课堂教学信息反馈，能够使所有学生广泛地参与教学活动。在基于互联网的互动学习中，支持学生探索和发现、小组协作、游戏化学习、教师和学生开展质性评估，提供练习和反馈。基于互联网的互动教学如图 8-4 所示。

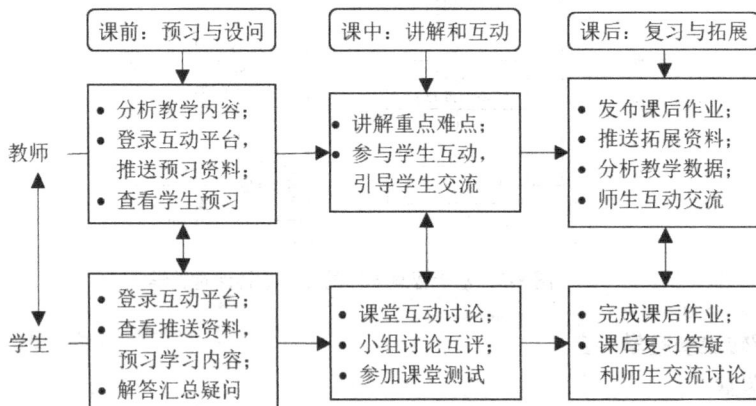

图 8-4　基于互联网的互动教学

2．互动教学平台

（1）Classin 在线教室

Classin 在线教室支持视频授课、学习答疑、试题练习多样化的学习服务，以互动教学理念实

现多方语音、视频互动式教学。Classin 在线教室具有以下功能。

多人同步音/视频：支持最多 16 人同步面对面授课和学习，视频窗口支持拖动、任意比例放大及缩小，适合分组学习、答辩或演讲等教学场景。

互动电子白板：具备预编辑、多页滚动且无限使用功能的互动式电子白板，支持授权多人同时操作使用。

多元化教学工具：拥有十几种在线小工具，包括互动式小黑板、答题器、抢答器、计时器、骰子等，同时支持自行开发新工具，方便教师掌握不同类型的课堂。

多种类教学课件：Classin 支持多种互动式教学课件，如带动画特效的 PowerPoint、视频、音频、Word 和 PDF 等，同时允许多个课件组合式教学，能满足很多的教学场景需要。

竞争课堂氛围：拥有举手、抢答、上下台和禁言等课堂控制功能，支持实时查看课堂学习统计数据，便于教师营造竞争课堂氛围。

IM+学习报告：拥有即时通信和学习报告系统，方便教师和学生在课余时间进行交流，以及教师进行教学质量跟踪，整体打造学习生态系统。

（2）雨课堂

雨课堂由学堂在线与清华大学在线教育办公室共同研发，旨在连接师生的智能终端，将课前-课上-课后的每一个环节都赋予全新的体验，最大限度地释放教与学的能量，推动教学改革。

雨课堂将复杂的信息技术手段融入 PowerPoint 和微信，在课外预习与课堂教学间建立沟通"桥梁"，让课堂互动永不下线。使用雨课堂，教师可以将带有 MOOC 视频、习题、语音的课前预习课件推送到学生手机，实现师生及时沟通；课堂上实时答题、弹幕互动，为传统课堂教学师生互动提供了完美解决方案。雨课堂科学地覆盖了课前、课上、课后的每一个教学环节，为师生提供了完整立体的数据支持、个性化报表、自动任务提醒，让教与学更明了。

雨课堂具有以下特点。

① 灵活的课前学习。丰富的教学资源可以轻松插入幻灯片，能随时随地被推送到学生的微信中。

② 快捷的课上测验。一键发送融入 PowerPoint 的习题，可限时、可续时，随时讲、随时测。

③ 创新的师生互动。支持弹幕、投稿、课堂红包、随机点名，大班教学也能做到人人发言。

④ 完善的作业题型。如主客观题、投票题，并支持附件作答、拍照上传、语音回复，以满足对不同作业服务的需求。

⑤ 全景的数据驱动。提供全周期的教学数据分析，课前、课上、课后的每一步都看得见。

（3）其他互动教学平台或软件

其他互动教学平台或软件及其特色如表 8-4 所示。

表 8-4　　　　　　　　　　　　其他互动教学平台或软件及其特色

平台或软件	特色
101PPT	丰富的学科资源与教材配套，且有情景化、3D/VR 资源；各种学科交互组件支持随机点名、随机组队、接龙活动、团队竞赛等多样化的互动方式，能够很好地活跃课堂气氛
PPTclass	支持实时音视频直播、PowerPoint 讲解与答题互动、在线作业，简单易用
睿知云交互式教学工具	Html 5 制作的各种交互式教学组件，可嵌入各种内容中，可通过屏幕分享展示各种趣味交互，小学数学组件丰富、实用
UMU	支持用手机组织投票与讨论、用大屏幕展示互动结果，让互联网活跃传统课堂，让每个人得以融入、分享、收获，还支持富有效率的现场提问和讨论、平行发言、彼此点赞等

3. 实施过程中的注意事项

（1）使用互动式教学平台时，教师需要根据"课前-课上-课后"3个不同的阶段进行调整和配置教学内容，引导学生对所学知识进行有意义的建构，产生自己的理解和思维，促进学生自主学习。

（2）教师需要准备在线微视频、图文等网络资源，使学生能够利用现代教育技术和手段主动学习，在教师的干预、引导下自主建构自身的知识体系，系统而有效地获取知识。

（3）教师需要精心设计课上教学环节，从课前预习要点与提出问题到课上随堂小测验的考查重点和课后拓展领域都要有周密的计划和安排，要将"课前预习-课上精讲-课后拓展"有机地整合为一体，强调学生在学习过程中对知识的理解和运用。

8.3.5　基于学习社区的协作学习

1. 基于学习社区的协作学习的概念

虚拟学习社区是一种重要的网络教学形式，由教师、社会互动和技术3个主要维度组成。学习社区不追求交互的实时性，但求通过多种学习资源和异步交互支持学生的认知提升。

基于学习社区的协作学习如图8-5所示。

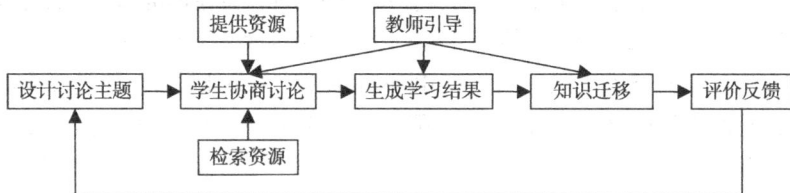

图 8-5　基于学习社区的协作学习

2. 基于学习社区协作学习模式的平台

（1）学习元平台

学习元包含班级社区、主题社区和课程社区。班级社区主要实现了实体班级管理的网络化；主题社区实现了关于某一主题的兴趣社团的管理功能；课程社区主要为开课的课程而设计，采用一对一关系，方便了课程与社区的灵活组合。

学习元社区提供学习元与资源、学习元与人、学习元与行为等形式的关系关联，为向学习者推荐资源等提供了基础。

（2）知乎平台

知乎平台是基于用户生成内容建立的网络问答社区，为公众提供了提问和回答的公共知识分享平台。在知乎社区中以专栏形式建设课程，充分体现了异步教学的特征。课程建设者可以发布文字、图片、视频等形式的教学内容。用户可以浏览、留言、发私信、评论等与课程教师和其他学习者交流。

（3）Knowledge Forum平台

Knowledge Forum是为了帮助和支持知识建构共同体而开发的一种合作知识创造平台。它为学生和教师提供独特的网上分享观点与数据、组织课程材料、分析研究结果、讨论文档及引用参考文献的合作空间。经过多年的研究和实践，该系统可以很好地促进学生对知识的深入理解。目前该平台在全球近20个国家的各级教育系统均有使用。

（4）其他学习平台

其他学习平台如表8-5所示。

表 8-5　　　　　　　　　　　　　　　　其他学习平台

平台	微博	Edmodo	TIM
内容形式	视频、文本、图片等	视频、文字、链接格式的各种信息	视频、文本、图片等
交互	留言、评论、私信等形式的异步交互	发帖讨论、留言、实时交互	实时交互
学习小组	微博群可以支持小组合作	支持小组合作	支持小组协作
交互对象	一对一、一对多交互	一对一、一对多交互	一对一、一对多实时交互
在线文档	不支持文件传输	在线文档传输，课件、教案分享	在线文档协同编辑和传输，多媒体资源传输

8.3.6　基于学情分析工具的精准教学

1. 基于学情分析工具的精准教学的概念

学情分析是教学活动的基本环节，也是教学研究的基本内容。通过教学前的学情分析，教师可以全面了解学生，为教学内容的取舍、教学方法的选择和教学起点的确定等指明基本方向。教学过程中的学情分析可以为教师调整和改进当下的教学活动，促进教学有效实施提供重要依据。通过教学后的学情分析，教师可以知晓教学目标达成情况，促进教后反思，并为后继教学的预设与调整提供重要信息等。

基于学情分析工具的精准教学如图 8-6 所示。

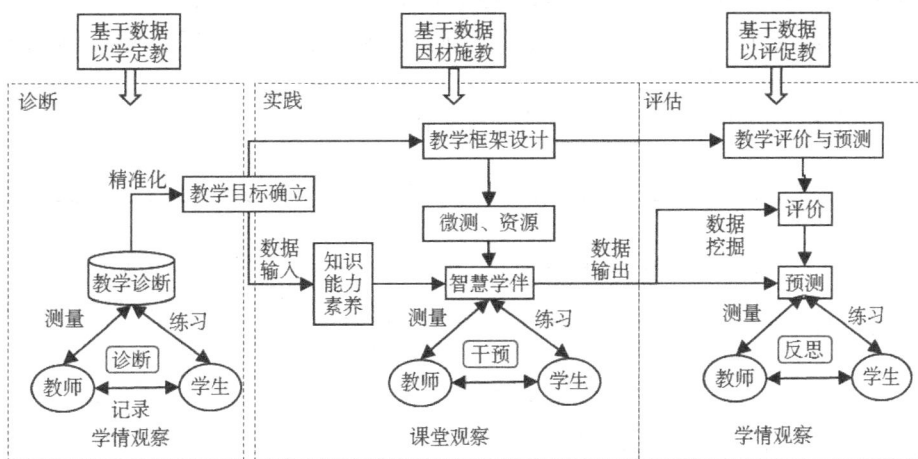

图 8-6　基于学情分析工具的精准教学

2. 学情分析的基本意义和主要功能

（1）为教学预设提供基本依据与重要指导。

（2）为课堂教学活动的调整与生成提供重要反馈。

（3）为教学实施提供重要依据。

（4）为教学理论与学习理论的生成提供丰富素材与有益启发。

3. 学情分析的主要内容

（1）学生的知识储备。

（2）学生的能力素养。

（3）学生的情感态度和价值观。

（4）班级整体个性。

4. 学情分析工具

（1）"智慧学伴"

"智慧学伴"可实现全学习过程数据的采集、知识与能力结构的建模、学习问题的诊断与分析、学科优势的发现与增强，最终形成学情分析报告。学情分析报告的内容包括知识地图、非智力因素、核心素养、学科能力等方面。

学情分析报告的用途如下。

① 多维度学科能力分析，为学生提供自主学习的支架。

② 精确了解核心知识的学科能力水平，支持个性化自主学习。

③ 教师可精细管理每名学生的学习进度。这是因为该报告能够可视化地展示不同层级学生对知识点的学习情况，跟踪学生的学习进度，定位对不同知识点的掌握情况。

④ 根据不同学生学科能力的发展情况提供个性化资源。所有的资源都是根据学生对核心概念的掌握程度推荐的，并按学科优势发现的规律向学生推荐更高层级的资源。

⑤ 班级数据的分析、反馈。如整体概况分析、人群分析、试题分析、核心概念和知识点分析、能力素养构建等。

⑥ 班级整体学习情况分析。学生学科学习的数据经过汇聚后形成班级教学地图，教师可以直观了解班级整体的薄弱点，从而设计每个班的教学侧重点。

⑦ 提供面向不同角色的素养和能力诊断分析报告，如学生、学科教师、班主任、年级主任、学校教研员、学区教研员、学区管理员、区县教研员、区县管理员、市级管理员、家长等角色。

（2）其他学情分析平台或软件

其他学情分析平台或软件及其特色如表 8-6 所示。

表 8-6　　　　　　　　　　　　　其他学情分析平台或软件及其特色

平台或软件	特色
智学网	根据作业和测试结果进行诊断，分析薄弱点和知识点、跟踪学习状态等。 支持扫描仪、Web 端、移动端在线使用并产生学生数据，可多角色共同产生学情数据
极课大数据	满足教师、学生和家长需求；主要借助 Word 工具和智能扫描仪产生学情数据。 由教师汇聚学生大数据，根据做题情况可自动生成共性错题
学科网	资源较丰富，可以帮助教师快速组题、出卷，帮助教师开展快速测试，以了解学生对教学内容的掌握情况
阿凡题	线下判卷，线上分析，及时获取试卷作答信息，智能算法推算知识点漏洞，针对性评测报告帮助学生学习、复习，提升教师工作效率

8.3.7　基于学科工具的自主学习

1. 基于学科工具的自主学习的概念

自主学习包含自我监控、自我指导、自我强化 3 个子过程，强调自我效能和榜样示范在自主学习中的作用。学科工具可作为学生认知发展的工具，为学习者提供学习资源、学习支架、学习指导等，从而支持学习者自主学习，帮助学习者对学习内容进行加工处理，构建自己的知识体系。

基于学科工具的自主学习如图 8-7 所示。

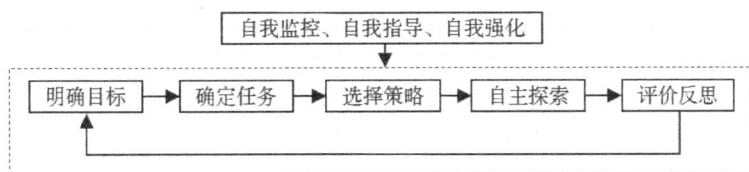

图 8-7　基于学科工具的自主学习

2．学科工具

（1）洋葱学园

与常规的网课、一对一教学不同，洋葱学园在产品上摒弃使用真人教师直播授课，依据国家课程标准和教材，自主研发富有创意的动画视频课程。每节课时长为5～8分钟，精讲一个知识点，帮助学生深度理解，并在课中、课后配有智能交互练习题，帮助学生高效学习。

目前洋葱学园还推出了数学、物理、化学、语文和英语等学科的课程，已经完成小学到高中的多学科全面覆盖。洋葱学园的每个课程都由逾百人的教研团队集体创作，其中包括名校学霸、重点学校名师和权威学科专家。

面向学校，洋葱学园还推出了人工智能课堂教学解决方案，其包含校长信息化管理工具、教师信息化研修课程、课堂信息化教学资源和学生智能化学习平台。洋葱学园同时研发了面向教师的智能助教产品，用于辅助学校教师开展个性化课堂教学，摆脱经验式教学。

（2）微软小英

微软小英是微软亚洲研究院在2016年4月发布的一款英语口语学习软件。微软小英能帮助初学者快速培养日常英语沟通能力，帮助英语学习者完善发音、熟练口语。

微软小英拥有"网页功能"和"窗口功能"两大类功能。"网页功能"包含情景模拟、发音挑战、易混音练习、单词修炼 4 个功能，它们是基于网页的应用。"窗口功能"包含情景对话、跟读训练、中英互译 3 个功能，它们是基于微信聊天窗口的功能。微软小英的后台调用了微软的感知服务接口。微软小英的口语评分基于微软亚洲研究院在深度学习和统计语音识别技术方面发布的评分算法。

（3）三余阅读

三余阅读 APP 的功能包括：优质的课内外阅读内容、多元化阅读实践活动、阅读者阅读过程和阅读状态的数据记录、阅读者学科知识和能力图谱图形化呈现。

（4）其他学科工具

其他学科工具如表 8-7 所示。

表 8-7　　　　　　　　　　　　　　其他学科工具

学科工具	学科	特色
多邻国	英语	从听、读、拼、义 4 个方面进行多元化的英语单词和语句训练，游戏化学习
英语流利说	英语	提供多种英语对话场景、专业的口语训练课程，游戏化学习
雷达数学	数学	习题练习，精准分析
几何画板	数学	适用于数学、物理教学环境，快速绘图，支持动画
有道语文	语文	词库、课内外古诗文、初/高中考点

学科工具	学科	特色
西窗烛	语文	唐诗宋词全文检索、诗词朗诵、分类赏析
NB 化学实验	化学	多平台适配，互动分享，虚拟实验
土豆化学	化学	适用于初中，富有趣味性，虚拟实验
地理小百科	地理	地理概念学习，支持收藏词条
物理大师	物理	模块化辅导，娱乐化教学
物理实验课	物理	模拟实验，自动模拟计算，支持用户设计实验
NB 物理实验	物理	多平台适配，互动分享，自由 DIY，一键演示
土豆生物	生物	趣味性实验，虚拟实验
形色	生物	拍照识别，支持分享
学习中国	政治	资源丰富，内容权威、全面，支持交互
掌上故宫	历史	虚拟现实，语音讲解

8.3.8 基于问卷调查工具的操作与练习

1. 基于问卷调查工具的操作与练习的概念

操作与练习是指由计算机向学生逐个呈现问题，学生在机上作答，计算机给予适当的即时反馈。计算机逐个或一批批地向学生提出问题，学生回答，计算机根据学生回答情况给予反馈，以促进学生掌握某种知识与技能技巧。运用多媒体，可将许多可视化动态情景作为提问的背景，也可以做出更有表现力的反馈。基于问卷调查工具的操作与练习教学如图 8-8 所示。

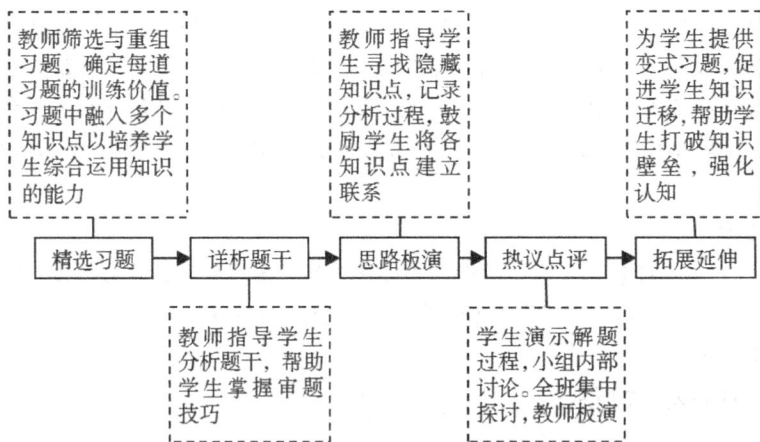

图 8-8　基于问卷调查工具的操作与练习教学

2. 问卷调查类工具

（1）问卷星

问卷星是一个专业的在线问卷调查、测评、投票平台，专注于为用户提供功能强大且人性化的在线设计问卷、采集数据、自定义报表、调查结果分析系列服务。与传统调查方式和其他调查网站或调查系统相比，问卷星具有快捷、易用、低成本的明显优势。其典型应用包括：学术调研、社会调查、在线报名、在线投票、信息采集、在线考试、讨论投票、公益调查、趣味测试。

（2）腾讯问卷

腾讯问卷支持自由创建、导入试卷、使用模板创建测试题，跨终端平台自适应呈现，可在计算机、手机、平板电脑等智能设备自适应呈现。

（3）其他操作与练习类平台

其他操作与练习类平台如表 8-8 所示。

表 8-8　　　　　　　　　　　　　　　其他操作与练习类平台

平台 比较项	我要模考网	调查派	作业盒子	猿题库
批量上传试题	√	√	√	√
富文本编辑	√	×	√	√
设置考试时间	√	×	√	√
题目类型	判断、单选、多选、填空、问答	判断、单选、多选、填空、问答	判断、单选、多选、填空、问答	判断、单选、多选、填空、问答
多终端显示	√	√	√	√

8.3.9　基于学习资源网站的主题探究

1．基于学习资源网站的主题探究的概念

学习资源网站为学习者提供了丰富的资源支持，学习者能够实施探索式学习。利用网站的交互功能，学习者可以实现师生交互、生生交互，从而进行协作探究学习。基于学习资源网站的主题探究教学模式是指以网络为交流平台、资源平台和认知工具，以主题为学习活动的目标，学习者通过自主探究或协作探究的方式来主动学习的学习活动。该模式可以使学生对信息技术课程的学习兴趣更加浓厚、学习态度更加积极，提高学生合作、交流能力，并能够使学生在教师的指导下通过自主探究和合作探究完成分配的任务。

2．主题探究类学习资源网站

（1）中国科学技术馆网站

中国科学技术馆网站设计有华夏之光、科学乐园、探索与发现、科技与生活、挑战与未来等板块，支持学习者在线浏览场馆。虚拟现实支持学习者探究科学项目，如《脑与成长》的虚拟现实探究项目。科技讲堂栏目有一些知名专家的科普讲座。

（2）故宫博物院网站

故宫博物院网站支持虚拟现实浏览故宫。探索栏目包含丰富的学习资源，涵盖古籍、历史、文物、名画等多种主题。视频教学板块方便学习者在线观看视频进行学习。

（3）WISE 平台

WISE 是一个操作简单但功能强大的基于网络进行科学探究的学习平台。它为学生提供一个项目计划，引导学生进行学习、反思，并监控学生的学习过程。学生可在其中了解真实世界、分析各种现代科学观点、亲历科学探究过程等。该平台主要适用于小学四年级到高中三年级的学生，其中包含了一些与各国科学课程标准相匹配的精品项目。

（4）中国知网 CNKI 经典导读

中国知网 CNKI 经典导读依照语文课标和考试大纲，着重于基础教育阶段语文学科的必读书目和必背篇目，从作品导读、作家知识、主题思想、结构分析、艺术特色、语言魅力、人物形象、

比较阅读、文化解析等维度解构经典，有助于学生进行探究类主题阅读学习活动。

（5）其他学习资源网站

其他学习资源网站及其特色如表 8-9 所示。

表 8-9　　　　　　　　　　　　　　其他学习资源网站及其特色

平台	特色
中国科普网	有科普资讯和非常好的科普视频资源
美国国家航空航天局（NASA）	有翔实的宇宙、天文信息，它是天文探究项目的最佳资源网站之一
辽宁省科学技术馆	包含科普活动实验室、科普大讲堂等板块，展厅栏目设计有儿童乐园、探索发现、创造实践、科技生活、工业摇篮等项目。网站上提供了丰富的探究项目，支持学生在线实施科学探究活动
Urban Advantage（城市优势）网	支持科学探究项目的学习，为学生提供人类学、天体物理学、地球科学、遗传学、生物多样性等科学类课程

8.3.10　基于认知工具的支架式教学

1. 基于认知工具的支架式教学的概念

支架式教学为学习者建构知识提供了一种概念框架，事先把复杂的学习任务加以分解，以便把学习者的理解逐步引向深入。为学习者提供支架（或称脚手架），可以不停顿地把学习者的智力从一个水平提升到另一个新的更高的水平，真正做到使教学走在发展的前面。基于认知工具的支架式教学如图 8-9 所示。

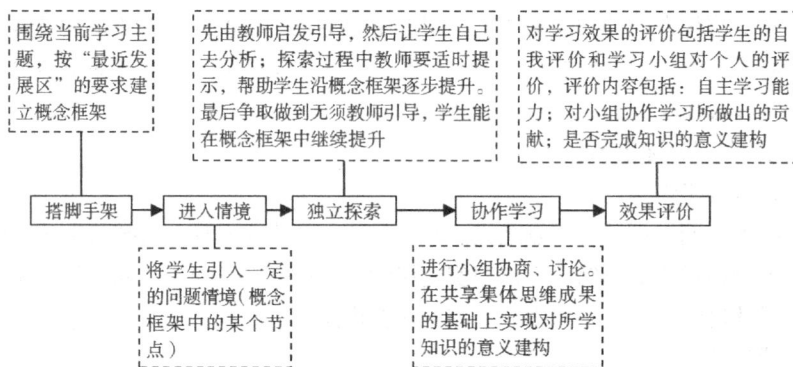

图 8-9　基于认知工具的支架式教学

2. 常用的认知工具

（1）思维导图：MindManager

可视化整理观点，梳理思路，支持学习者发散思维的表达，帮助学生系统化思考。它是一种个人思维外化的方法，可提升思考技巧，大幅增强记忆力、组织力与创造力。

（2）图形计算器

图形计算器有助于学生在教师引导下完成主动参与、自主探索和规律发现的知识形成过程。配合各种探究活动，让学生做数学、做科学，发展学生数学知识应用、综合理科分析和创新实践能力。基于图形计算器的探索和创新活动，可以让学生更为深刻地理解数形结合的数学思维本质。

还可以通过编程完成某个任务，让学生从编程活动中获得有价值的数学经验。

（3）Phet

Phet 是一款免费在线物理、化学、生物、地理及数学交互性仿真程序平台。教师可以用这些模拟仿真程序来演示各种原理和现象，学生也可以亲自动手探究一些学科原理和知识。

（4）其他认知平台或软件

其他认知平台或软件及其特色如表 8-10 所示。

表 8-10　　　　　　　　　　　　其他认知平台或软件及其特色

平台或软件	特色
形色	帮助认知真实世界的各种植物，并关联各种古诗词等文化资源
Edmodo	支持边做边学，支持上传图片、文本、视频等资源
Inspiration	提供了丰富的素材库，支持概念图的制作、概念关系的绘制，支持制作任务计划和组织、复杂思维表征、图表和大纲
各种视频、音频编辑工具	支持 Storytelling（数字叙事），让学生用视频、音频的方式创意表达知识，促进知识迁移与转化

8.4　在线教学的实施策略

8.4.1　在线教学模式应用中应注意的基本问题

1. 在线学习的基本要素

学习任务、学习资源、学习方式和学习服务是在线学习实施过程中需要注意的 4 个基本要素。学习任务是指学习要达成的目标及所要学习的内容，它是教师开展在线教学活动首先要考虑的问题；学习资源包括书本、视频、网课等；学习方式包括阅读、观看、讨论等；学习服务包括怎么去监督、答疑、反馈等。在开展在线教学的过程中，教师要把更多的精力放在学习任务的设定上，更多地去考虑学生的学习方式和学习服务，而不是仅停留在学习资源的层面上。

2. 问题导向型任务有利于在线学习的整体成效

在线教学过程中，教师要能够提出一些明确的、以现实问题为导向的任务，让学生进行思考，使学生能够有自主性、合作性、探索性的学习，锻炼学生的分析性思维。单纯地观看网络课程对学习是没有实际意义的。

3. 学习资源的准备需要遵循"多媒体学习规律"

多种媒体综合刺激是有利于认知加工的，但是外在的认知加工过多对学习反而没有帮助。必须尊重多媒体学习的规律，减少外在认知加工，促进必要认知加工和生成性认知加工。要基于目标去选择好的资源，并不是资源越多越好。

4. 在线学习方式与自主学习能力密切相关

大多数学生习惯于听讲，自主学习能力往往不够。自主学习意味着一个人在学习中能够自我计划、自我监控、自我评价，这些习惯的养成无论是在现实学习中还是在线上学习中都是非常重要的。好的自主学习习惯包括预习、复习、做笔记、阅读、问答、小组讨论、合作学习、口头汇报、准备考试、做资料管理等，这些是需要老师有意识地去培养学生的。一个学生的学习习惯与他的知识密切相关，因此需要培养学生的自主学习能力。

5. 协同知识建构是有效的在线合作学习方式

目前，在线学习比较有效的方式是协同知识建构。协同知识建构是利用网络平台或者通信平台，以个体来创建和分享自己的知识，同时修正对知识公共的理解（大家的理解往往是不一样的）。然后通过小组讨论协商形成共识，最后生成一个共同的认知作品或者认知产物，这个作品可能是一个概念图、一份报告、几条对基本认知的描述或一个图表等。

6. 在线学习服务离不开各种学习工具的支持

只看视频并利用微信进行讨论是不够的，还需要云笔记、云存储、即时反馈系统、思维导图等各类工具。教师在做服务帮助学生学习的时候，以及学生在进行自主学习的时候，都需要各种学习工具的支持。

8.4.2 合作学习的基本要素

在传统学习方式中，学生更多的是竞争式学习，同学之间很少互动，学生只为自己负责，分组方式尽可能采取同质，如分班的依据通常是成绩好坏，然后每名学生在班级中都争当领先者。另外，在竞争式学习中往往会忽视社交技能的培养。

合作学习需要与同学进行更多积极的互动，要对小组负责，强调按异质分组，分组的依据不仅是成绩好坏，还涉及其他的偏好等多项因素。学习过程中同学之间是积极的相互依赖关系，学习过程中能够培养学生一些基本的社交技能。

合作学习与协作学习是相近的概念，如果要进行严谨区分，合作学习是一个小组完成同一个任务，协作学习是小组成员的任务不一样但是有关联性。

合作学习是学习者以小组形式参与、为达到共同的学习目标、在一定的激励机制下为获得最大化的个人和小组学习成果而合作互助的一切相关行为。它有5个基本要素：正互赖性、个体职责、小组成长、社交技能、面对面互动。

1. 正互赖性

正互赖性指小组的学习任务是积极相互依赖、相互促进的。强调小组学习任务要目标清晰、角色明确、资源丰富、相互依存。

2. 个体职责

在合作学习中每个成员要尽到个体责任。每个成员要做到理解任务、明确职责、积极分享、及时评价和反馈。

3. 小组成长

每个小组不是开始就能合作得很好，小组需要不断磨合才能日渐成熟，要做到组内沟通、个人反省、评价参与、聚力增效。每一次任务完成后要讨论一下过去这段时间获得的经验、哪些方面做得不够、怎样改进等问题。每项小组活动结束后进行交流、讨论，形成习惯后，慢慢就会有一个好的小组成长方式。小组规模一般在3～5人比较合适。

4. 社交技能

社交技能包括一些基本的互动技巧、建组技术、交互技能、冲突处理技能等。这些社交技能在学习中、在社会上、在日常生活工作中，是需要掌握的。组织合作学习对帮助学生掌握社交技能非常有好处。

合作学习中涉及的基本互动技巧有共享材料、互用称谓、眼神交互、直视、遵照角色指派；交互技巧有反对意见时对事不对人、增强小组活力、互相鼓励、提供帮助、确保理解；建组技术有在别人说完之后再发言，低声、轮流发言，耐心当听众，保证每个人的发言机会等；冲突处理技能有通过协商、妥协达成一致，尊重他人观点等。

5. 面对面互动

面对面互动的好处是在阐述、倾听的过程中可以全身心投入，即共享。有了这些共享就会有创造，所以面对面互动的主题就是阐述、共享、聆听和创造。在线学习没法面对面怎么办？今天的通信工具和社交平台已经打破了空间的限制，面对面的这些技巧在今天的通信工具支持下是可以做到的，可以达到与面对面几乎接近的效果。

8.4.3　在线小组学习的方法

1. 在线"思写议享"

"思写议享"即思考、写作、结对、分享。首先让每名同学就一个问题或概念进行独立思考，形成自己的想法，并把想法写下来。然后将学生两两结对并讨论想法，学生阐明自己的想法并考虑他人的想法，再把讨论的结果写下来并分享到全班。在线学习中这种方法适用于所有年级或班级，可以通过社交平台、电子邮件、电话沟通或微信群来实现。

2. 在线"圆桌会议"

在线"圆桌会议"，就是用圆桌会议的流程，让学生先评估所学的知识，回顾信息，轮流发言，并练习沟通的技巧。每个人把自己的想法写下来，然后分享到群里进行讨论，群组成员可以通过微信、QQ 等社交平台或电子邮件来组织这一活动。

3. 在线"拼图游戏"

在线"拼图游戏"是一种非常典型的协作学习方式，具体是让学生先学习新材料，再演示和分享给其他人，通过质疑和讨论升华所学内容。小组成员相互依赖且地位平等。这个方式实现起来难度会比较大一些，需要在课堂上花时间去组织，形成习惯以后就容易了。它的前提条件是需要线下先做好准备工作，再通过微信群、QQ 群等社交平台来组织。

在线"拼图游戏"的过程如下。

（1）每个小组学习不同主题，组内每个成员成为该主题的"专家"。

（2）重新分组，使每个组包含各个主题的"专家"。

（3）在回到原组之前，"专家"要将所学内容依次传授给新组。

（4）学生们在各个主题的学习都会被评估。

4. 协同编辑概念图

协同编辑概念图是指借用纸笔或者软件，学生们合作绘制一张包含术语及其关系的图。图画出来以后通过质疑概念厘清关系，然后协商以形成具有共识认知的成果。如果现在缺少或者不太会使用这些软件，在纸上画也可以，每个人在纸上画好以后用手机拍摄下来，然后通过微信进行分享，再由一个学生把它画到一个新的图里，此项操作随时可以进行。

5. 网络学习空间中的探究社群

将某个问题放到网络学习空间，大家自由组织讨论，形成探究社群。这种组织方式最好在讨论课堂上内容的同时，还有一些需要线下查询资料、解决问题的任务，或者是需要与其他人沟通的问题。

6. 利用"知识论坛"开展协同知识建构

这种方法在国际上比较流行，经过多年的研究积累，有专门的理论和平台。加拿大多伦多大学的一个平台大概有几十个国家参与其中，它有一个专门的编辑软件，由大家来编辑个人对某个概念的理解。这与概念图有一些类似，但又不是传统意义上的概念图。

微课视频

扫描二维码，观看教学视频。

8.1 网络课程概述		8.3 在线教学的模式类型	
8.2 网络课程的设计与开发		8.4 在线教学的实施策略	

练习与实践

一、练习

1. 填空题

（1）网络课程是通过网络表现的某门学科的_____及实施的_____的总和。

（2）网络课程包括两个组成部分：按一定的教学目标、教学策略组织起来的_____和_____。

（3）网络课程的设计与开发流程包括：确定教学大纲、教学设计、_____、_____、_____、_____、课程的评价与修改等环节。

（4）合作学习的5个基本要素：_____、_____、_____、_____、_____。

2. 问答题

（1）基于网络的在线教学模式有哪些？

（2）如何组织在线小组的学习？

二、教学实践活动

选取一种网络教学平台，针对中小学某一学科的教学内容建构网络课程，进行在线教学实验。

第9章
现代教育技术应用的新领域

学习目标

（1）记忆：人工智能+教育、STEAM教育、智慧教育、创客教育、移动学习、游戏化教学的内涵。

（2）理解：现代教育技术新领域、新技术、新方法的研究背景及特点。

（3）应用：能够根据现代教育技术新领域的特点及设计原则，设计完成不同类型的教学活动。

知识结构

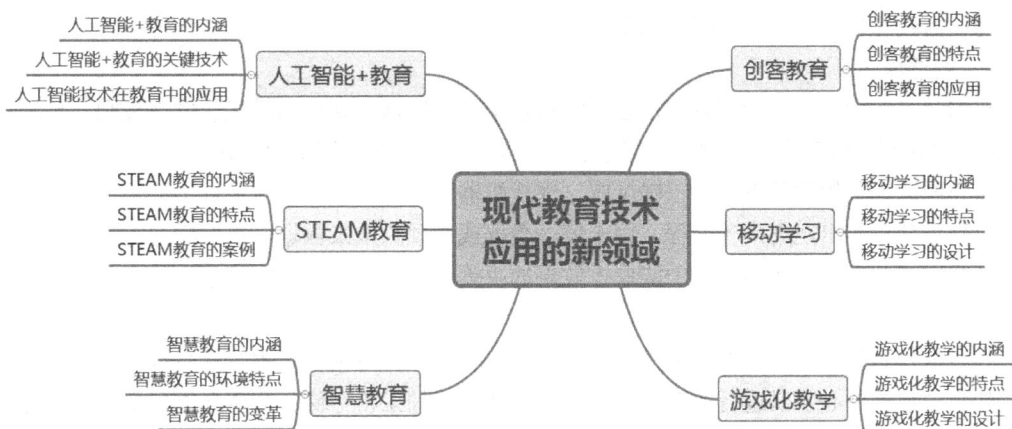

学习建议

本章是理论和实践相结合的内容，建议结合线上资源或主动学习的方法，通过搜集新领域、新技术的相关内容，了解新技术的内涵、特点、设计原则、应用领域、功能等，体验新技术对现代化教学的重要意义，能够应用新技术设计具有一定水平的教学活动，并实践于真实教学活动中。

案例引导

成都××中学利用基于大数据、云计算等技术的智能教学平台，采集学生作业、考试、练习等答题数据，然后通过人工智能后台分析学生个体和班级整体的学习进度、学情反馈和阶段性成果，从而及时找到问题并给出解决方案，实现对学习过程和结果的动态管理。所以新技术对教育产生了革命性影响，人类教育需要主动适应新技术革命和经济社会发展变化提出的新要求，遵循教育规律，以技术革命为契机，推动实现现代化教育转型与发展，调整教育结构，优化人才培养结构和层次。

9.1 人工智能+教育

人工智能（Artificial Intelligence，AI）是研究、开发用于模拟、延伸和扩展人的智能的理论、方法、技术及应用系统的一门新的技术科学。人工智能目前在计算机领域得到了广泛的重视，并在机器人、经济政治决策、控制系统、仿真系统中得到应用。

9.1.1 人工智能+教育的内涵

"人工智能+教育"（Artificial Intelligence in Education，AIED）属于教育科技，它是人工智能技术对教育产业的赋能现象，本质上是人工智能对教育工作的替代和辅助，将教师和学生从低效、重复的工作中解放出来，进而提升教学与学习效率，解决了传统教育中以教师为核心的成本高、效率低、不均衡的问题。教育工作从主体上可以分为教育机构（教育机构包括学校和教育培训机构）、教师和学生。

9.1.2 人工智能+教育的关键技术

人工智能在教育中的应用离不开关键技术的支持，其中包含了机器学习、大数据、知识图谱、自然语言处理、情感计算等多种技术。"人工智能+教育"关键技术为人工智能与教育的融合提供了可能，为教育智能转变提供了技术支持。

1. 机器学习

机器学习作为人工智能领域的核心，能够基于大量数据自动识别模式、发现规则、预测学生表现，为满足智慧教育和个性化学习需求提供支持。它可以让计算机通过练习不断提高自身性能，在未事先明确编程的情况下做出正确反应。现代机器学习是一个始于大量数据的统计学过程，试图通过数据分析导出规则或者流程，用于解释数据或者预测未来数据。机器学习能够使计算机依据统计学方式，自行寻找在实践中能取得效果的决策流程，并最终解决问题。

2. 大数据

大数据技术是基于计算框架的数据采集、加工、挖掘和可视化技术。从数据的角度来看，通常会建立"数据中心"以进行教育数据的采集、清洗、加工、存储，主要功能包括数据统计、数据挖掘、学习分析、资源推送等，该类服务可以为智能教育技术形态的实现提供数据基础，即"智能教育数据"。

3. 知识图谱

知识图谱作为人工智能和信息融合的核心技术之一，其决定了领域知识获取、知识库构建及推理计算的有效性等，影响着所开发系统的推理效率和能力，它实质上是一种可被计算机接受的用于描述知识的数据结构。

4. 自然语言处理

自然语言处理主要是让计算机理解人类的自然语言，以实现用自然语言与计算机进行交流。自然语言处理研究的内容包括：如何让计算机正确回答用自然语言提出的问题；如何使计算机根据输入的文本生成摘要；怎样使计算机利用不同的词语和句型，对输入的自然语言信息进行复述，以及让计算机进行语言翻译等。在教育领域，自然语言处理技术最初的应用是进行语法错误检测，而随着自然语言处理技术及其应用研究的不断进步，自然语言处理技术在教育领域的应用越来越广泛。

5. 情感计算

情感计算是指人类通过为机器设定程序使之能识别、理解、处理并模拟人的情感。例如，可运用摄像机捕捉面部表情和手势，同时，运用一种可以检测并理解这些人类情感的算法，使机器获取使用者的情感状态。情感计算的核心是开发可以实现上述功能的程序和硬件。在商业上，已经研发出了具有情感表达能力的机器人。

6. 跨媒体智能

跨媒体智能是综合利用视觉、听觉、语言等多维度感知的信息，进而完成分析、识别、检索、推理、设计、创作、预测等功能。跨媒体智能可以突破以往单一媒体信息处理的局限，实现跨媒体贯通融合智能处理。从属性方面来讲，跨媒体智能具有跨模态和跨平台属性、媒体数据的社会性属性、丰富的表达和呈现力属性。

9.1.3　人工智能技术在教育中的应用

人工智能在教育中的应用指的是人工智能辅助教育应用，构建教育场景，重组教育中的要素或者重构教育过程。人工智能技术在教育中有以下几种应用。

1. 人工智能应用于教学内容

人工智能推动的人才培养目标转变呼唤着课程教学内容体系的重构，如学科知识、教学法知识和学习者知识的重组等，人工智能也使推行跨学科内容整合成为必然趋势，人工智能课程将直接成为重要的教学内容。

2. 人工智能应用于教学环境

人工智能将带动新一轮教育教学环境数字化升级与智能化改造，创造出更加智能化、人性化的智慧学习环境。

3. 人工智能应用于教学方式

人工智能将改变教育教学的方式与方法，智能教学系统可提供更加个性化、定制化的学习方案。

4. 人工智能应用于教学评价

教学评价从单纯的对知识掌握状况的评价转向知识、能力和素养并重的综合性评价。

5. 人工智能应用于教学管理

人工智能在教育管理领域的深度应用将让信息识别更精准、管理服务更智能、学校组织体系更灵活，促进学校管理现代化，以管理信息化和智能化有效支撑管、办、评分离，提升教育公共服务水平，促进教育治理能力和治理体系现代化。立足于教育大数据基础之上的教育人工智能，能够实现对各级各类的教育教学系统全体系、全流程、全天候、全方位的动态监测，实现教育教学决策的科学化、资源配置的最优化和管理的精细化，使管理育人、服务育人、校园文化育人等理念在教育管理实践中落地生根。

9.2　STEAM 教育

STEAM 教育是符合信息化社会的未来式教育模式，能够有效促进工学、理学、社会学、人文学、艺术学之间交流、合作与创新，给学生提供更为完整的知识背景，使其在系统化的知识体系中加深对每个学科内容的理解。STEAM 各学科相互依托、相互影响、相互渗透，能够促进学生获得全面、系统的创新能力与素养。

9.2.1 STEAM 教育的内涵

美国弗吉尼亚理工大学学者乔治特·雅克曼（Georgette Yakman）在研究综合教育时首次提出 STEAM 教育，其是科学（Science）、技术（Technology）、工程（Engineering）、艺术（Art）、数学（Math）的集成，相比 STEM 教育增加了艺术类的概念，融入了人文艺术类的内容。两者相比，STEAM 教育不仅关注项目本身，而且重视对人本身、历史背景的关注，从而拓宽了 STEM 教育在跨学科知识方面的广度和深度。STEAM 教育强调边做边学、跨学科整合、科学探究与使用工具，它是一种基于项目的学习、真实情境下的活动中的学习，要求在合作学习中解决问题、学习者自主探究建构知识。STEAM 教育是连接正式学习与非正式学习的一种重要的教育理念，它是从多学科视角出发，通过实践来培养学习者的综合素养。

9.2.2 STEAM 教育的特点

STEAM 教育综合了学科特点，将知识的获取、方法与工具的应用、创新生产的过程，以及情感、态度进行了有机统一，在培养学生创新思维与实践能力的同时，体现了一种多元学科文化的融合创新。这种融合创新立足于时代背景和社会生活基础之上，与现实世界紧密结合。STEAM 教育具有以下几个特点。

1. 跨学科、跨领域

STEAM 教育强调通过整合科学、技术、工程、数学和人文艺术等多个学科、多个领域的知识与技能，在传统上相互分离、各成体系的学科之间建立一座沟通的"桥梁"，使学生学习的分专业的、零碎的知识变成一个相互联系、相互统一的整体，让他们能够从完整、系统的视角去认识世界与社会。

2. 边做边学

STEAM 教育以"做"贯穿于教学的全过程，引导学生在探索与创造的过程中主动发现知识，并运用所学的知识来解决实际问题。

3. 基于真实问题与项目

STEAM 教育以具体的项目或者问题为教学的中心，围绕具体的教学任务制定教学目标，并以此为基础，实现有效的跨学科整合。换言之，STEAM 教育是针对某一具体的项目或者问题而开展的一系列教学活动，其主要包含工具与资源设计、学习活动过程设计、支架设计和评价设计等方面的内容。学生核心素养的培养不会只停留在理论与抽象层面，而会融入现实的问题解决中，重视问题解决的真实性、情境性。在某种程度上，学习是一种问题解决的过程，而加强学习者的问题解决能力则是教育最重要的目标之一。

4. 关注所有的学生

STEAM 教育关注所有的学生，其中包括不同认知能力水平、不同性别、不同文化背景的学生，甚至是残疾学生等有特殊需求的学生。

5. 基于真实情境

回归到真实情境的学习已成为当前教育改革中最为重要的一项内容，而 STEAM 教育就是真实情境的探究学习活动之一。STEAM 教育致力于构建学生的学习环境，重视学习与真实情境的联系，注重学生在学习过程中的亲身探究经历与动手体验，鼓励学生通过亲身学习来探究他们感兴趣的项目或现实生活中亟须解决的问题。

6.　多元主体共同参与

STEAM 教育是多元主体共同参与的教育：从教师主体来看，STEAM 教学活动通常需要不同学科的教师通力合作，有时甚至还需要企业专家、图书馆管理员、媒体专家、教育技术人员的共同参与；从学生主体来看，通常采取小组协作的学习方式完成任务，以促进团队成员的互补优化，也鼓励跨年级组建学习小组。

9.2.3　STEAM 教育的案例

《马铃薯电池》

一、课程简介

学生们使用马铃薯点亮 LED 时钟（或灯泡），并了解电池如何在简单的电路中工作，以及化学能如何变为电能。随着更多地了解电能，他们能更好地理解电压、电流和电阻的概念。

二、课程基本信息

年级：3～5 年级。

课时：一课时。

团队规模：3 人。

学科领域：数学、工程、物理、化学、艺术。

学习目标：在此活动之后，学生能够通过简单的电路描述电能的流动；解释为什么灯泡可能需要一个以上的电池点亮；解释电气工程师在电力开发和电力产品开发中的作用。

三、材料清单

3 个马铃薯（新鲜）、3 个铜币（或铜条，保证每个马铃薯一个）、3 个锌钉（镀锌钉，可在五金店买到）、5 根绝缘电线（长 15～20 厘米，且末端有鳄鱼夹）、一个 LED 时钟（LCD 时钟需要 1.5V，或一个小 LED 灯）、万用表或电压表（万用表测量电路的电流、电压和电阻）

四、课程引言

什么是电能？它从哪里来？同学们能想到需要电能才能工作的东西吗？灯具、音乐播放器、电视和烤箱工作需要电能吗？我们如何获得运行这些设备的电能？电气工程师在改善生活方面扮演着什么角色？我们可以在家里的墙壁插座找到电能，那么电能如何到达我们家的墙壁插座呢？

该能量来自一个电力设备。电力设备发电时一般用煤和石油等化石燃料燃烧产生的热能来加热水。当水沸腾时，一部分水变成蒸气，蒸气通过管道流入涡轮机（带叶片的轮子）。当涡轮机被蒸气推动旋转时，它会带动发电机（旋转磁铁），使附近原子中的电荷失去平衡并产生电能。电能通过受保护的电线传输到我们的家里。

五、活动任务

学生以团队为单位，在活动开始之前了解课程背景并搜集材料，完成"电池工作学习单"，小组合作利用马铃薯发电使 LED 灯亮起来。

六、课程步骤

（1）将班级分成 2～3 个团队，并分发材料。

（2）指导小组将锌钉和铜币小心地插入马铃薯中，并确保马铃薯中两种不同的金属不相互接触。

（3）将一个鳄鱼夹连接到铜币的边缘，将另一个鳄鱼夹连接到锌钉的末端，从马铃薯伸出。

（4）告诉学生万用表是一种测量电路电流、电压和电阻的仪器，是工程师经常使用的工具。将万用表设置为低电压"直流电压"和电流"直流毫安"，这样学生就可以看到一个马铃薯产生的电能。预计马铃薯产生的电压不到1V。鼓励学生将万用表的十进制读数转换为分数（例如，0.82V= 82/100V）。

（5）引导学生弄清楚他们需要多少马铃薯点亮他们的LED时钟。例如，如果他们的马铃薯产生0.8V的电压，那么他们可能需要两个马铃薯来为LED时钟供电。

（6）引导学生尝试弄清楚如何将两个马铃薯连在一起。要将两个马铃薯串联起来（以增加更多电压），将铜币和锌钉插入第二个马铃薯中，并将第一个马铃薯中的锌钉和第二个马铃薯中的铜币连接起来。然后，在第二个马铃薯的锌钉上加上电线。务必记住将马铃薯（电池）的铜币（正极）端连接到下一个马铃薯的锌钉端（负极）。

（7）两个串联的马铃薯可以点亮LED时钟，但是也可能需要3个马铃薯。向学生展示如何以正确的方式将LED时钟连接到马铃薯上，即将LED时钟的正极端（铜币）连接到马铃薯电池的负极端（锌钉），将LED时钟的负极端连接到马铃薯的正极端。

（8）引导学生讨论马铃薯如何为化学电池提供电解质（溶液）。询问可以制作电池的其他食物（例如，柠檬、浆果、苹果）。

（9）要求学生单独或组队完成工作表。完成后，让他们与同伴或另一队比较答案，并保证所有学生都完成。

七、电池工作学习单

（1）画一幅马铃薯电池的安装图。标记马铃薯、电线和LED时钟的部件。箭头表示电流流动的方向。

（2）马铃薯如何帮助电路工作？

答：马铃薯为电子提供支持，帮助它们从铜转移到锌，从而完成整个电路。

八、案例分析

1. 教学主题

本课程以马铃薯电池为主题，通过使用生活中常见的食物制作电池使LED时钟亮起来，让学生了解电池的原理、电池在简单的电路中如何工作，以及化学能如何转变为电能，以便更好地理解电压、电流和电阻等概念。

2. 教学内容

本案例是典型的STEM课程，涉及相关的跨学科知识：物理（电路图、电能、电压、电流和万用表的使用等）、化学（将化学能转化成电能的反应、电池的工作原理和导电溶液的选择等）、工程（完成电路图连接、电池的工程设计，满足应用需求、改进测试）、数学（电压计算、电流公式）、艺术（利用马铃薯设计马铃薯电池并绘制设计图）等，培养学生整合跨学科知识的能力，通过实际操作促进知识的理解和迁移。

9.3　智慧教育

当下，以人工智能、大数据、区块链等为代表的智能信息技术正引发新一轮教育变革，牵引着人类教育向智慧教育的转型和演进。

9.3.1　智慧教育的内涵

智慧教育是在 5G、云计算、人工智能等新一代信息技术所打造的物联化、智能化、感知化、泛在化的新型教育环境下，通过人机协同的教育智能实施的创新教育形态和教育模式，构建的全面、公平、优质、个性化、终身的教育新体系。

9.3.2　智慧教育的环境特点

智慧教育的环境集感知适应、虚实融合、远程协同、数据驱动、智能管控、人机融合、自然交互、智慧生态 8 个特点于一体，给学生提供泛在学习空间、交流协作空间、知识建构空间和自由探究空间。

1.　感知适应

利用多维度、多层次的感知和主动深入的计算，实现按需和主动的智能，即通过捕捉学习者的情景信息，结合后台积累的数据构建需求结构模型，进行数据挖掘和智能分析，分析学习者的习惯、喜好等显性需求，以及与时空、身份、工作、生活状态关联的隐性需求，主动给学习者提供精准、高效的服务。此外，还探测学习者身处的不同场景，以及他/她与谁在什么时间、什么地点做什么等。

2.　虚实融合

智慧教育环境是虚实融合的世界。

3.　远程协同

能够实现远程互动教学、全息远程协同授课等。

4.　数据驱动

具有数据驱动的特性，可以实现描述性统计、预测性分析、指导性分析。

（1）描述性统计

能够根据历史数据进行统计归纳，从而实现现象的准确描述。

（2）预测性分析

能够在数据中发现规律、形成洞察。

（3）指导性分析

能够在多变、不确定、动荡的背景下做出智能化决策。

5.　自然的数据采集

（1）物联网感知技术

利用物联网感知技术，能够获取学习行为数据、设备状态数据、学生体质数据等。

（2）视频录制技术

利用视频录制技术，能够获取学生学习过程中的情感数据、校园安全数据、课堂教学数据等。

（3）平台采集技术

利用平台采集技术，能够获取在线与管理数据、移动学习过程、教育网络舆情数据等。

（4）图像识别技术

利用图像识别技术，能够获取学生考试成绩数据、各种作业练习数据、学生课堂笔记手写数据等。

6.　综合集成智能管控

利用综合集成智能管控，能够实现底线管控、设备资产管理、综合运维管理、应急处置应用等。

7. 自然交互

具有自然交互的特点，当采用语音识别、视线跟踪手势输入、触控/触摸控制、计算机感知等新技术时，用户可用多种形态或从多个渠道以自然并行和协作的方式与学习内容进行交互学习，系统通过整合多通道精确和非精确信息快速捕捉用户的意向，从而提供合适的学习内容与服务。

8. 智慧生态

学习者在这种生态圈中，他们彼此之间及与教师、与家长、与社会专业人士之间存在着不同于现在形态的互动关系。学生的主体地位明显凸显出来了，学习内容的来源和学习方式发生了根本性变革。每个人既是知识的生产者，也是知识的消费者。学校和教育机构不再是封闭的社会单元，而是通过网络汇聚作用形成的集体智慧聚集。智慧生态圈是一个充满活力的、人性化的、高度社会化的地方，不再是静态知识的仓库，而是开放的、流动的、社会性的、分布的、智慧认知网络与个性化发展。

9.3.3 智慧教育的变革

1. 智能技术驱动教育评价体系重构

（1）评价功能发生变化

从甄别、选拔到精准改进、促进发展。

（2）评价对象发生变化

从面向部分学生到面向所有学生，关注每名学生的发展。

（3）评价能力的本质发生变化

从关注个体能力、绩效表现到关注团队、群体协作的表现，从关注个人的知识迁移运用到人际结合的知识应用。

（4）评价信息的多元化

从较单一模态的信息到多元化、丰富化、多模态化的信息。

（5）评价任务发生变化

从非典型场景到真实化、生活化、趣味化场景的转变。

（6）评价方式发生的变化

从显性化、总结性评价到嵌入式、伴随式、隐形性评价。

2. 人才培养模式发生变革

因人才培养模式的变革，课程表现形态、课程结构、课程实施方式也发生了一定的变革。

3. 智慧教师身份的变革

教师的身份属性变得开放、多样化，教师不再只服务于原有或者固定的学校学生。教育服务的提供者也不再是严格意义上的学校教师，而是纳入了社会机构的外包服务提供者，以及相关领域的研究者和实践者。

4. 教育服务供给方式的变革

体现多人协同和人机协同，教学任务不再由单一教师来完成，通常由多位教师组成团队，并各自承担更精细化的分工和任务。人工智能教室能够为师生提供更优质的教育服务。

9.4　创客教育

在本轮新技术革命与新工业革命进程中，创客文化与创客运动被视为经济社会转型发展的重要驱动力量。国家竞争力与教育改革的互动催生了创客与教育的结合，创客教育作为一种新思维、新理念，正逐步影响教育系统，并在各个教学要素之间获得重构。创客教育将成为当前世界各国教育改革的一个重要取向。

9.4.1　创客教育的内涵

戴尔·多尔蒂（Dale Dougherty）认为，创客是指把具备相当技术挑战的创意变为现实的人；克里斯·安德森（Chris Anderson）将创客定义为不以营利为目标，在个人兴趣和爱好的驱动下把创意转变为现实的人。创客教育融合了体验教育、基于项目的学习、创新教育及 DIY 等，在这里创客教育强调了体验教育中的深度参与和在实践中学习的思想。其次，创客教育的实践方式与基于项目的学习相似，都是以一个特定的任务为中心，使学生能够在分组协作、完成任务的过程中进行学习，从而培养学生解决实际问题的能力。在此，创客教育继承了创新项目的理念，以培养学生的创新意识、创新思维和创新能力为目标。最后，创客教育还融入了一些新的因素，并把 DIY 理念也融入了创客教育中，培养学生精益求精、尚工重器的工匠精神。祝智庭教授认为，广义上的创客教育应是以培育大众创客精神为导向（Make Spirit-aimed Education）的教育形态，狭义上的创客教育则应是一种以培养学习者（特别是青少年学习者）的创客素养为导向的教育模式。

9.4.2　创客教育的特点

创客教育具有 4 个特点，具体表述如下。

1．目的和相关性

主要考虑相关的创客活动对学生个体所具有的意义，例如能否激发学生的学习兴趣，使其愿意投入时间、精力和创造力。

2．时间性

必须为学习者提供足够的时间来计划、执行、调试、修改、扩展和编辑他们各自的创客项目。

3．一定的复杂性

最好涉及多个学科领域，并能调用学生先前的知识与经验，使其有机会通过偶然发现和联想形成有创意的观点。

4．可访问性

学生需要随时随地访问各种各样的具体事物和数字材料。学生除了可以通过个人计算机来获取这些资料以外，也需要其他手工材料、书籍、软件、硬件和网络的支持。只有允许学生随时随地访问有价值的资源，才有可能让学生摸索出从来没有人想到过或设计过的创造路径。

9.4.3　创客教育的应用

创客运动为培养 21 世纪的创新人才提供了新的契机。创客教育具有无限的价值潜能，将对个体发展、课程改革、教育系统变革及国家人才战略产生重大影响。

1. 个体发展层面

创客教育能够更好地解放学生的天性，给他们更多动手操作、自由探索与发展的空间和条件。通过"创客"活动，学生可以接触到更多最新的技术，从而借助技术将自己的创意想法慢慢实现，不断激发自己对创造的兴趣。团队的合作交流、思维碰撞、互帮互助，又能催生更多新颖的想法，形成一种热爱创造、享受创造、尊重创造的校园文化，进而提升学生的创造力、动手能力、问题解决能力及团队合作能力。此外，学生动手探索的过程也是知识运用的过程，有助于增强对抽象学科知识的理解。

2. 课程改革层面

基础教育首先要培养每一个人的创造性，然后才能在此基础上培养能够攀登世界科学高峰的拔尖创新人才。新一轮基础教育课程改革虽然秉持很好的教育理念，但从教育教学的实践结果来看，却并未给整个课程体系带来颠覆性影响，基础教育仍在重复地、机械式地培养"人才"。课程改革应当领跑社会发展，而非被动地追逐和适应。创客教育为新课程理念的"落地"提供了新的"抓手"和"路径"。通过动手操作、协同探究、项目合作等多种基于创造的学习方式，每名学生都将在课程学习中找到乐趣，进而激发自身的创造潜能。持续地建设和实施创客课程，有助于彻底解决传统教育面临的课程内容陈旧、课程结构不够灵活、与社会实践脱节、授课方法单一等诸多现实问题，从而带动整个课程体系的有效变革。

3. 教育系统变革层面

创客运动是一种重塑教育的新方法和新路径，可以给教育带来一些很好的，甚至是颠覆性的变化。创客教育的组织实施，将进一步推动我国各级各类教育系统关键要素（课程体系、教学方法、技术环境、评价机制、师资队伍等）的优化组合和转型升级。在创客运动的推动下，学校、家庭、社区、企业等一切社会力量和资源被充分调动起来，协同打造无处不在的创客空间，无缝连接正规教育和非正规教育，最终重构整个教育生态，实现真正的创新教育。

4. 国家人才战略层面

知识经济时代，创新人才是国家发展的战略资源，是构建创新型国家的必备条件。为落实《国家中长期人才发展规划纲要（2010—2020年）》，我国正在积极组织和实施创新人才推进计划，以培养各类高层次创新型科技人才。创客运动就是为"创新"而生。近几百年，创新匮乏一直是我国发展面临的困境。创客教育将推动我国人才培养模式的加速转型（从标准化转向个性化，从单一化转向多元化），培养大批"实战型"科技创新人才，为创新型国家建设提供人才支持。

9.5　移动学习

随着移动信息技术的发展，一些移动学习平台受到人们的重视。移动学习平台对推动全民的学习和终身的学习都大有帮助。为便于学习者使用移动设备去参与在线课程的学习，当前很多开放在线课程平台也推出了在线课程的移动端应用程序。它们除了具有原来开放在线课程平台所具备的功能，还根据移动设备和移动学习的特点进行了界面设计操作的控制和媒体权限等方面的调整。常用的中国大学MOOC、网易云课堂等平台均属于移动学习平台。

9.5.1　移动学习的内涵

2000年美国加州大学伯克利分校的人机交互研究室启动"Mobile Education"项目以来，移动学习这一概念才逐渐在学界传播。从不同角度分析移动学习的概念，大致有以下 4 种定义。

1. 以技术为中心

克拉克·奎恩（Clark Quinn）、保罗哈里斯（Paul Harris）等人的定义强调，移动学习是使用移动终端进行随时随地的学习。

2. 基于移动学习与 E-learning 的关系

查布拉（Chabra）等人认为，移动学习是远程学习和数字化学习发展过程的新的发展阶段。

3. 增强正规教育

正规教育往往采取面对面方式进行，移动学习将会作为正规教育的一种有益补充。

4. 以学习者为中心

泰勒（Taylor）等人强调，移动学习是当学习者依据自己的需要，不在固定的、预先设定的位置下发生的任何形式的学习，或者是当学习者利用移动技术提供的优势所带来的学习。它强调将学习看成发生在特定情境下的通信。

9.5.2　移动学习的特点

1. 提供随时随地的学习环境

由于移动终端具有可携带性、无线通信能力和移动性支持等特点，利用这些终端开展移动学习，学习者可以在移动中进行学习，可以随意支配时间、把握学习空间，以及获取语音、视频、数据信息等进行学习与交流。

2. 学习活动更具有情境相关性，碎片化特征明显

智能手机、平板电脑、可穿戴设备等移动设备配备了传感器和网络应用技术，运用这些技术可以感知设备所处的环境，并且根据情景推送学习内容，同时触摸屏、声音传感器、光学传感器、加速度传感器等传感器的使用，提供了丰富而自然的交互手段，从学习任务、学习内容和学习体验来看，移动学习可以充分地使用碎片化的时间随时学习。

3. 给学习者以强烈的拥有感

学习者可以在不同情境中，通过作为媒介的个人设备，方便、快速地从一个情境进入另一个情境；学习者可以在课前、课后，在他人的参与下学习或独自开展预习/复习。在课外或课中开展同伴学习、小组学习、虚拟学习、社区学习等，多情境、多方式的切换有助于提高学习绩效，使学习者获得强烈的拥有感。

9.5.3　移动学习的设计

移动学习平台是运行于无线网络环境下，用于支持移动学习内容和活动的管理系统。一般的移动学习平台由 3 个部分组成：移动教育网、移动学习服务器和移动学习终端设备。移动教育网提供移动学习资源的上传和下载服务；移动学习服务器与互联网连接，用于存放丰富的移动学习资源和相应的服务程序；移动学习终端设备用于接收和呈现学习资源，支持学生个性化的学习。

移动学习平台可分为在线学习平台、学习资源发布平台、在线互动交流平台、学习管理平台等多种类型。移动学习平台是为移动教育的广大师生提供便捷服务的移动学习支撑系统。在移动学习平台的系统建立之后，要在其上开发具体的移动学习应用，即系统的功能模块，主要包括以下几个方面。

1. 资源传递支持

支持移动学习资源的创作、发布和管理，用于课件采集和实时/非实时的发布、非实时音/视

频课件的点播等。

2. 移动浏览支持

支持学习者使用移动终端设备对互联网、局域网服务器等网络上的资源进行搜索和浏览，以获取丰富的学习资源。

3. 交互活动支持

支持学习者、教师和其他人员之间的人际交互。为学习者提供各种学习工具，学习者可以利用学习工具进行信息资源的获取、处理、编辑、制作等，并用来表达自己的思想、与他人通信协作等。

4. 学习者知识管理支持

追踪学习者学习活动进展情况，自动收集、分析学习者移动学习的行为特点，建立学习者个性化学习模型并给予指导。

5. 查询功能支持

提供用户准入控制服务，支持学习者查询成绩、课程、教师情况等。

9.6 游戏化教学

随着素质教育的兴起，提高学生的学习兴趣、促进学生主动学习成了教师教学的重点。将游戏引入教学中，对学生进行游戏化教学，让学生在游戏中学习，这种教学方式对激发学习动机、发展认知能力、促进学习参与，以及培养学生 21 世纪所需的高阶能力等多个方面均有促进作用。

近年来，游戏化教学在教学中的应用越来越广泛。这种寓教于乐的教学理念也逐渐得到认可，游戏化学习与学校教育进行整合成为发展趋势。在游戏中，学习者可以获得一种与现实身份完全不同的虚拟身份。游戏中的即时反馈为学习者的不断尝试提供了支持，反馈结果激发了学习者的自我意识，满足了一定的心理需求。同时，游戏化学习可以提供参与协作的机会，游戏成果的可视化也可以让学生获得更多的社会性认可。良好的激励机制也不断激发学习者进行自我完善，向同伴展示自己的能力。

9.6.1 游戏化教学的内涵

所谓游戏化（Gamification），指的是将游戏或游戏的元素、机制或理念应用到一些非游戏情境或过程中。游戏化教学就是将游戏用作教学各环节的支持工具。可以为课堂整体设计游戏机制，以奖励带动合作与竞争，促进学生积极思考、大胆创新。在不同的教学环节中应用游戏化教学，可以激发学生的学习动机和帮助学生巩固知识。游戏化教学以激发学生兴趣，提高学生参与度为目的，将游戏化的功能与教学有效地融合。

9.6.2 游戏化教学的特点

游戏化教学具有情境性、趣味性、沉浸性和规则性的特点，具体介绍如下。

1. 情境性

建构主义学习理论主张在教学中要从学生已有经验出发，引导学生在此基础上建构新的知识。故此，建构主义理论十分注重"以学习者为中心"的学习环境的构建。以此为指导，游戏化教学注重游戏化学习环境的构建，将教学内容素材融入教学情境中，用娱乐性的学习环境激发学生的学习动机与学习激情，促进学生知识的有效建构，具有一定的情境性。

2. 趣味性

游戏化教学理论主张将学习内容与游戏相结合，学生通过游戏化的学习方式来完成既定的学习目标。为了提高学生学习的积极性与学习热情，游戏化学习理论十分重视通过游戏情境的构建与游戏任务的设计，使学习过程充满趣味性。受此影响，游戏化教学主张根据教学内容选择合适的游戏，使学生在充满趣味性的学习过程中完成学习目标。

3. 沉浸性

沉浸理论认为当人们注意力高度集中，完全投入情境中时，会自动地过滤掉不相关的知觉，从而进入"沉浸"状态。在此理论的指导下，游戏化教学的开展要求教师所构建的情境具有一定的沉浸性，即所创设的情境要求能够让学生完全地投入其中，使学生能够主动地参与并体验整个游戏化的教学过程，从而有效地保障教学效果。

4. 规则性

游戏化教学具有规则性。在开展游戏化教学的过程中参与者应了解如何参与游戏，即应了解规则，这些规则不仅包括学生应如何与他人合作、竞争的说明，也应包括"通关"与相关奖励措施的介绍等。在具体的教学过程中，规则是教师组织游戏化教学活动有效开展的重要依据，也是指导学生如何参与游戏的重要说明。

9.6.3 游戏化教学的设计

1. 游戏化教学方案的设计原则

游戏化教学的方案可根据以下几个原则进行设计。

（1）设置阶段性关卡并设计教学目标

游戏化教学，落脚点在教学上。它以明确的教学目标为引导，以有条理的知识点为填充，合理安排知识点分配。教师根据由易到难的教学内容，设置清晰的关卡目标，使学生获得通关的成就感和相应的技能，以及不断挑战、持续探索的欲望。

（2）设置科学、合理的奖励机制

奖励机制最关键的就是奖励的合理性和科学性。注意，并不是为了得到奖励而学习，教师需要根据课堂和资源，去设计奖励机制。设置奖励机制时需要把握以下几个原则。

① 设计具体的游戏目标和游戏规则，使学生有明确的目标和界限。

② 以小组的形式形成竞争氛围。

③ 即时反馈奖励的方式有很多种，如助力卡、知识卡片、选座卡、积分兑换工具、奖励贴纸等。

④ 以等级进阶来促进学生持久地主动学习，学生通过积分或能力卡进行升级。这也是过程性评价的一种很好的记录方式。

（3）设置同伴互助协作和互动机会

小组的形式为互助协作提供了机会。在学习之初进行分组，形成互助学习小组，以此生成交流的氛围。学生还可讨论组名、组徽等，形成自己的小组文化。

2. 游戏化教学在各环节中的设计

（1）游戏化教学在准备中的设计

在新学期、陌生的环境或陌生的学习群体中，教师可以巧妙设计游戏活动，让学生在游戏中参与、体验和互动。游戏化教学应用于课前准备中可以帮助学生更好地相互认识、沟通和交流，也可以激发学生的学习兴趣，能够使学习者更轻松地进入学习状态。

（2）游戏化教学在导入中的设计

游戏化的教学活动可以帮助学生引起注意、激发兴趣、活跃气氛和沟通感情，帮助学生快速进入学习状态。可以采用相关性导入和非相关性导入两种方式，相关性导入是指导入的游戏化设计对课堂教学内容具有指向性，是导入课堂学习内容的前提；非相关性的游戏化导入是指该游戏与本节教学内容无直接联系，仅作为一种信号，这种形式的游戏具有通用性，且能够让学生集中注意力。

（3）游戏化教学在新授课中的设计

如果在教学中能很好地组织游戏，无疑能在学生发现事物规律时给予恰当的帮助、提高学生的参与意识、加强学生主动学习的热情与愿望，利用游戏也可以在较短的时间内记忆和理解所学内容。需要先梳理知识点挖掘游戏元素，并非每个知识点都适合运用游戏化教学，因此选择知识点需恰当，可以利用小组竞赛、积分排行、徽章奖励等游戏元素设计活动。

（4）游戏化教学在练习中的设计

练习中游戏式的考查内容和游戏元素不宜过多，可以加入一两个有针对性的游戏充实课堂，且游戏操作不宜太复杂，尽量简单、易操作，以此提高教学效率。

（5）游戏化教学在总结中的设计

可以通过角色表演、书写个人反思、绘制思维导图等方法将知识点融入情感的表达中，来让学生深度参与知识总结，帮助他们形成完整的知识框架，学会融会贯通。

（6）游戏化教学在复习中的设计

在阶段复习过程中，教师可以根据学生的作业、小测试、课堂中的表现等采用积分排行榜、勋章奖励，也可以设计多种闯关游戏，重点、难点问题可设计成主题游戏。这些游戏均可作为可持续的鼓励方式，学生在享受汲取知识乐趣和课堂乐趣的同时能巩固旧知识。

微课视频

扫描二维码，观看教学视频。

9.1 拓展资源：快速设计简单的游戏化课堂		9.3 拓展资源：创客教育	
9.2 拓展资源：移动学习的三种模式		9.4 拓展资源：人工智能催生教育创新	

练习与实践

一、练习

1. 选择题

（1）下列不属于 STEAM 教育的特点的是（　　　）。

A．跨学科、跨领域　　B．关注所有学生　　　C．单一学科　　　　D．基于真实情境

（2）创客教育从（　　）方面体现了复杂的特点。

A．人员复杂　　　　　B．涉及多学科　　　C．内容复杂　　　　D．环境复杂

（3）STEAM 是（　　）5 个单词的缩写。

A．Student（学生）、Teacher（教师）、Education（教育）、Academy（学院）、Means（方法）

B．Science（科学）、Technology（技术）、Engineering（工程）、Art（艺术）、Math（数学）

C．Study（学习）、Think（思考）、Enlighten（启发）、Absorb（吸收）、Mix（混合）

D．Science（科学）、Technology（技术）、English（英语）、Art（艺术）、Math（数学）

（4）下列关于 STEAM 中"艺术"的含义理解正确的一项是（　　）。

A．艺术泛指美术、音乐、社会、语言等人文艺术

B．艺术就是美术

C．艺术是美术、音乐、舞蹈等艺术形式的总称

D．以上均正确

（5）以下哪条定义是移动学习的错误定义？（　　）

A．移动学习是使用移动终端进行随时随地的学习

B．非正规教育往往采取面对面方式进行，移动学习将会作为非正规教育的一种有益补充

C．移动学习是当学习者依据自己的需要，不在固定的、预先设定的位置下发生的任何形式的学习，或者是当学习者利用移动技术提供的优势所带来的学习。它强调将学习看成发生在特定情境下的通信

D．移动学习是远程学习和数字化学习发展过程的新的发展阶段

2．填空题

（1）游戏化教学的设计原则包括_____、_____和_____。

（2）移动学习具有_____、_____和_____的特点。

（3）智慧教育在_____、_____、_____、_____方面产生变革和影响。

3．问答题

（1）教师该如何适应智慧教学？

（2）移动学习背景下，教师应该怎样有效地引导学生学习？

二、教学实践活动

（1）选择一个自己专业的知识点，设计一个游戏化教学活动。

（2）选择一个自己专业的知识点，设计一个 STEAM 教学案例。

参考文献

［1］李克东.新编现代教育技术基础[M].上海：华东师范大学出版社,2002.

［2］李志河.现代教育技术[M].3版.北京：清华大学出版社,2019.

［3］蔡旻君.信息技术与教学缘何难以深度融合[J].电化教育研究,2014(10).

［4］黄映玲,黄丹,徐苑,等.现代教育技术[M].2版.北京：人民邮电出版社,2020.

［5］王丽珍,武淑婷."基于融合理念创新课堂教学"混合研训模式构建[J].中国电化教育,2018(2).

［6］何克抗,林君芬,张文兰.教学系统设计[M].2版.北京：高等教育出版社,2000.

［7］黄河明.现代教育技术[M].北京：高等教育出版社,2004.

［8］周建军.聚焦生命：信息技术与教育融合的深层视角[J].电化教育研究,2016(12).

［9］刘洪艳,王万军,李军.基于SPA的多媒体课件综合评价模型[J].兰州文理学院学报(自然科学版),2015(2).

［10］何克抗.如何实现信息技术与教育的"深度融合"[J].课程•教材•教法,2014,34(2).

［11］谢幼如,柯清超.网络课程的开发与应用[M].北京：电子工业出版社,2005.

［12］张有录.大学现代教育技术教程[M].北京：中国铁道出版社,2009.

［13］钟志贤.信息化教学模式[M].北京：北京师范大学出版社,2006.

［14］陈琦,刘儒德.教育心理学[M].2版.北京：高等教育出版社,2011.

［15］泽波利.学生行为管理：教师应用指南[M].4版.关丹丹,张宏,申靓,等译.北京：中国轻工业出版社,2004.

［16］路海东.教育心理学[M].长春：东北师范大学出版社,2002.

［17］胡谊,郝宁.教育心理学：理论与实践的整合观[M].上海：华东师范大学出版社,2009.

［18］莫雷.教育心理学[M].北京：教育科学出版社,2007.

［19］闫志明,唐夏夏,秦旋,等.教育人工智能（EAI）的内涵、关键技术与应用趋势：美国《为人工智能的未来做好准备》和《国家人工智能研发战略规划》报告解析[J].远程教育杂志,2017,35(1).

［20］刘璐.游戏化教学在小学信息技术教学中的应用研究[D].西北师范大学,2017.

［21］李龙.教育技术学论纲：教育技术的前世、今生和未来[M].上海：华东师范大学出版社,2020.

［22］肖海明,尚俊杰.游戏进课堂：融入学科教学的游戏化创造力培养研究[J].创新人才教育,2015(1).

［23］余胜泉,胡翔.STEM教育理念与跨学科整合模式[J].开放教育研究,2015,21(4).

［24］师保国,高云峰,马玉赫.STEAM教育对学生创新素养的影响及其实施策略[J].中国电化教育,2017(4).

［25］杨现民,李冀红.创客教育的价值潜能及其争议[J].现代远程教育研究,2015(2).

［26］尚俊杰,蒋宇.游戏化学习：让学习更科学、更快乐、更有效[J].人民教育,2018(13).

［27］钟柏昌.创客教育究竟是什么：从政策文本、学术观点到狭义创客教育定义[J].电化教育研究,2019,40(5).

［28］余胜泉,彭燕,卢宇.基于人工智能的育人助理系统："AI好老师"的体系结构与功能[J].开放教育研究,2019,25(1).

［29］余胜泉,吴澜.证据导向的STEM教学模式研究[J].现代远程教育研究,2019,31(5).

［30］余胜泉.人工智能+教育蓝皮书[M].北京：北京师范大学出版社,2020.